Reichel Verlag

Das Buch

Können Sie sich vorstellen, einen einzigen Moment auf nichts und niemanden Groll zu empfinden ... egal, was er oder sie getan hat? Egal, ob jemand schuldig oder ein Verbrecher ist? Wäre unser Geist auch nur einen Moment frei von Urteilen, Vorwürfen, Ärger und Ängsten – wie wäre das?

Pierre Pradervand ist ein Wegweiser. In seinem neuen Buch zeigt er uns, dass innere Freiheit, Lebendigkeit und Mitgefühl ohne Bedingungen möglich sind. Es zeigt, wie wir jede Situation im Leben mit dem Herzen der Liebe meistern können. Hier und jetzt.

Der Autor

Sein Herzensanliegen ist es, Menschen zu unterstützen, ein einfacheres und zugleich reicheres und erfüllteres Leben zu führen. Als wahrer „Weltbürger" widmet Pierre Pradervand sein Leben seit vielen Jahren der sozialen Gerechtigkeit. Er lebt und arbeitet als Seminarlehrer, Redner und Schriftsteller in Genf. Mit seinem Bestseller *Segnen heilt* hat er zahllose Menschen inspiriert.

Pierre Pradervand

Segne diesen Moment

Wie wir uns und jeden Tag heilen können

übersetzt von Johanna Ellsworth

Reichel Verlag

2018 O-Books/John Hunt Publishing Ltd. Hampshire UK

Tel: 0049(0)9194-8900, Fax 0049(0)9194-4262

E-Mail: mail@reichel-verlag.de

www.reichel-verlag.de

ISBN 978-3-946959-33-5

Widmung

Dieses Buch ist meinen ganz besonderen Freunden Robin und Ron Radford gewidmet, die die lebendige Inkarnation der echtesten Freundschaft sind, die ich mir vorstellen kann. Ich danke euch dafür, dass ihr das strahlend helle Licht in meinem Leben seid – und das so vieler anderer Menschen.

Mein besonderer Dank geht an meine gute Freundin Manuela, der Co-Lektorin der Webseite über das Segnen, für ihre herausragende Unterstützung, indem sie mein Manuskript lektoriert hat, eine Vielzahl von Segen aus verschiedenen Quellen vorgeschlagen und einen Verlag gefunden hat. Ohne ihre Hilfe wäre dieses Buch womöglich nicht veröffentlicht worden.

Inhalt

Vorwort von Ervin Laszlo 7

Einleitung 10

Tag 1 der 365 Segnungen 15

Nachwort 369

Liste der Segnungen 370

Vorwort

Der Autor dieser bemerkenswerten Zusammenstellung ungewöhnlicher Segnungen schreibt, er hoffe, dass sie nicht nur denen helfen, die sie aussenden, und nicht nur denen, für die sie bestimmt sind, sondern allen Menschen der Weltgemeinschaft. Er könnte damit recht haben.

Wie Einsteins berühmte Worte besagen: Wir können die wichtigen Probleme unserer Zeit nicht mit derselben Art von Bewusstsein lösen, das sie verursacht hat. Unsere Welt wird von wichtigen Problemen überschwemmt, und wir scheinen nicht in der Lage zu sein, sie zu lösen – vielleicht, weil wir es mit demselben Bewusstsein versuchen, das sie verursacht hat. Wir brauchen ein neues Bewusstsein, und dafür bedarf es eines Sprungs – des Vertrauens und des Mutes. Dank einer tiefen und ursprünglich traumatischen Erfahrung präsentiert der Verfasser dieses Buchs ein glänzendes Beispiel für diesen Sprung. Nun können wir, seine Leser, diesen Sprung ohne traumatisches Erlebnis vollbringen, einfach, indem wir sein Buch lesen und seinem Beispiel folgen und so viele Segnungen wie möglich in 365 Tagen aussprechen.

Ein Segen am Tag ist ein Weg, wie wir zu dem Bewusstsein wechseln, das wir brauchen. Es gibt auch noch andere Wege. Für welchen wir uns auch immer entscheiden, das Ergebnis muss eine echte Veränderung in unserer Denkweise und unserem Wesen sein – ein Bewusstseinswandel. Der Autor dieses Buchs hat diesen Wandel vollbracht, und die von ihm angebotenen Segen sind eine Folge dieses Wandels. Das ist ein wichtiges Angebot, denn es könnte die Art und Weise, wie wir denken und handeln, ändern. Und in der kritischen Lage, in der wir uns befinden, hilft nur ein großer, ein radikaler Wandel.

Die Substanz der Segen, die in diesem Buch niedergeschrieben wurden, ist nichts Neues: Sie ist allen Menschen, die richtig denken und es gut meinen, heute und seit jeher bekannt. Doch diese Substanz muss betont und befolgt werden. Wir brauchen ein neues Bewusstsein und wir müssen uns anders verhalten. Statt Rache müssen wir Vergebung üben, statt miteinander zu konkurrieren, müssen wir lieben, und statt in jeder Situation an unseren Vorteil zu denken, müssen wir alle Betroffenen liebevoll mit einbeziehen – ohne Bedingungen zu stellen.

Ein solcher Wandel muss von einer veränderten Sicht unserer selbst und der Welt untermauert werden – einem neuen Denkschema. Die Wurzel der Krise, in der wir uns heute befinden, ist die enge, egoistische Sichtweise, die wir vom mechanistisch-reduktionistischen Paradigma geerbt haben, das Newtons Anhänger adoptierten. Diese Sichtweise rechtfertigt, nur an uns selbst und unsere eigenen Interessen zu denken. In Verbindung mit der darwinistischen Vorstellung – die auch nicht die Vorstellung ihres Verfassers war, sondern die seiner Anhänger, nämlich, die Welt sei ein Dschungel, in dem nur die Stärksten überleben – rechtfertigt sie die Meinung, nur wir, unser Land oder unsere Firma würden zählen. Das kommt an erster Stelle, zur Hölle mit dem Rest.

Um die Krisen unserer Welt zu überwinden, müssen wir diese Sichtweise und das Verhalten, das sie rechtfertigt, ändern. Wir brauchen keine Heiligen und Märtyrer zu werden, die sich selbst für das Gemeinwohl opfern. Um dem Guten zu dienen, bedarf es keiner Opfer. Unser eigenes Wohl ist eng verbunden mit dem Wohl anderer – letztendlich mit dem Wohl aller. Wir sitzen alle im selben Boot, im selben Raumschiff in dieser Galaxie. Wir beuten unser Raumschiff seit Jahrhunderten gedankenlos und selbstsüchtig aus. Und jetzt bekommen wir die Rechnung für unsere Kurzsichtigkeit.

Wir müssen den Planeten Erde und seine Bewohner mit derselben Sorgfalt und Fürsorge, die wir uns selbst entgegenbringen, behandeln. Es gibt auf der Erde keine »anderen«, keine Fremden. Wir sind alle Partner auf diesem überbevölkerten und ausgebeuteten Planeten. Das müssen wir lernen. Wir alle können es lernen – und wir alle können davon profitieren.

Ein chinesisches Sprichwort besagt, dass selbst die längste Reise mit dem ersten Schritt beginnt. Der erste Schritt ist, unsere Sicht der Welt zu ändern. Dann können wir herausfinden, was unsere neue Weltsicht hinsichtlich unseres Verhaltens auf der Welt bedeuten würde – was wir erreichen würden, wenn wir Liebe projizieren würden, statt Rachepläne zu schmieden, mit Freunden und Partnern zusammenarbeiten würden, statt verzweifelt miteinander zu konkurrieren und alles und jeden zu vernachlässigen, das oder der uns nicht unmittelbar angeht.

Da unsere Welt vereint ist und wir Teil von ihr sind, ist die Antwort auf die Frage, was wir erreichen können, indem wir zusammenkommen und gemeinsam fühlen und handeln, eindeutig. Wir können eine bessere Welt erschaffen – eine gerechtere und gleichberechtigtere und fürsorglichere. Und zugleich eine nachhaltigere Welt, da unsere Fürsorge für alles und jeden um uns herum die Pflege des Planeten beinhaltet. Wenn wir ein neues Bewusstsein entwickeln, das eine neue Weltsicht mit sich bringt, können wir den Sumpf der heutigen Krise überwinden und uns auf den Weg machen, der für uns bestimmt ist: den Weg der Zusammenarbeit und Harmonie zum Wohl eines jeden und aller.

Es ist Zeit, damit anzufangen. Jeder von uns kann täglich segnen – vielleicht nicht so eloquent wie der Autor dieses Buches, aber mit demselben festen Willen. Segnen Sie den Autor; das sollte nicht schwierig sein. Versuchen Sie dann, Ihren Partner zu segnen, Ihre Freunde und Bekannten, und dann Ihre Konkurrenten und Feinde. So weit zu gehen, wird immer schwieriger, aber es sollte möglich sein. Und es ist wichtig. Wenn Sie mit gutem Beispiel vorangehen und andere Ihnen folgen, könnte dies eine Art weltweite Epidemie des Segnens auslösen, und die Mühe würde sich lohnen. Diese Intention umzusetzen, könnte unsere größte Hoffnung für die Zukunft sein – und vielleicht auch unsere einzige realistische Hoffnung.

Ervin Laszlo, April 2017

Gründer und Direktor des Laszlo Institute of New Paradigm Research (Laszlo Institut für die Erforschung neuer Denkschemen) und des Clubs von Budapest. Seine jüngsten Veröffentlichungen sind Was ist Realität? Die neue Karte vom Kosmos und Bewusstsein (Mosquito Verlag, 2018) und The Intelligence of the Cosmos: Why Are We Here – New Answers from the Frontiers of Science.

Einleitung

1986 ließ eine prägende Erfahrung mich eine viel tiefere und bedeutendere Dimension des Segnens entdecken als das eher oberflächliche Ritual des Segnens, das häufig praktiziert wird.

Damals war ich in der Schweiz für eine Gruppe von Schweizer NGOs auf dem Gebiet der öffentlichen Bildung tätig, mit Schwerpunkt auf die Probleme des Nord-Süd-Gefälles (und Entwicklungsprogramme in der Dritten Welt). Ich liebte meine Arbeit, für die ich hauptsächlich Schulen besuchte, und war so engagiert, dass ich mein Lager manchmal sogar im Büro aufschlug, wenn es abends sehr spät wurde. Ich hatte einen großen Teil meiner Ersparnisse in die Organisation einer Schulausstellung über Hunger investiert, da unser Budget dafür nicht reichte. Die Presse berichtete über die Ausstellung, und meine Arbeitgeber lobten meine Initiative über alle Maßen.

Doch unter ihnen war einer, der mich einfach nicht mochte und mich loswerden wollte. Nach massiven Manipulierungen und versteckten Mobbinghandlungen konnte er seine Kollegen in den anderen Organisationen davon überzeugen, dass sie mich trotz meiner Erfolge loswerden müssten.

In einer Besprechung, die nicht protokolliert wurde, gab man mir die Wahl, entweder etwas zu tun, was vollkommen gegen meine Überzeugung war – oder zu kündigen. Da ich kein moralisches Harakiri begehen wollte, kündigte ich.

In den darauffolgenden Wochen wurde ich buchstäblich von Groll gegen meine früheren Arbeitgeber aufgefressen. Ich war besessen von Ressentiments. Ich dachte an nichts anderes mehr. Groll ist ein besonders unangenehmes Gefühl, da es einen wie eine Ratte innerlich auffrisst. Ich unternahm alles Mögliche: Ich meditierte, las spirituelle Texte, betete, wiederholte Affirmationen und Mantras, aber nichts half.

Als ich eines Tages die Bergpredigt las, wurde ich von einem Satz gepackt: »Segnet, die euch verfluchen.«[1] Natürlich, das war es! Es war so einfach. Ich musste sie nur segnen! Ich fing auf der Stelle an, sie für ihre Freude, ihren Frieden, ihr Familienleben, Überfluss und Gesundheit, ihre tiefe Zufriedenheit und Arbeit zu segnen. Das tat ich jeden Tag, um den Groll loszuwerden.

Und eines Tages fing ich an, auf der Straße, im Bus, auf der Post und im Supermarkt - einfach überall - Segen auszusenden. Ich konnte gar nicht mehr damit aufhören. Ich fuhr im Zug von einer Endstation zur anderen und wieder zurück, um alle zu segnen und ja niemanden zu übergehen. Und plötzlich geschahen die erstaunlichsten Dinge; Konflikte wurden manchmal sofort, mitunter innerhalb von Tagen gelöst oder umgekehrt.

Nach ein paar Monaten bereitete ich eine Rede vor, die ich bei einer internationalen Jugendbegegnung in Zürich halten sollte. Während ich meinen Text über das Thema »Die Welt heilen« schrieb, bekam ich einen Strom an Inspirationen, den ich noch nie und seitdem nie mehr erlebt habe. Ich war buchstäblich ein Schreiberling, dem eine unbekannte, aber grenzenlos liebevolle Quelle die Sätze diktierte. Das Ergebnis war dieser Text:

Die sanfte Kunst des Segnens

Auszug aus dem Buch „Segnen heilt"[2]

Zehn Jahre später begegnete ich überraschend meinem früheren Widersacher, der mich aus meinem Job gemobbt hatte, und wurde plötzlich von der stärksten Freude ergriffen, die man sich vorstellen kann. Ich hätte ihn am liebsten umarmt!

Wir gingen essen, und noch tagelang sprudelte mein Herz vor Freude über. Und es dauerte weitere zehn Jahre, bis mir der Grund dieser Freude bewusst wurde - der ausführlich im obigen Text erklärt wird (siehe den Abschnitt »Wenn etwas im Leben

1 Lukas 6:28

2 P. Pradervand, Segnen heilt - Wie dein Segen die Welt verändert und dich selbst, Reichel Verlag, 2016

vollkommen schiefläuft …«). Mittlerweile bin ich davon überzeugt, dass wir beide unsere (gegenseitigen) Rollen in dieser Situation vor der Geburt verteilt hatten, damit ich die Chance bekommen würde, dieses wunderbare spirituelle Instrument, das seitdem so vielen Menschen geholfen hat, zu entdecken und zu erklären.

Wie ich es heute, nach vielen Jahren des Segnens, verstehe, ist das Segnen in der ersten Phase ein Weg, einem anderen oder einer Situation bedingungslose Liebe, Frieden, Heilung, Güte zu senden und sie auch einfach nur in dieser Liebe baden zu sehen. Segnen ist an keine Religion gebunden. Jeder kann segnen. Ich habe einen Freund, der Atheist ist und der die erste Ausgabe von Segnen heilt gekauft und sogar Exemplare verschenkt hat!

Der Kern des Segnens ist, den materiellen Anschein umzukehren. Denn immer mehr von uns merken, dass die materielle Welt, in der wir leben, in gewisser Weise nur ein Traum ist (auch wenn sie oft zum Albtraum werden kann!) und dass wir hier auf Erden sind, um ganz wesentliche Dinge zu lernen (Dinge, die wir uns möglicherweise vor der Geburt selbst ausgesucht haben).

Nach (meist) viel Übung kann das Segnen zu einem ständigen Bewusstseinszustand und auch zu mehr Sensibilität und Bewusstsein des Leids anderer führen. Ich persönlich kann kein Leid mit ansehen, ohne den Betroffenen, das Geschöpf oder die Situation sofort zu segnen. Es kann auch zu einer starken Sehnsucht nach dem Glück der ganzen Menschheit werden.

Segnen hat enormes Heilpotenzial – nicht nur auf der persönlichen Ebene, sondern auch für die ganze Welt. Aus diesem Grund lassen sich im Buch zahlreiche Berichte über gelöste persönliche und zwischenmenschliche Probleme und Situationen finden, die der Webseite über das Segnen (www.gentleartofblessing.org) entnommen wurden.

Da dieses Buch als Instrument der Heilung der Welt dienen soll, spricht es auch zahlreiche soziale und wirtschaftliche, Umwelt- und andere Probleme an, ohne Organisationen, Firmen oder einzelne Personen anzugreifen. Eine Redewendung aus dem Mittelalter besagt: »Verdamme die Sünde, aber nicht den Sünder« – nicht immer leicht, aber ich habe mein Bestes gegeben und freue mich über Korrekturen von Lesern. Wie viele andere auch, glaube ich, das Wichtigste heute ist, das Weltbewusstsein zu erweitern, weil sich nur so jedes einzelne Problem lösen lässt. Unsere kollektiven Segnungen können hier entscheidend mitwirken.

Auch möchte ich betonen, dass das Segnen eine wunderbare Methode ist, Spiritualität im Alltag zu praktizieren. Die Leser werden für zahllose Lebenssituationen, von der Kindererziehung bis hin zum Gärtnern, vom Autofahren und Unterrichten bis hin zur körperlichen Liebe, für verschiedene Berufssparten und zahlreiche Eigenschaften, wie Mitgefühl, Vertrauen, Liebe und so weiter, Segnungen finden.

Meines Erachtens gibt es nicht die eine »richtige« Methode des Segnens. Intention und Aufrichtigkeit sind unendlich wichtiger als irgendwelche korrekten Formen des Segnens, und Formeln oder starre Formen wären geradewegs zum Scheitern verurteilt. Ein Segen, der nur auf der Verstandesebene erfolgt, hat keinerlei Heilkraft. Segnen ist zu hundert Prozent Herzensenergie, die im Herzen gefühlt werden muss, um eine heilende Wirkung zu entfalten.

Die dritte Eigenschaft neben Intention und Aufrichtigkeit ist natürlich Beharrlichkeit, was für so gut wie jedes ehrliche Bemühen gilt.

Und was wäre ein besseres Schlusswort für diese Einleitung als eine E-Mail, die ich von Sabine erhalten habe:

Ich habe gerade Ihr Buch Segnen heilt zu Ende gelesen. Es hat mich zutiefst berührt und lässt mich auf ein besseres Leben und eine bessere Welt hoffen.

Ich habe das Segnen erst einmal ausprobiert und es hat auf Anhieb funktioniert!

Mein Mann und ich können seit längerem kaum mehr unsere Rechnungen zahlen. Ich bin arbeitslos, und der Kunde meines Mannes zahlt nicht pünktlich. Einmal habe ich sogar fast ein Jahr lang ohne Erfolg versucht, Gegenstände, die mir gehören, im Internet zu verkaufen. Als es letzte Woche besonders eng wurde (wir konnten die

Miete nicht mehr zahlen), begann ich nachts im Bett mit dem Segnen. Ich dachte dabei an unseren Vermieter und segnete ihn für seine Güte und sein Verständnis, seine Familie und Freude.

Am nächsten Tag passierte Folgendes:

Ich erhielt einen Anruf vom Sozialamt, und die sehr freundliche Sachbearbeiterin sagte mir, dass das Amt einen Teil unserer Miete übernehmen würde.

Ich bekam zwei Einladungen zu Vorstellungsgesprächen.

Der Kunde meines Mannes zahlte seine Rechnung.

Mein Exmann schickte mir eine Nachricht und schrieb, er würde am nächsten Tag seine Schulden bei mir in bar begleichen (was er auch tat).

Ich konnte meine Designerhandtasche übers Internet verkaufen.

Nichts davon hatte unmittelbar mit unserem Vermieter zu tun, aber nun konnten wir die Miete bezahlen!

Das hat uns wirklich überwältigt und wir weinten vor Dankbarkeit. In nur wenigen Stunden hatte sich so viel Gutes getan.

Was für ein Segen! Ich bin so dankbar, dass ich das Segnen zu meiner Lebensart machen möchte – jeden Tag!

Ich möchte alle auf dieser Welt in ihrer liebevollen Freundlichkeit, Ganzheit und ihrem inneren Frieden danken! WIR SIND ALLE VEREINT.

Ich hoffe zutiefst, lieber Leser, dass Sie auf den folgenden Seiten Inspirationen finden, die Ihnen eine neue Sichtweise eröffnen, und vor allem eine Methode, die Ihr Leben grundlegend verändern kann, so wie sie schon das Leben so vieler Menschen in aller Welt verändert hat.

Tag 1
Die Fülle des heutigen Tages

Mögen die folgenden Segnungen Ihnen Frieden, Inspiration, Mut geben – was immer Sie brauchen. Diese Segnungen nehmen viele Formen an. Manche stammen aus anderen Quellen und Kulturen und können daher ganz unterschiedliche Bedürfnisse stillen. Viele von ihnen beziehen sich auf die Probleme unserer Welt, denn ich bin davon überzeugt, dass Segnen ein wertvolles Mittel ist, mit dem wir die Welt heilen können, indem wir unsere Sicht der Welt ändern und heilen. Statt an der Vielzahl der Probleme unserer Erde und ihrer Bewohner zu verzweifeln, können wir uns darüber freuen, ein Werkzeug zur Hand zu haben, das zur Lösung der Probleme beiträgt.

Ich segne diesen Tag für die Fülle an Gutem, die er schon mitbringt, für die vielen Gelegenheiten, die er mir bietet, aufmerksam zuzuhören, für andere da zu sein, für jeden Augenblick dankbar zu sein und so viel Liebe, Schönheit und Freude im Sinn zu behalten, dass negative Gedanken nicht das kleinste Schlupfloch finden, durch das sie sich in meine Seele zwängen können.

Ich segne diesen Tag für die unzähligen Chancen zu lieben, die er mir gibt: jeden Menschen, dem ich begegne, jedes Tier und jeden Vogel auf meinem Weg, jede Pflanze, die ich unterwegs sehe, zu lieben und zu segnen, denn alle sind sie vielfältige Ausdrücke des unendlichen Lebens, das alles untermauert.

Ich segne diesen Tag von ganzem Herzen für das wunderbare Abenteuer, zu dem er werden kann, wenn ich nicht mit gelangweiltem Blick, sondern mit staunenden Augen durch den Tag gehe und jede Gelegenheit nutze, Friede statt Gereiztheit zum Ausdruck zu bringen, und mich für die Liebe statt für die Angst entscheide.

Danke, mein Leben, für diesen Tag.

Tag 2
Ich segne mich selbst

Der Nachtrag zu meinem Buch „Segnen heilt - Wie dein Segen die Welt verändert und dich selbst“, lautet: „Und segnen Sie vor allem das wundervolle Kind Gottes, das Sie sind.“ Daher wollen wir heute uns selbst segnen, denn es ist sehr schwer, andere von ganzem Herzen zu lieben und zu segnen, wenn wir nicht bei der Selbstliebe anfangen. Wie der große Dichter John O'Donohue es so treffend ausgedrückt hat: „Möge dein Blick voller Güte sein, wenn du ihn nach innen wendest.“

Ich segne mich voller Aufrichtigkeit und Freude für das wunderbare göttliche Wesen, das ich bin – eins mit der Quelle unendlicher Liebe.

Ich segne mich als Kind des Universums, als ein Kind des Lichts, das durch kein bisschen Finsternis oder Selbstverdammnis getrübt wird.

Ich segne mich für meine unschuldige Freude, grenzenlose Glückseligkeit und vollkommene Zufriedenheit, für mein ewiges, unermüdliches Wesen.

Ich segne mich als göttlichen Ausdruck immerwährender Weisheit und Erleuchtung, nie endenden Urteilsvermögens und Verstehens.

Ich segne mich als Verkörperung der herrlichen, völligen Freiheit und grenzenlosen Unschuld des heiligen Geistes – und das gilt für die gesamte Menschheit.

Ich segne mich in meiner vollkommenen Einheit mit dem Fundament des Seins, der bedingungslosen kosmischen Liebeskraft, die der Schöpfer genannt wird und die jede Zelle und jedes kleinste Teilchen meines Seins kerngesund hält.

Ich segne mich als mitfühlender Hüter meiner Schwester und meines Bruders – als Quelle grenzenloser Zärtlichkeit gegenüber jeder leidenden Seele.

Und zu guter Letzt segne ich mich dafür, dass ich mich ständig an den grünen Weiden des Königsreichs erfreuen kann, die ich mit allen Menschen teile.

Tag 3
Ein Segen der Cherokee-Indianer

Heute wollen wir aus den reichhaltigen, tiefsinnigen und vielseitigen Überlieferungen der indianischen Segnungen schöpfen. Sie gehören zu den kostbarsten Kulturerben der USA. Wenn Sie wollen, können Sie „den Großen Geist" durch „die Liebe Gottes" und „Regenbogen" durch „Gnade" ersetzen. Wichtig ist allein, dass diese täglichen Segen Sie da ansprechen, wo Sie sich auf Ihrem spirituellen Weg gerade befinden. Passen Sie die Worte dieses oder jedes anderen Segens im Buch einfach den Dingen an, die für Sie von Bedeutung sind.

Mögen die warmen Winde des Himmels sanft über dein Haus streichen.
Möge der Große Geist alle segnen, die es betreten.
Mögen deine Mokassins in vielen Schneelandschaften
unzählige glückliche Spuren hinterlassen,
und möge der Regenbogen immer deine Schulter küssen.

Tag 4
Mit dem Herzen sehen

Marianne Williamson schreibt: „Nichts an deinen materiellen Umständen hat die Macht, den Motor des kosmischen Willens, dass du gesegnet bist, anzuhalten. Und du bist ‚ewig' gesegnet; das heißt in jedem einzelnen Augenblick. Was auch immer in der Vergangenheit geschehen ist: In jedem Moment deines Lebens schenkt dir das Universum grenzenlose Chancen, dein Leben zu bereichern." Ihre Worte eignen sich wunderbar als Einführung in den heutigen Segen.

Ich segne diesen Tag für die unendliche Schönheit, die sich auftut, während ich lerne, mit dem Herzen zu sehen: die Schönheit meines Nächsten, unabhängig von seinem äußeren Anschein – strahlend oder mürrisch –, die prächtige Schönheit der Schöpfung, der Natur, die in so vielen sich ständig verändernden Formen und Farben steckt, die grenzenlosen Gelegenheiten, mich zu bedanken – bei der Kassiererin für ihr strahlendes Lächeln, beim Bäcker ums Eck für sein köstliches Brot, bei der Journalistin von nebenan für ihren positiven Artikel, bei der Gemeinde für die guten Busverbindungen, bei einer besonders netten Empfangsdame oder der freundlichen Arzthelferin, für die Mahlzeiten, mit denen mein Tisch dreimal am Tag gesegnet ist.

Und ich sage ja, ja, ja zu den zahllosen Gelegenheiten zu segnen, denn ich weiß, dass jeder ehrlich gemeinte Segen zu mir zurückkehrt und auch mich segnen wird: das Trinkwasser für seine Reinheit und die, die es herstellen, die schöne, bequeme Kleidung, die ich trage, meinen erstaunlichen Körper, der rund um die Uhr funktioniert.

Durch das Segnen entdecke ich in jedem Augenblick meines Daseins den perfekten Plan der Liebe.

Tag 5
Ein Psalm als Segen des heutigen Tages

Wussten Sie schon, dass das Segnen vermutlich eine der ältesten kulturellen Ausdrucksweisen der Religion ist und dass Menschen schon seit vielen tausend Jahren Segen aussprechen? Eines der vielen Dinge, die ich am Segnen so liebe, ist die Tatsache, dass es auf ganz unterschiedliche Weise zum Ausdruck kommt. Ein Beispiel dafür ist Psalm 23, der König David zugeschrieben wird; er gehört zu den universellsten und schönsten spirituellen Texten der Weltliteratur. Ganz egal, welchen Glauben oder spirituellen Hintergrund ein Mensch hat – er findet so gut wie immer etwas, das ihn in diesem Text anspricht. Heute werden wir ihn nur wenig abgeändert als Segen anwenden:

Möge die göttliche Liebe heute dein Hirte sein.
Möge es dir an nichts mangeln.
Möge sie dich auf grünen Auen weiden
und dich zu frischem Wasser führen.
Möge die Liebe deine Seele (deinen Sinn für Spiritualität) erquicken.
Möge sie dich um der Liebe willen auf rechter Straße führen.
Mögest du kein Unglück fürchten, wenn du im finsteren Tal wanderst,
denn der Stecken und Stab der Liebe sind da, um dich zu trösten.
Möge die göttliche Liebe im Angesicht deiner Feinde - aller Herausforderungen, denen du dich stellen musst - vor dir einen Tisch bereiten.
Möge die göttliche Liebe dein Haupt mit Öl salben und dir voll einschenken.
Mögen Gutes und Barmherzigkeit dir ein Leben lang folgen
und mögest du für immer im Haus der göttlichen Liebe bleiben.

Ich wünsche Ihnen einen friedlichen Tag in der Obhut dieser Liebe und ich kann Ihnen versichern, dass sie Sie niemals enttäuschen wird.

Tag 6
Ein Segen für Lehrer

Immer mal wieder sollten wir einen bestimmten Beruf segnen. Heute beginnen wir damit und segnen eine der wichtigsten Tätigkeiten auf der Welt – die des Lehrers. Es gibt so viele Geschichten über Kinder, deren Leben durch einen Lehrer oder eine Lehrerin zum Guten gewendet wurde. Sollten unter Ihren Freunden Lehrer sein, die in diesem anstrengenden Beruf ihr Bestes geben, dann teilen Sie diesen Segen mit ihnen.

Ich segne den heutigen Tag für die vielen Gelegenheiten, meine Weisheit und Wahrheit mit anderen zu teilen, den Kreis meines Mitgefühls und Verständnisses zu erweitern und allen Kindern oder Schülern, die meiner Obhut anvertraut werden, Geduld und Liebe entgegenzubringen.

Ich segne mich selbst für meine Fähigkeit, die ganze Verantwortung für alles, was ich tue, zu übernehmen und mich jeder Situation, die sich im Klassenzimmer ergeben kann, zu stellen, Spannungen gewaltfrei zu lösen und produktive Beziehungen zu den Schülern, ihren Eltern und meinen Kollegen aufzubauen.

Ich segne mich für die Fähigkeit, in jedem Schüler das Göttliche zu erkennen, unabhängig davon, wie widersprüchlich oder aggressiv er sich verhalten mag, die Ruhe zu bewahren, wenn Schüler über die Stränge schlagen und heitere Diskussionen und Gespräche zu fördern.

Ich segne meine Schüler für ihren Wunsch, zu lernen und sich weiterzuentwickeln, für ihre Fähigkeit, zur positiven Atmosphäre im Unterricht beizutragen, mit anderen zusammenzuarbeiten, ihren Mitschülern zu helfen und dem Gruppenzwang zu widerstehen, der zu Drogen, Alkohol und Sex ohne Liebe und gegen die Normen der Gesellschaft führt.

Und schließlich segne ich mich für die Gabe, aufregenden und anregenden Unterricht zu geben, der den Geist meiner Schüler fordert, ihren Sinn für Werte stärkt und ihnen echte Moralität nahebringt, die frei von verstaubten, Schuldgefühle einflößenden Normen ist. Außerdem segne ich mich für die Fähigkeit, ihnen eine höhere, edle Vision ihres Lebens zu vermitteln und in ihnen das tiefe Verlangen zu wecken, zum Nutzen der Gemeinschaft, aller Menschen und unserer Erde zu dienen.

Tag 7
Die unsichtbare göttliche Ordnung, die hinter allem steckt

„Segne deine Umwelt selbstlos mit der göttlichen Ordnung. Wenn du das tust, setzt du die Kräfte dieser Ordnung in der Atmosphäre frei, so dass sie ihre vollkommene Arbeit leisten können. Suche und erwarte die göttliche Ordnung und danke ihr oft. Indem du das tust, setzt du eine deiner wichtigsten geistigen Kräfte frei, die dann für dich und durch dich tätig wird, um dich und die Menschheit zu segnen."

Unser heutiger Segen gilt daher der unsichtbaren göttlichen Ordnung, die hinter allem steckt - allen aggressiven materiellen Ansprüchen der Zwietracht auf Erden zum Trotz.[3]

Ich segne die atemberaubende göttliche Ordnung, die in der gesamten Natur steckt - vom winzigsten Molekül bis hin zu den ausgedehnten Galaxien in unserem wundersamen Universum.

Ich segne die göttliche Ordnung in meinem Leben und dem Leben meines Nächsten, auch wenn diese Ordnung für den menschlichen Sinn für Zusammenhänge nicht sichtbar ist.

Ich segne die unglaubliche Ordnung, welche meine über 37 Billionen Körperzellen und vielen Millionen chemischer Reaktionen lenkt, die jede Sekunde stattfinden.

Ich segne die göttliche Ordnung im Universum, die mir und allen anderen ständig unzählige Möglichkeiten bietet, sich im Leben weiterzuentwickeln, wenn wir nur auf ihr leises Flüstern hören.

Ich segne dieselbe göttliche Ordnung, welche die Grundlage meines spirituellen GPS-Systems - des „Göttlichen Positioning Systems" - bildet, das mich sanft auf den richtigen Pfad zu-

---

[3] Catherine Ponder Die Heilungsgeheimnisse der Jahrhunderte: Die zwölf Geisteskräfte des Menschen, Goldmann, 4. Auflage 2005

rückholt, wenn ich aus Unwissenheit oder ganz bewusst vom Weg abkomme.

Und schließlich segne ich die göttliche Ordnung, die die gesamte Menschheit durch die vielen derzeitigen und zukünftigen Umbrüche führt, um das zu erreichen, was letztendlich eine Welt erschaffen wird, die allen gerecht wird. Dies ist unsere göttliche Bestimmung.

Tag 8
Ein Segen von John O'Donohue

„Ein Lichtkreis ist ein Segen, ein Lichtkreis, der um jemanden gezeichnet wird, um ihn zu schützen, zu heilen und ihm Kraft zu geben."[4]

Ich liebe dieses Sinnbild, vor allem, wenn man es auf alles überträgt, was man segnet, einschließlich der Dinge, die geschehen. Der Autor spricht auch davon, dass unsere Arbeit heilig ist. Vergessen Sie nicht: Was Arbeit heilig macht, ist die Liebe, die Sie in sie stecken, egal ob Sie als Kassiererin oder bei der Müllabfuhr arbeiten. Eine Straße mit Liebe zu kehren oder Ihre Kunden an der Kasse anzulächeln trägt mehr zur Rettung der Welt bei, als ein supererfolgreiches Unternehmen mit Gier und Ehrgeiz zu führen. Hier ist O'Donohues Segen für die Arbeit:

Möge das Licht Ihrer Seele Sie leiten.
Möge das Licht Ihrer Seele die Arbeit segnen, die Sie mit der heimlichen Liebe und Güte Ihres Herzens ausführen.
Mögen Sie in dem, was Sie tun, die Schönheit Ihrer Seele wiedererkennen.
Möge Ihre heilige Arbeit Ihren Kollegen und Arbeitgebern Heilung, Licht und Erneuerung bringen.
Möge Ihre Arbeit Sie nie ermüden.

---

[4] John O'Donohue:. Aban Cara

Möge sie Quellen der Erfrischung, Inspiration und Begeisterung in Ihnen zum Sprudeln bringen.
Mögen Sie sich in das, was Sie tun, einbringen.
Mögen Sie sich niemals in sinnlosen Handlungen verlieren.
Möge der Alltag nie eine Bürde für Sie werden.
Mögen Sie bei Morgengrauen wach und fit sein und im neuen Tag Ihre Träume, Gelegenheiten und Versprechen erkennen.
Mögen Sie sich am Abend dankbar und erfüllt fühlen.
Mögen Sie bei Einbruch der Nacht gesegnet, behütet und beschützt sein.
Möge Ihre Seele Sie beruhigen, trösten und erneuern.

Tag 9
Ein Segen für Politiker

Die nigerianische Aktivistin Hafsat Abiola sagt uns: „Hüte dein Licht und beschütze es. Trage es hinaus in die Welt und vertraue darauf, dass wir den ganzen Planeten Erde zum Leuchten bringen können, wenn wir Licht an Licht reihen und so die Lichter der Milliarde an jungen Leuten, die heute auf der Welt leben, miteinander verbinden."

Segnen ist eine Möglichkeit, unsere Lichter miteinander zu verbinden. Wie ich persönlich glaube, ist die Zahl, die man braucht, um die Welt zu ändern, viel geringer – vielleicht ein paar Millionen wirklich engagierter spiritueller Denker. Unser heutiger Segen gilt daher denjenigen, die sich noch immer als Weltverbesserer sehen: den politischen Spitzenpolitikern unserer Welt.

Wir segnen sie für ihre Fähigkeit, den Schutz der Mutter Erde und der Umwelt über kurzsichtiges Planen und rein wirtschaftliche Motive zu stellen. Wir segnen unsere Politiker, damit ihre Entscheidungen von Weisheit statt von Angst oder den Interessen Einzelner getragen werden.

Wir segnen sie für ihre Fähigkeit, die engen Grenzen der Nation, Gesellschaftsschichten, Religion, Herkunft, finanzieller oder wirtschaftlicher Belange zu überwinden.

Wir segnen sie für ihren Willen, den Dienst an der Menschheit und den Völkern über ihren Hunger auf Prestige oder Macht zu stellen. Wir segnen sie.

Wir segnen sie für ihr aufrichtiges Mitgefühl, das sie für die Bedürfnisse der Unterdrückten und Benachteiligten sensibilisiert.

Wir segnen sie dafür, dass sie trotz aller Verurteilungen und Vorurteile ihnen gegenüber, mit denen wir sie nur allzu oft fesseln, für die Winde der Güte empfänglich sind, die für alle wehen, die ihre Segel setzen.

Und schließlich segnen wir uns für unsere Fähigkeit, an ihrem Abbild Gottes festzuhalten, das nur zu oft in ihren Herzen verborgen bleibt, auf dass es in politischem Mut, echter Fürsorge für die, die am Rande der Gesellschaft stehen, und entschlossenen Handlungen zugunsten der Versöhnung zwischen Mensch und Natur zum Ausdruck kommen möge.

P.S. Um diesen Segen realer zu machen, sollten Sie sich drei Politiker vor Augen führen, die Ihre beliebtesten Sündenböcke sind, an drei ihrer Eigenschaften denken und sie dafür segnen. Selbst wenn Ihnen nur eine einzige positive Eigenschaft einfällt, gratuliere ich – es ist ein guter Anfang.

Tag 10
Meinen Körper segnen

Haben Sie schon mal daran gedacht, Ihrem Körper zu danken und mit ihm zu sprechen? Schließlich befähigt dieses so außergewöhnliche Instrument Sie dazu, zu funktionieren, und das mit unglaublicher Vielseitigkeit Tag für Tag, Jahr für Jahr, Jahrzehnt für Jahrzehnt. Und das, obwohl viele von uns es nur allzu oft ziemlich rau behandeln!

Heute segne ich meinen Körper für sein reibungsloses Funktionieren und dafür, dass er mir ein Geschenk und Werkzeug ist, durch das ich lebe und spiele, arbeite und anderen diene.

Ich segne mein Herz, das mehr als 84 000 Mal am Tag schlägt, ohne dass ich daran denke, und meine Lunge, die über 20 000 Mal am Tag aus- und einatmet.

Ich segne die Millionen von chemischen Reaktionen, die jede Sekunde in meinem Körper stattfinden und die das gesamte System aufrechterhalten, und ich segne das Wunder, das Immunsystem genannt wird, mit seinen grünen und roten Lichtern, die es ständig ein- und ausschaltet.

Ich segne meine Augen dafür, dass sie mich die feinsten Nuancen der Schönheit der Natur und all ihre Farbtöne sehen lassen, und die es mir ermöglichen, mich zu verlieben und hoffentlich eines Morgens mit dem Objekt meiner Sehnsucht in Liebe aufzustehen.

Ich segne meine Ohren, die es mir möglich machen, mit den feinsten Unterschieden in Klang und Musik mitzuschwingen oder die Sorgen meiner Nächsten mit Geduld und Mitgefühl zu hören.

Ich segne meinen Körper für seine unzähligen Funktionen, die all meine Vorstellungen übertreffen.

All das und noch so vieles mehr – und das ohne einen Tag Urlaub in 60, 70, 80 Jahren oder noch länger.

Wahrlich, ich segne dieses unglaubliche Wunder, das ich meinen Körper nenne.

Möge ich nie vergessen, ihm und dem Universum täglich zu danken, denn ohne beides würde ich nicht hier auf Erden leben können.

Tag 11
Segen der Apache-Indianer für frisch Vermählte

Wenn Sie Bekannte haben, die heiraten oder zusammenziehen wollen, oder wenn Sie selbst das Band der Liebe, das Sie mit Ihrem Partner verbindet, erneuern möchten, wird Sie der folgende wundervolle Segen der Apache-Indianer, der schon so viele Paare inspiriert hat, zutiefst berühren.

Jetzt werdet ihr keinen Regen mehr spüren,
da ihr das schützende Dach füreinander sein werdet.
Und jetzt werdet ihr keine Kälte mehr spüren,
denn ihr werdet einander wärmen.
Jetzt werdet ihr nicht mehr einsam sein,
denn ihr werdet einander begleiten.
Und jetzt seid ihr zu zweit,
doch vor euch liegen nun drei Leben:
seines, ihres und euer gemeinsames Leben.
Geht jetzt in euer Haus, um die Tage eures gemeinsamen Lebens zu beginnen.
Möget ihr beide von Schönheit umgeben sein,
auf eurer Reise nach vorne und durch die Jahre.
Möge Glück euer Begleiter sein
an den Ort, an dem der Fluss auf die Sonne trifft.
Und mögen eure Tage auf der Erde gut und lang sein.
(Zahlreiche verschiedene Quellen)

Tag 12
Segen für die Obdachlosen auf dieser Welt

Wie ich immer wieder sage, besteht das Segnen aus 100 Prozent Herzenergie. Aus diesem Grund können die meisten Menschen Segen für alles Mögliche formulieren. Alles, was man dafür tun muss, ist, für sein Herz offen zu sein und ihm zuzuhören. Als ich die ersten Segen für dieses Buch während eines Kurzurlaubs entwarf, öffnete ich eines Abends mein Herz und hörte ihm zu. Da kam mir Folgendes:

Ich segne die Menschen, die durch widrige Umstände auf der Straße oder in irgendeinem alten Keller oder einem anderen verlassenen Gebäude gelandet sind.

Ich segne sie für ihren Mut, durchzuhalten, bis ihre Lebensumstände sich zum Besseren wenden – im Wissen, dass ich zu ihrer Verbesserung beitragen könnte.

Ich segne die Behörden dieser Groß- oder Kleinstadt dafür, dass sie den Obdachlosen eine Unterkunft geben (könnten).

Ich segne Restaurants und Geschäfte, die Lebensmittel verkaufen, dafür, dass sie das, was sie nicht mehr brauchen, für die Obdachlosen und Armen spenden (könnten).

Ich segne diejenigen, die durch die Straßen und Gassen streifen, um die zu suchen, die Hilfe brauchen, und um ihnen eine Unterkunft zu besorgen.

Ich segne die Arbeitgeber und andere, die Arbeit zu vergeben haben und dabei auch an Notleidende denken.

Und vor allem segne ich die Obdachlosen, damit sie sich nicht als arme Opfer fühlen, die Unterstützung brauchen, sondern als Kinder des Universums, die auf der Welt sind, um die Herzen ihrer Mitmenschen zu tieferem Mitgefühl und tatkräftigerer Liebe zu bewegen.

Tag 13
Ein Brief aus Simbabwe

„Ich muss Ihnen unbedingt schreiben, um Ihnen mitzuteilen, wie sehr Ihr wundervolles Buch Segnen heilt mir geholfen hat:

Ich lebe in Simbabwe und habe Ihr Buch vor ein paar Monaten mit großem Interesse gelesen. Nur ein paar Tage später brachen vier Männer, mit Messern bewaffnet, in den frühen Morgenstunden in mein Haus ein. Ich bin eine 84 Jahre alte Witwe, aber sie haben mich trotzdem gefesselt und geknebelt, bevor sie das Haus nach Geld durchsuchten. Ich lag hilflos auf dem Bett und fragte mich, was ich nur machen sollte. Und dann kamen mir die Dinge, die Sie in Ihrem Buch lehren, flutartig in den Sinn und ermöglichten es mir, meine Angst zu überwinden und den innersten Kern ihres Wesens zu segnen.

Dadurch spürte ich ein tiefes Gefühl des Friedens, das ich kaum beschreiben kann, und das ermöglichte mir, im Nachhinein ohne Hysterie oder zu viel Stress mit der Situation umzugehen. Alle wunderten sich über meine Ruhe und Gelassenheit in einer solchen Situation, doch mir war klar, dass ich sie ausschließlich den wundervollen Dingen, die Sie in Ihrem Buch vermitteln, zu verdanken habe.

Die Männer verschwanden, nachdem sie das gesuchte Geld gefunden hatten – das mir noch am selben Tag von einem anonymen Spender ersetzt wurde!

Wie Sie sich sicher vorstellen können, ermöglicht mir das Leben in Simbabwe, das Gesetz der bedingungslosen Liebe täglich umzusetzen, vor allem jetzt während der Wahlen!! Viele Leute hier haben Ihr Buch gekauft, und für uns alle ist es eine wunderbare Quelle der Unterstützung und des Trosts. Wie den Menschen rasch klar wird, lässt sich das Leben nur meistern, wenn man das Grundprinzip der bedingungslosen Liebe lebt."

Pauline

Tag 14
Für Achtsamkeit im Hier und Jetzt

Es gibt ein schönes Gedicht aus dem Sanskrit, das so lautet:

Sieh dir den heutigen Tag an, denn er ist das Leben, der Inbegriff des Lebens.

In seiner kurzen Dauer sind alle Wirklichkeiten und Vielseitigkeiten des Lebens enthalten,

die Glückseligkeit des Wachstums, die Prächtigkeit der Handlung, die Herrlichkeit der Macht,

denn gestern ist nur ein Traum, und morgen ist nur eine Vision:

Aber ein gut gelebter heutiger Tag macht jedes Gestern zu einem glücklichen Traum und morgen zu einer Vision der Hoffnung.

Sieh dir den heutigen Tag daher genau an.

Ich segne diesen herrlichen Tag, der sich jede Sekunde vor mir ausbreitet - jede Sekunde, die es mir ermöglicht, in der Gegenwart präsent zu sein, mir wirklich bewusst zu sein, wo ich bin, mich völlig darauf zu konzentrieren, was ich gerade denke oder tue.

Im Bus oder in der Bahn segne ich mich für meine Fähigkeit, voller Achtsamkeit die anderen Passagiere zu segnen, statt meine Gedanken ziellos von einer Werbetafel zur nächsten wandern zu lassen.

Im Haushalt, beim Einkaufen oder bei allen anderen Dingen segne ich mich für die Fähigkeit, entspannt in meiner vollkommenen Präsenz bei dem, was ich gerade tue, zu ruhen, statt mir über das Sorgen zu machen, was gestern schlecht gelaufen ist oder morgen falsch laufen könnte.

Ich segne mich für die Gabe der völligen Achtsamkeit, die einer der größten Reichtümer ist, das ich mir und anderen schenken kann:

- Achtsamkeit beim Essen,
- Achtsamkeit beim Gehen und bei jeder Bewegung,
- uneingeschränkte Aufmerksamkeit, wenn ich anderen zuhöre; dies ist der grundsätzliche Ausdruck meiner Liebe zu ihnen,
- Achtsamkeit in jedem einzelnen Augenblick dieses wundervollen Tages, den das Leben mir geschenkt hat.

Tag 15
Für eine stärkere Liebe zu Gott

Das erste Gebot ist ein unglaublich starkes Gebot, wenn man über seine tiefere Bedeutung nachdenkt – Gott von GANZEM Herzen, mit ganzer Seele, Kraft und Geist zu lieben – nicht 95 Prozent, sondern hundertprozentig. Möge dieser Segen uns auf den Weg hin zu diesem Ziel bringen!

Möge meine Liebe zu dir, Herr, zur Hauptströmung meines Lebens werden - frisch, inspiriert, ruhig und stark.

Möge sie so standhaft sein, dass sie die schlammigsten Gewässer der Unentschlossenheit und Kompromisse, des Zögerns und Zweifelns, durchkreuzt. Möge ihr starker, schwingender, klarer Wille die sterblichen drei Eigenschaften - Teilnahmslosigkeit, Gleichgültigkeit und alltägliche Gewohnheiten - auslöschen, die das Hornsignal der Liebe übertönen.

Möge meine Liebe so stark sein, dass ich in der glühenden Hitze der Wüste nur eine Weile an meinem geheimen inneren Ort ausruhen muss, um inspiriert und erfrischt daraus wieder hervorzukommen, oder dass ich in der beißenden Kälte einer gleichgültigen Welt nur eine weitere Pause zu machen brauche, um ihre Wärme und ihr beständiges inneres Leuchten zu spüren.

Möge diese Liebe mir Schwester, Mutter oder Partnerin werden, möge sie mein ständiger Begleiter in jeder Stunde werden, so dass ich mich für die Liebe entscheide, weil ich keinen anderen Weg kenne. Und möge ich jedes Lebewesen, dem ich begegne, mit ihrer heilenden Berührung segnen - sei es ein Mensch, eine Pflanze oder ein Tier.

Tag 16
Ein Segen für Krankenschwestern

Seit 25 Jahren bekomme ich Rückmeldungen von Leuten aus aller Welt, die mir bestätigen, dass Segnen tatsächlich wirkt. In meinem Buch Segnen heilt liste ich einige Beispiele auf. Manche sind erstaunlich wirksam; viele von ihnen finden sich auch in diesem Buch wieder. Der folgende Segen ist für Krankenschwestern.

Wie ich von befreundeten Krankenschwestern weiß, lässt sich dieser Segen auf unterbesetzten Stationen oft nur sehr schwer umsetzen. Deswegen sage ich nur: Gebt euer Bestes. Kein anständiger Mensch wird mehr von euch verlangen.

Ich segne diesen Tag als eine der Möglichkeiten, anderen voller Liebe zu dienen.

Möge jeder Gedanke der Heilung den Patienten dienen, denen ich begegne. Vor allem segne ich die Möglichkeit:

- alles, was ich anfasse, achtsam und fürsorglich statt hastig und nachlässig zu tun,
- zu lächeln, statt grimmig oder gleichgültig zu wirken,
- jedem mit liebevollem Interesse zu begegnen,
- innezuhalten und zuzuhören, statt mich auf meine nächste Aufgabe zu stürzen.

Ich segne das Krankenhaus, die Klinik, die Arztpraxis – da, wo ich arbeite – als einen Tempel der Liebe statt einer Quelle des Gewinns, damit es mit dem wahren Gedanken des Dienens statt dem Rotstift geführt wird. Und ich segne alle Mitarbeiter, die dort mit Fleiß, Humor und dem ehrlichen Wunsch, anderen zu dienen, arbeiten.

Tag 17
Ein Segen zur Wahrnehmung des Göttlichen um uns herum

Der Begriff »Nächster«[5] im 2. Gebot bezieht sich nicht nur auf Menschen, sondern auf die gesamte Schöpfung – auf Tiere, Pflanzen und sogar die Natur. Das entspricht exakt der Erklärung, was Segnen wirklich ist. Heute wollen wir daher unsere Fähigkeit, das Göttliche in jedem und allem zu sehen, segnen. Und uns selbst.

Heute segne ich mich in meiner Fähigkeit, die wahre spirituelle Wirklichkeit hinter dem Schleier des materiellen Scheins zu erkennen. Wenn ich die Schönheit einer Blume wahrnehme, werde ich die göttliche Liebe erkennen, die mich anlächelt.

Wenn ich eine Schafherde sehe, werde ich mich daran erinnern, dass der göttliche Hirte - die grenzenlose Liebe - mich und alle anderen immer führt.

Wenn ich meinen Nächsten sehe, werde ich mich entsinnen, dass ich mich selbst in ihm wiedererkenne, und ihn aus tiefster Seele segnen.

Wenn ich zur Sonne aufschaue, werde ich mich über die Erinnerung freuen, dass ich das Licht der Welt bin, wie es uns ein großer spiritueller Lehrmeister vor 2 000 Jahren gelehrt hat.

Wenn ich beim Bäcker einen Brotlaib oder im Supermarkt Obst ansehe, wird mich das daran erinnern, dass ich nicht nur von Brot allein lebe, sondern auch von dem, was der Heilige Geist mir im Herzen zuflüstert. Höre ich zu?

Wenn ich einen Menschen in Tränen oder tiefer Trauer sehe, werde ich ihn still in der göttlichen Freude segnen, die in seinem Herzen nur darauf wartet, sich zu zeigen und ihm seinen Schmerz zu nehmen.

---

[5] Joel Goldsmith: Die Gegenwart Gottes praktizieren, 5. Auflage 2015

Wenn ich an einem Gefängnis vorbeikomme, werde ich seine Insassen in ihrer wahren Freiheit segnen, die ihnen keiner nehmen kann.

Und wenn ein Krankenhaus auf meinem Weg liegt, werde ich seine Patienten in der Fülle ihrer Gesundheit segnen, die nur darauf wartet, entdeckt zu werden.

Und schließlich werde ich, wenn ich an einem Spiegel vorbeigehe, mich der grenzenlosen, göttlichen Liebe erfreuen, die mich anblickt, und voller Glück segnen.

Tag 18
Ein Wunsch für Sie, Teil I

Dies ist die leicht gekürzte Version eines Segens, den Sie auch als Video auf der Webseite http://play.simpletruths.com/movie/may-you-be-blessed/ finden. Da er recht lang ist, haben wir ihn geteilt. Der zweite Teil steht auf der nächsten Seite.

Mögen Sie mit allem Guten gesegnet sein.

Mögen Ihre Freuden, wie die Sterne am Nachthimmel, zu viele sein, um sie zählen zu können ...

Mögen Mangel und Mühsal nur dazu dienen, Sie stärker zu machen, und mögen Schönheit, Ordnung und Überfluss Ihre ständigen Begleiter sein.

Möge jeder Weg, den Sie wählen, zu dem führen, was rein, gut und herrlich ist.

Mögen alle Ängste und Zweifel dauerhaftem Vertrauen weichen, während Sie die Hinweise auf eine höhere Macht um Sie herum wahrnehmen.

Und möge das Licht in Ihrem innersten Wesen, wenn es nur Dunkelheit gibt und Sie den Stürmen des Lebens ausgesetzt sind, die Welt um Sie herum erhellen.

Mögen Sie sich immer darüber bewusst sein, dass Sie über alle Maßen geliebt werden, und mögen Sie bereit sein, dafür selbst bedingungslos zu lieben.

Tag 19
Ein Wunsch für Sie, Teil II

»Je mehr wir auf die Segen achten, die in uns hinein fließen, desto mehr wird unsere eigene Berührung Segen bringen.«[6]

Mögen Sie sich immer beschützt fühlen und spüren, wie Gott Sie als das geliebte Kind, das Sie sind, in seinen Armen wiegt.

Und mögen Sie, wenn Sie in Versuchung geraten, andere zu verurteilen, sich daran erinnern, dass wir alle eins sind und dass jeder gedachte Gedanke durch das Universum schwingt und jeden und alles berührt.

Mögen Sie, wenn Sie etwas zurückhalten wollen, daran erinnert werden, dass die Liebe am besten fließt, wenn sie frei ist, und dass Geben das größte Geschenk von allen ist.

Mögen in Ihrem Leben immer Musik und Gelächter erklingen, und möge auf jedes Gewitter ein Regenbogen folgen.

Möge Freude jede Enttäuschung wegschwemmen, möge Glückseligkeit jedes Leid verscheuchen und möge die Liebe jeden Schmerz lindern.

Möge jede Verletzung Weisheit bringen, möge jede Prüfung ein Triumph sein und mögen Sie das Leben mit jedem Tag, der vergeht, noch mehr genießen.

Mögen Sie gesegnet sein und mögen andere durch Sie gesegnet sein.

Dies ist mein Herzenswunsch für Sie: Mögen Sie gesegnet sein.

---

6 David Steindl-Rast, Achtsamkeit des Herzens, Herder, 2013, Herder

Tag 20
Die Wirkung meiner Segen verstehen

Es ist – vor allem für diejenigen unter Ihnen, die das Segnen praktizieren – ganz wichtig, die Wirkung unserer Gedanken, Segen, Meditationen und Gebete zu verstehen. Sie können (und werden) die Welt verändern.

Wir segnen uns in unserem Verständnis, dass all unsere Gedanken, Segen und Gebete das andere Ende der Welt erreichen können.

Mögen wir wirklich begreifen, dass ein Meer aus Trillionen von Wassertropfen besteht, so wie die Gegenwart und Zukunft der Menschheit aus Trillionen von Gedanken und Vorhaben besteht.

Mögen wir verstehen, dass in jeder Minute, in der wir eine – wenn auch kleine – Wirkung auf die Bewusstseinsebene des gesamten Planeten Erde haben, jeder Gedanke an Liebe und Licht, jeder ehrlich empfundene Segen, irgendwo etwas bewirkt, irgendwo hilft, ein Bedürfnis zu stillen, eine Sorge zu besänftigen, Inspiration zu geben, irgendwo in irgendjemandem diese Vision zu wecken, die ihr Bedürfnis befriedigen wird – genauso wie jeder negative Gedanke und jedes negative Gefühl unsere Schritte hin zu den weiteren Horizonten der Barmherzigkeit, die auf uns alle warten, hinauszögert.

Möge uns voller Demut klar werden, dass unser aufrichtiger Segen helfen kann, einer verzweifelten Mutter irgendwo in einem Armenviertel dieser Welt die Hilfe zukommen zu lassen, die ihr krankes Kind retten wird, oder den Gefangenen, der seit 35 Jahren in Einzelhaft sitzt, davon abzuhalten, sein Leben zu beenden – und irgendwo ein Bedürfnis zu stillen, denn das ist das Gesetz der Liebe.

Und schließlich segnen wir uns für unser Verständnis, dass wir Heiler dieser Welt sind, auch wenn wir uns dieser Tatsache bisher vielleicht nicht bewusst waren.

Mögen wir tiefe Dankbarkeit für dieses kraftspendende Wissen empfinden und uns freudig der Aufgabe verschreiben, es jeden Tag in allem, was wir tun, an jedem Ort, an dem wir uns aufhalten, in jeder geistigen Sphäre, in der wir uns bewegen, aufs Neue umzusetzen.

Ich danke dir, dem grenzenlosen Einen, wer/was auch immer du sein magst, dafür, dass du uns so sehr liebst und uns alle zu diesem vollkommenen Verständnis hinführst.

Tag 21
Ein Segen für die Prüfungen des Lebens

Häufig heißt es, Prüfungen – und ich würde auch Schwächen hinzufügen – sind im Grunde ein Segen, und das Leben derjenigen, die diese Wahrheit erlebt haben, ändert sich völlig. Aus häufigen Flüchen wird ein ständiger Segen.

Ich segne mich für meine Schwächen, auf dass sie Chancen sein mögen, aus ihnen zu lernen und an ihnen zu wachsen.

Ich segne mich für meine Ängste, auf dass ich ihre Oberflächlichkeit und Falschheit durchschaue und lerne, den Mut zu entwickeln, der mir als Kind des Universums mitgegeben wurde.

Ich segne mich für die Herausforderungen, die das Leben mir beschert, denn sie sind die wertvollsten Werkzeuge meines inneren Wachstums.

Ich segne mich für die scheinbar unüberwindbaren Probleme, denn sie lassen mich verborgene Kräfte in mir entdecken.

Ich segne mich für Augenblicke der Einsamkeit, denn sie lassen mich die göttliche Liebe als Freundin und Gegenwart entdecken, die mich nie enttäuscht.

Ich segne mich, wenn ich mich einer Krankheit stellen muss, denn sie ist eine Chance herauszufinden, dass vollkommene

Gesundheit unsere natürliche, göttliche Mitgift ist, die uns immer zur Verfügung steht.

Ich segne mich, wenn ich mich Verrat, einem gebrochenen Herzen, scheinbar unersetzlichem Verlust, Hass, Zurückweisung, Zweifeln stellen muss ... und noch vielen anderen Herausforderungen mehr, denn letztendlich zeigen sie mir, dass »Prüfungen die Beweise für Gottes Fürsorge« sind und dass ich selbst in einer Gewitterwolke den goldenen Sonnenstrahl sehen kann.

Tag 22
Ein Segen für Terroristen, Teil I

Wie wir alle wissen, gehört Terrorismus zu den größten Herausforderungen unserer Zeit. Können Sie sich den gequälten und kranken Geist vorstellen, den man braucht, um einen Terroranschlag durchzuführen? Diese Leute zu verfluchen heilt diese Plage nicht. Das kann nur das Segnen. Wir wollen nichts als starkes Mitgefühl für solche Menschen empfinden, die trotz allem unsere Brüder und Schwestern sind, welche düsteren Motive sie auch haben mögen.

Ich segne alle, die versucht sind, terroristische Handlungen zu begehen, sei es aus Verzweiflung, Hass, Angst, Machthunger oder einem anderen quälenden menschlichen Motiv.

Ich segne sie für ihre Integrität, damit sie feststellen, dass sie die Ganzheit in sich selbst nicht auf Kosten der Ganzheit anderer erreichen können.

Ich segne sie für die Bewusstwerdung, dass Liebe das höchste Gesetz, das das Universum und die Menschheit regiert, und dass ihre tiefsten aufrichtigen Sehnsüchte nur durch das Gesetz der Liebe erfüllt werden können.

Ich segne sie für ihr Bewusstsein, dass sie tief in ihrem Inneren Kinder des Lichts sind und Terrorismus nur eine Umkehrung des Lichts ist, das jedes echten Grundes, jeder Substanz und jeden Gesetzes entbehrt.

Ich segne sie für ihr Verständnis, dass die Dunkelheit, die sie sehen oder sich einbilden, nur durch Licht und nicht durch noch mehr Dunkelheit aufgelöst werden kann.

Tag 23
Ein Segen für Terroristen, Teil II

Dies ist die Fortsetzung des Segens für Terroristen. Öffnen Sie sich für die tiefste Ebene des Mitgefühls in Ihrem Herzen. Der Terrorist ist und bleibt Ihr Bruder, ganz egal, was er getan hat.

Ich segne Terroristen für ihre grenzenlose Güte, Freundlichkeit und Fürsorge, ihr unendliches Mitgefühl. Als Gotteskinder wartet all das in ihnen darauf, entfacht zu werden und zur Geltung zu kommen.

Ich segne sie dafür, dass sie das Gesetz der wahren Umkehr begreifen, auf dass sie verstehen mögen, dass sie sich letztendlich alles Gute oder Schlechte, das sie anderen zufügen, selbst zufügen.

Ich segne sie für ihren Hunger nach dem richtigen Handeln, auf dass er gestillt wird.

Ich segne sie, auf dass jedes Gefühl des Mangels nun von einem klareren Bewusstsein grenzenlosen Überflusses geheilt wird, damit ihre Ruhelosigkeit deinem Frieden weicht, damit das Gefühl der Unsicherheit, das mit Aggressivität oder Angst einhergeht, von dem Gefühl deiner tröstenden Gegenwart geheilt wird, damit jedes Gefühl der Trennung, der Zugehörigkeit zu einem Clan und der Einsamkeit von dem Wissen, dass WIR ALLE EINS SIND, vertrieben wird.

Und ich segne mich für mein Wissen, dass die göttliche Liebe keine Terroristen kennt, sondern nur ihre eigene vollkommene Spiegelung, und dass dasselbe Bewusstsein auch meines sein kann, wenn ich verstehe, dass hinter dem Schleier des

Scheins alle Männer und Frauen nur EINEN – den göttlichen – GEIST haben.

Tag 24
Für Opfer von Terroranschlägen

Aus den Taten einiger weniger Anarchisten im 19. und Anfang des 20. Jahrhunderts, deren Ziele hauptsächlich Berühmtheiten waren, wurde der Terrorismus zu einer weltweiten Plage, die fast überall auf der Welt zufällige Ziele – meist Gruppen oder Versammlungen – angreift.

Ich segne die Opfer von Terroranschlägen überall auf der Welt, darunter auch die Opfer von zufälligem und völlig sinnlosem Massenmord, auf dass sie letztendlich den Sinn in der scheinbar sinnlosen, verrückten Wahnsinnstat oder Grausamkeit erkennen können.

Ich segne sie dafür, dass sie tief in ihrem Inneren die Kraft und den Mut zur Vergebung finden, wenn ihnen klar wird, dass Groll vor allem ein Angriff gegen sich selbst ist, so wie Vergebung ein Geschenk an sie ist.

Ich segne sie für ihre Fähigkeit, ihre Angreifer weder als Einzelnen noch als Gruppe zu verteufeln und das Verlangen nach Rache zu vermeiden, wenn sie begreifen, dass Gewalt immer neue Gewalt hervorruft – auf der Seite der Opfer und der Seite der Täter.

Und schließlich segne ich die Verletzten, damit sie rasch heilen, und die, die Angehörige oder Freunde verloren haben, damit sie den tiefen inneren Frieden finden, der Heilung bringt.

Tag 25
Ein Segen für Mutter Erde

Endlich fängt die Menschheit an zu begreifen, dass unser Planet Erde ein Lebewesen ist, das die Misshandlungen, die wir ihm zugefügt haben, mit unendlicher Geduld ertragen hat.

Wir segnen Mutter Erde für ihren unendlichen Überfluss und ihre atemberaubende Schönheit, für den Reichtum an Flora und Fauna, ihr unendliches stilles Wachstum und ihre stillen Überlebensmechanismen sowie für ihre Aufgabe, die Menschheit zu unterstützen.

Wir segnen sie für ihre Fähigkeit, sich vor den chemischen und körperlichen Misshandlungen zu schützen, denen sie ausgesetzt ist. Und wir segnen uns für unsere Fähigkeit, weniger Umweltgift anzuwenden und unseren Lebensstil einfacher zu gestalten.

Wir segnen Mutter Erde für die Reinheit ihrer Wasserquellen und den vernünftigen Umgang der Gemeinden mit dem Wasservorrat. Und wir segnen uns für unsere Fähigkeit, die Quellen klug und umsichtig zu nutzen.

Wir segnen unsere Erde für ihre Böden rund um den Globus und deren Fähigkeit, ihren ursprünglichen Zustand wiederherzustellen.

Wir segnen die vielen Tier- und Pflanzenarten – in unseren Meeren, am Himmel, auf oder in der Erde – und ihre Fähigkeit, allen Angriffen auf ihre Lebensräume, sei es durch Überweidung, Überfischung, Abholzung usw., zu trotzen.

Und schließlich segnen wir die Menschheit für ihre Fähigkeit, in sämtlichen Umweltbereichen klug zu handeln.

Tag 26
Heilung einer Arbeitsbeziehung nach 12 Jahren (Ein Bericht)

Anne nahm an einem meiner Workshops über das Segnen teil. Sie ist Lehrerin an einer Schule und hatte eine Kollegin, die sie beharrlich ignorierte. Anne hatte keine Ahnung, warum sie das tat. Wenn sie sich auf dem Flur begegneten, schaute die andere Lehrerin weg und ließ Anne auf diese Weise wissen: Für mich sind Sie Luft. Ein halbes Jahr lang ein solches Verhalten zu ertragen wäre schlimm genug, aber 12 Jahre ... Daher beschloss Anne, es mit Segnen zu versuchen. Sie überschüttete ihre Kollegin täglich mit Segen, und es dauerte nicht lange, bis die Lehrerin vor den Schulferien strahlend auf sie zukam, ihr die Hand gab und ihr schöne Ferien wünschte!

Anne, Schweiz

Tag 27
Für unsere Verwandten im Tierreich

Die Menschheit erforscht gerade erstaunliche Dinge über unsere Partner aus dem Tierreich. Immer mehr Beobachter sind sich sicher, dass Tiere ein ganz ähnliches Bewusstsein haben wie wir, und von Tag zu Tag entdecken wir mehr ihrer unglaublichen Fähigkeiten – während wir gleichzeitig immer mehr von ihnen abschlachten!

Wir segnen uns für unsere Fähigkeit als Spezies, unsere tierischen Nächsten wegen ihrer selbst zu achten und zu ehren und sie nicht länger nur als Mittel zum Zweck zu betrachten, um unsere Bedürfnisse und Wünsche zu bedienen.

Wir segnen unsere Gesundheitsindustrie für ihre Fähigkeit, andere Wege als Tierversuche zu beschreiten, die jeden Monat Millionen unschuldigen Tieren das Leben kosten.

Wir segnen die globale Lebensmittelindustrie für ihre Fähigkeit, kreative Alternativen zum Massenschlachten von Milliarden von Schlachttieren auf der ganzen Welt zu finden.

Wir segnen unsere Schulen und Familien für ihre Fähigkeit, die Herzen der Jugend für die wundervolle Pracht der Tierwelt zu öffnen.

Und schließlich segnen wir uns selbst für unsere Fähigkeit, zu begreifen, dass die Liebe für unseren Nächsten alle Lebewesen, egal welcher Gestalt oder Spezies, mit einschließt.

Tag 28
Mein Wunsch für Sie

Ein naher Freund schickte mir diesen Text, dessen Verfasser unbekannt ist und den ich als Segen ein bisschen verändert habe.

Das ist mein Segen für dich.

Mögest du an schweren Tagen Trost finden und ein Lächeln, wenn du von Traurigkeit heimgesucht wirst.

Mögen Regenbögen deinen Wolken hinterherziehen und möge ein Lachen deinen Mund küssen.

Mögen Sonnenuntergänge dir das Herz wärmen und Umarmungen dich trösten, wenn dich der Mut verlässt.

Mögen Freundschaften dein Wesen zum Strahlen bringen und dein Glaube nie getrübt werden.

Mögest du Vertrauen finden, wenn du zweifelst, und mögest du den Mut haben, dich zu kennen, die Geduld, die Wahrheit anzunehmen, und die Liebe, die dir ein erfülltes Leben gibt.

Tag 29
Ein Segen, mit dem ich die göttliche Präsenz in meinem Leben feiere

Von dem Juwel westlicher spiritueller Literatur, dem Buch Leben in Gottes Gegenwart (2005, Teamwork) von Bruder Lawrence, einem französischen Karmelitermönch und Koch, bis hin zu zahlreichen neueren Autoren wird diese einfache Wahrnehmung der göttlichen

Gegenwart als Königsweg zu dem Königreich, das in uns allen schlummert, angesehen. So schreibt beispielsweise Joel Goldsmith: »Das Maß deiner eigenen Entwicklung hängt davon ab, wie stark du täglich die Präsenz Gottes bewusst wahrnimmst.«

Ich segne mich für meine Sehnsucht und angeborene Fähigkeit, die innerste Kammer meiner Seele zu betreten, um mit der mystischen göttlichen Präsenz, dem Herzen der Liebe, zu sprechen.

Möge ich mir immer bewusster werden, dass diese Präsenz mich überall begleitet – auf den grünen Weiden des Lebens wie auch bei den Schrecken der Hölle auf Erden.

Möge ich, wo immer ich auch bin, lernen, Deine Gegenwart als sanfteste und stärkste Begleiterin zu fühlen, die ich je haben könnte.

Möge ich, was immer ich auch tue, diese Gegenwart an meiner Seite, unter mir, um mich herum und über mir spüren. Möge ich mich immer daran erinnern, dass es auf Erden keinen Ort gibt, an dem deine beharrliche Gegenwart mich nicht begleitet, dass du, selbst wenn ich „meine Zelte in der Hölle aufschlage", mich festhältst und mich ständig liebevoll umarmst.

Möge ich, wann immer ich ein Haus, eine Arbeitsstätte oder ein Geschäft, ein Restaurant oder einen neuen Ort betrete, ganz bewusst kurz innehalten, damit deine Gegenwart mir voraneilen kann.

Möge mein erster Gedanke, wenn ich morgens aufwache, der Präsenz gelten, die immer mein Zimmer und mein Zuhause erfüllt, und möge ich mich daran erfreuen, dass ich bewusst erneut einen ganzen Tag in der gesegneten Gesellschaft der Liebe erleben darf.

Tag 30
Segen für die Straßenkinder der Welt, Teil I

Heute bitte ich Sie, Ihr Herz ganz weit zu öffnen und die Straßenkinder dieser Welt willkommen zu heißen. Laut Quellen der UNO leben um die 150 Millionen Kinder auf der Straße. Es ist einer der größten Skandale auf einem Planeten mit unglaublichem Reichtum. Rund zwei Millionen von ihnen müssen zum Überleben ihren jungen Körper prostituieren. Die Worte zu fühlen – nicht sie zu sagen – bewirkt die Heilkraft des Segens. Lassen Sie also Ihr Mitgefühl wie einen Wasserfall sprudeln.

Aus tiefstem Herzen segne ich die Straßenkinder dieser Welt, damit sie Ruhe und Frieden finden. Ich segne sie für ihr Selbstwertgefühl und ihre Selbstachtung, auf dass sie die unzähligen Hürden überwinden, denen sie ausgesetzt sind.

Ich segne sie für die Gabe göttlicher Kreativität, die in jedem von ihnen schlummert, damit sie trotz aller Hindernisse ihren Platz im Leben finden.

Ich segne sie für die Schönheit und das Licht, das trotz allen Anscheins in ihnen steckt. Ich segne sie dafür, dass sie sich des Überflusses bewusst sind, damit sie den gesellschaftlich auferlegten Glauben an Mangel überwinden.

Ich segne die vielen Kinder, die Armut, finanzielle Not oder Gleichgültigkeit dazu gezwungen hat, ihren Körper zu verkaufen; möge ihre Unschuld und Reinheit nie beschmutzt werden. Und ich segne sie für ihre vollkommene Gesundheit, damit sie weder AIDS noch irgendeiner anderen Geschlechtskrankheit zum Opfer fallen.

Tag 31
Segen für Straßenkinder, Teil II

Heute setzen wir unseren Segen für die Straßenkinder fort, die gezwungen sind, ihren Körper zu verkaufen.

Ich segne die Kinder, damit sie sich ihres göttlichen Wesens bewusst sind, so dass jedes Gefühl der Selbstverdammnis, Verzweiflung, Ohnmacht vertrieben wird.

Ich segne sie, wenn sie im Tag des Todesschattens wandeln. Mögen sie spüren, dass dein Hirtenstab sie tröstet und beschützt.

Ich segne sie für ihre grenzenlosen Möglichkeiten, sich weiterzuentwickeln, damit sie sich aus ihren Lebensumständen befreien können und eines Tages frei als aufrechte und freie Bürger ihrer Gesellschaft durch die Straßen gehen.

Ich segne die Erwachsenen, die sie sexuell oder auf sonstige Weise missbrauchen, damit sie sich ihres eigenen göttlichen Wesens bewusst werden und die Schäden, die sie angerichtet haben, bereuen und wiedergutmachen.

Und schließlich segne ich mich, auf dass ich die Art der Sinnlichkeit, die diese Ausbeutung und Versklavung fördert, niemals in Gedanken oder Taten ausleben werde.

Tag 32
Für uns als Quelle alles Guten

Wir sind endlose Quellen des Guten, die nur darauf warten, zum Ausdruck zu kommen. Lesen Sie diesen Segen – wie auch alle anderen – zuerst langsam, um seine tiefere Bedeutung zu verstehen, und sprechen Sie ihn dann von Herzen aus. Sie sollten die Worte fühlen, statt sie zu denken.

Möge meine Freude ein Springquell sein, der die Wolken berührt,
eine Lärche, die mit ihrem kristallklaren Gesang zum Himmel

aufsteigt,
ein Busch voller Frühlingsknospen, aus denen sich Blüten entfalten.
Möge meine Liebe ein tiefer Ozean sein, der in seiner endlosen Tiefe ruht,
ein offenes Herz, das alle, ohne sie zu verurteilen, willkommen heißt,
ein Wasserfall, dessen grenzenlose Gaben für jedes Lebewesen zur Verfügung stehen.
Möge mein Friede ein tiefer Teich sein, in dem alle zur Ruhe kommen,
ein Moosbett im Wald, auf das sich müde Wanderer mit ihren Lasten betten können und von dem sie sich erholt und frei wieder erheben,
ein offener Rückzugsort, den weder eine schreckliche Lebensprüfung noch ein peitschender Sturm stören kann.

Möge meine Gegenwart allen, die Hilfe, Gesellschaft oder Trost suchen, Halt geben.

Möge mein Leben allen, denen ich begegne – ob Mensch oder Tier –, eine endlose Quelle des Gebens, Teilens, Vertrauens und der Fürsorge sein und möge es ihnen eine ständige Quelle des Glücks und der Inspiration sein.

Tag 33
Segen eines Taxifahrers

Heute segnen wir die Taxifahrer, die in unseren Städten eine so nützliche Tätigkeit ausüben.

Geist der Wahrheit und der Liebe, ich segne diesen Tag für alles Gute, das er bringt. Ich segne dieses Taxi als rollenden Tempel deiner Gegenwart.

Ich segne die Straßen, auf denen ich fahren werde, und alle, die meinen Weg kreuzen. Ich segne jeden Menschen, der in dieses Taxi steigt. Ich segne ihn beim Kommen und Gehen, auf seinem vollkommenen Weg und für sein Ziel.

Ich segne den Innenraum dieses Taxis, damit alle, die einsteigen, in ihm Frieden und einen kurzen Zufluchtsort vor dem Alltagsdruck finden.

Ich segne mich für meine Geduld, Freude und meinen Humor, auf dass ich die Betrübten aufheitern, die Traurigen trösten, mit den Glücklichen mitjubeln kann und für sie alle ein Spiegel der grenzenlosen göttlichen Mutterliebe bin.

Tag 34
Ein Segen für Eltern

Hier ist ein Segen für einen der schwersten Jobs im Leben: dem der Eltern!

Wir segnen uns für unser heiliges Vertrauen, unsere Kinder großzuziehen, und unsere Fähigkeiten, uns allen Herausforderungen zu stellen. Wir segnen den Garten unseres Hauses dafür, dass er aus der fruchtbaren Erde bewährter Werte – die wichtigste Nahrung für unsere Kinder – schöne, starke Pflänzchen hervorbringt.

Wir segnen dich, grenzenlose Liebe, für das heilige Privileg, diese Sternenkinder großzuziehen. Möge ihr Licht immer heller strahlen, und mögen wir und andere ihren brillanten Glanz wahrnehmen. Wir segnen uns für unsere Fähigkeit, geduldig und liebevoll miteinander umzugehen.

Wir segnen uns für unsere Weisheit, unseren Kindern ein Gefühl der Integrität zu vermitteln, damit sie dem Druck anderer – sei es Sex, Drogen, Klamotten, Erfolg, Beliebtheit, Alkohol oder anderes – mit Anmut und Humor standhalten und dafür nur noch mehr geliebt werden.

Wir segnen uns für unsere Fähigkeit, wahren Reichtum – der kaum etwas mit materiellen Besitztümern und sehr viel mit

Eigenschaften wie Liebe, Mitgefühl und Großzügigkeit zu tun hat – mit unseren Kindern zu teilen. Mögen wir ihnen diese Eigenschaften auf so natürliche Weise zeigen, dass unsere Sternenkinder sie widerspiegeln.

Und schließlich segnen wir uns für die Fähigkeit, als Familie gemeinsam durch dick und dünn zu gehen, andere so zu behandeln, wie wir von ihnen behandelt werden wollen, und für die Probleme der Welt und jede Seele in Not offen zu sein.

Tag 35
Die Seligpreisungen (überarbeitet)

Die Seligpreisungen in Matthäus 5 sind vielleicht der bekannteste Segen der Welt. Ich habe sie leicht verändert, damit Sie sich noch persönlicher angesprochen fühlen.

Gesegnet bin ich, wenn ich geistlich arm bin, denn meiner ist das Himmelreich.

Gesegnet bin ich, wenn ich Leid trage, denn du, unendliche Liebe, wirst mich trösten.

Gesegnet bin ich, in meiner Entscheidung, sanftmütig zu sein, denn dies ist das Tor zu unendlichem Guten.

Gesegnet bin ich, wenn ich nach Gerechtigkeit hungere und dürste, denn ich werde satt werden.

Gesegnet bin ich, wenn ich barmherzig bin, denn ich werde Barmherzigkeit erlangen.

Gesegnet bin ich, wenn ich reinen Herzens bin, denn ich werde Gott überall sehen.

Gesegnet bin ich, wenn ich Frieden stifte, denn dies wird das Göttliche in mir erwecken.

Gesegnet bin ich, wenn ich um der Gerechtigkeit willen verfolgt werde, denn mein ist das Himmelreich.

Und ich bin gesegnet, wenn mich die Menschen um seinetwillen schmähen, verfolgen und allerlei Böses reden, denn ich werde mit einem Übermaß an Gutem belohnt werden.

Tag 36
Ein schottischer Segen

Hier ein schottischer Segen, den mir ein guter Freund geschickt hat.

Möge das gesegnete Sonnenlicht wie ein großes Torffeuer auf dich herabscheinen, so dass Freunde und Fremde herbeikommen und sich an ihm wärmen. Und möge Licht aus deinen Augen wie eine Kerze im Fenster eines Hauses leuchten und den Wanderer aus dem Sturm hineinbitten.

Und möge der Segen des Regens auf dir ruhen, möge er auf deinen Geist herabfallen, ihn reinwaschen und einen klaren Teich zurücklassen, in dem das Blau des Himmels schimmert und mitunter auch ein Stern.

Und möge der Segen der Erde auf dir ruhen, weich unter deinen Sohlen, während du deinen Weg gehst, weich unter dir, während du dich auf sie bettest, müde am Ende des Tages; und möge sie dich leicht bedecken, wenn du am Ende deines Lebens unter ihr liegst.

Möge sie so leicht über dir liegen, dass deine Seele rasch unter dir hervorschlüpfen und hinauf zu Gott schweben kann.

Und möge der Herr dich segnen und dies voller Gnade tun.[7]

---

7 http://www.faithandworship.com/Celtic_Blessings_and_Prayers.htm.

Tag 37
Ein Segen für alleinerziehende Mütter

In den westlichen Gesellschaften steigt die Zahl der alleinerziehenden Mütter aufgrund vieler sozialer Veränderungen stetig an. Der heutige Segen ist ihren Herausforderungen gewidmet.

Ich segne mich für meine Fähigkeit, meine Kinder mit Intelligenz, bedingungsloser Liebe und Weisheit großzuziehen.

Ich segne mich für meine vielen Ressourcen, mit denen ich meinem Kind das Beste aller Möglichkeiten bieten und seine Bedürfnisse – wenn auch nicht immer seine Wünsche – erfüllen kann.

Ich segne mich für mein gutes Urteilsvermögen, mit dem ich das richtige Gleichgewicht zwischen Strenge und Freiheit finde, damit es sich gesund entwickelt.

Ich segne mich für meine Fähigkeit, ein Zuhause zu schaffen, das seine Weiterentwicklung bestmöglich fördert und das die perfekte Mischung von Leichtigkeit und Freude, spiritueller und menschlicher Tiefe sowie tiefem Frieden ist.

Ich segne mich für meine Fähigkeit, ein so starkes gegenseitiges Vertrauen zu nähren, dass mein Kind mit seinen Bedürfnissen und Problemen immer zu mir kommen kann, was immer sie auch sein mögen.

Ich segne mich für die ausgewogene männliche Stärke und weibliche Sanftheit, die ich meinem Kind gegenüber zeige, um seine ausgewogene Entwicklung zu fördern.

Ich segne mich für meine Fähigkeit, dieses kostbare Pflänzchen, das das Leben mir für eine Weile anvertraut hat, in Freiheit aufzuziehen. Möge ich nie in Versuchung geraten, auf irgendeine Weise an ihm festzuhalten, und mich daran erinnern, dass ich in den Worten des Dichters nur der Bogen bin, dem der Pfeil entspringt, um sein eigenes, einzigartiges Ziel zu finden.

Tag 38
Die Vollkommenheit in meinem Leben sehen

Seit vielen Jahren schreibe ich mich mit einem ehemaligen Häftling, der 25 Jahre lang für ein Verbrechen, das er nicht begangen hat, in Texas in der Todeszelle (des schlimmsten Todestrakts in den Vereinigten Staaten) saß. Dieser Mann hat eine so hohe Stufe der Erleuchtung erlangt, dass er sagt, die göttliche Liebe hätte einen vollkommenen Lebensplan für ihn. Wie Paul Ferrini in einer seiner wunderschönen täglichen Meditationen schreibt, kommt unser Leid aus der Weigerung, unser Leben genau so anzunehmen und zu segnen, wie es im Augenblick ist. Er fügt hinzu: »In Wahrheit ist in deinem Leben nichts schiefgelaufen und es fehlt auch nichts. So wie es ist, ist dein Leben perfekt.«
Also wollen wir lernen, diese Vollkommenheit wahrzunehmen.

Möge ich lernen, den vollkommenen Plan zu erkennen, der hinter allen Ereignissen in meinem Leben steckt. Möge ich erkennen, dass alles, was in meinem Leben passiert, ein Geschenk des Schicksals ist, das mich dazu bringt, zu wachsen und zu gedeihen und meinen Horizont zu erweitern. Möge ich diejenigen, die mich verfluchen oder mir Schaden zufügen, diejenigen, die schlecht über mich reden oder Lügen über mich verbreiten, als Werkzeug des Lebens segnen, das es mir ermöglicht, mit Integrität, Abgrenzung und Stärke zu wachsen.

Möge ich sehen, dass hinter der Krankheit oder dem Unfall in meinem Leben ein liebevoller Plan steckt, der mich dazu bringt, die ultimative Quelle echter Gesundheit und das GPS – das Göttliche Positioning System –, das in Wahrheit mein Leben lenkt, zu entdecken. Möge ich in den unangenehmsten oder schwierigsten Situationen die Bedeutung göttlicher Liebe, mein spirituelles Wachstum voranzubringen, erkennen.

Möge ich jede Begegnung, jedes Ereignis und jede unvorhergesehene Situation als Fanfarenruf nach noch stärkerer Standhaftigkeit und noch tieferem Vertrauen in die Vorkehrungen der Liebe zu meinem Besten segnen. Möge ich darauf vertrauen, dass »in meinem Leben nichts schiefgelaufen ist und auch nichts fehlt … dass es so, wie es ist, perfekt ist«.

Tag 39
Geheilte Drogensucht, Alkoholismus und Gewalt (Ein Bericht)

Mein Freund Mamadou aus Mali (Westafrika) ist einer der bewundernswertesten Menschen, denen ich je begegnet bin. Als tiefgläubiger und toleranter Muslim hat er das Segnen als seinen Lebensstil angenommen und unter den Menschen, denen er rät zu segnen, erstaunliche Heilungen erlebt. Auf der Straße begegnete er Fatoumata, einer Bekannten, deren Sohn sich mit Drogen und Alkohol vollpumpte. Er hatte auch ein Messer, mit dem er andere Leute bedrohte, und sie musste ihn des Öfteren vom Polizeirevier abholen. Sie war verzweifelt. Mamadou erzählte ihr ruhig vom Segnen und riet ihr, ihren Sohn tagsüber immer wieder für die Eigenschaften zu segnen, die er nicht zeigte. Irgendwann ging er zu seiner Mutter und sagte ihr, er hätte das Leben, das er führte, satt und wolle sich ändern. Von einem Tag auf den anderen ließ er die Finger von Alkohol, Drogen, dem Messer und den anderen Dingen und fing sogar damit an, täglich zum Beten in die Moschee zu gehen.

Tag 40
Für die Heilung eines Kontrollfreaks

Viele Menschen in unserer westlichen Kultur neigen dazu, alles unter Kontrolle haben zu müssen und womöglich auch andere zu kontrollieren. Von früher Jugend an war ich ein starker Kontrollfreak. Erst viele Jahre später, in einer großen Lebenskrise dämmerte mir, wie lieblos es von mir war – nicht nur meiner Partnerin gegenüber, sondern noch viel mehr mir selbst gegenüber. In einer Zwangsjacke zu leben ist nicht unbedingt angenehm.

Wir (Ich) segne(n) alle, die im Schatten ständiger Kontrolle leben, für ihre Fähigkeit, sich anzusehen, was sie sich und anderen damit antun.

Wir segnen sie für ihre Fähigkeit, die tiefe, verborgene Angst aufzudecken, die hinter solchen Verhaltensmustern steckt – die Angst, dass die Dinge ihnen aus den Händen gleiten, ihrer Kontrolle entgleiten.

Mögen sie erkennen, dass die Kontrolle über etwas so unglaublich Vielseitiges, Reichhaltiges und Unvorhersehbares wie das Leben, das ständig im Fluss ist, völlig unrealistisch ist.

Wir segnen sie für ihr Verständnis, dass es in einem Universum, in dem der wunderbarste und liebevollste Geist dirigiert und alles »vom mentalen Molekül bis hin zur Ewigkeit« lenkt, am besten ist, alles in den Händen dieser grenzenlosen Macht zu lassen.

Mögen sie begreifen, dass die Fähigkeit, auf jede Situation mit bedingungsloser Liebe zu reagieren, die größte Garantie dafür ist, dass die Dinge sich in allen Lebenslagen zum Guten wenden werden und sie auch die ultimative Versicherung gegen unvorhersehbare Umstände und verrückte Verhaltensformen ist.

Mögen sie lernen, das Unerwartete zu genießen und sich darauf zu freuen, unbekanntes Terrain zu betreten – innerlich und äußerlich.

Und mögen sie gar lernen, es mit Freude anzunehmen, wenn die Dinge »außer Kontrolle« geraten – als etwas Wertvolles des Universums, aus dem sie lernen können, loszulassen und auf das grenzenlos liebevolle Gesetz des Guten zu VERTRAUEN, das das Leben lenkt, wie es auch immer nach außen hin erscheinen mag.

Tag 41
Für die Militanten des ISIL

Wir haben alle von den schrecklichen Hinrichtungen gehört, die im Internet gezeigt werden, und von den extremen islamistischen Militanten der Terrororganisation ISIL (Islamischer Staat Irak und der Levante), die im Nahen Osten ein neues Kalifat des Islam gründen wollen. Heute öffnen wir unser Herz denen, die trotz allem immer noch unsere geliebten Brüder und Schwestern sind.

Heute segnen wir die Militanten dieses Netzwerks für das Göttliche, das in ihnen steckt, auch wenn der äußere Anschein ein ganz anderer ist. Wir segnen sie für ihre tiefe Menschlichkeit und ihr großes Mitgefühl, damit sie aufwachen und ihnen klar wird, dass das, was sie anderen antun, sich selbst antun.

Wir segnen die Bevölkerung der umkämpften Gebiete, damit ihnen das Leid erspart wird, das die Kämpfe in der Region mit sich bringen. Wir segnen die Hunderte der jesidischen Frauen, die entführt wurden, um Sexsklavinnen zu werden oder eine erzwungene Ehe mit islamistischen Militanten einzugehen, für ihren Mut und ihren festen Willen, niemals nachzugeben oder aufzugeben.

Wir segnen die Politiker im Westen, die sich mit dieser Herausforderung befassen, damit sie die Weisheit haben, die sie brauchen, um mit dieser Situation richtig umzugehen. Und schließlich segnen wir uns selbst, auf dass wir in der Behaglichkeit unseres Zuhauses unsere weniger glücklichen Brüder und Schwestern in aller Welt nie vergessen und aktiv das tun, was für uns das Richtige ist, um ihr Leid zu lindern.

Tag 42
Vom Propheten Mohammed inspiriert

Als Nachtrag des Segens für die Militanten des ISIL auf der letzten Seite möchte ich betonen, dass im Islam ein starkes Gefühl der Bruderschaft herrscht. Der folgende kurze Segen wurde von einem Text des Propheten Mohammed mit Änderungen übernommen. Als dieser gefragt wurde, welche Handlungen die besten seien, gab er die folgenden Antworten, die ich in einen Segen umgewandelt habe:

Möge ich das Herz eines jeden Menschen erfreuen.

Möge ich die Hungrigen nähren und den Verwundeten helfen.

Möge ich das Leid der Leidenden lindern und das Unrecht, das den Verletzten zugefügt wurde, wiedergutmachen.

Und hier ist ein Segen, der auf dem Anfang des ersten Verses des Korans 0150 »Bismillahir Rahmani Raheem« (»Im Namen Allahs, des Gütigsten und Barmherzigsten«) basiert.

Diese Worte sind die berühmteste aller muslimischen Affirmationen.

Ich segne diesen Tag im Namen Allahs für alles Gute, das er uns schenkt.

Ich segne diesen Tag im Namen Allahs für die unzähligen Gelegenheiten, ihm zu dienen und ihn zu ehren.

Ich segne diesen Tag im Namen Allahs, des Gütigsten und Barmherzigsten, für die unzähligen Gelegenheiten, seinen heiligen Namen zu ehren.

Tag 43
Für einen festen Stand

»Wir sind ein Gesetz der Liebe gegenüber allen, mit denen wir in Berührung kommen. Wir sollten nicht vergessen, dass alle, die mit unseren Gedanken und Handlungen in Berührung kommen, durch den Kontakt gesegnet werden müssen, denn wir sind ein Gesetz der

Liebe: Wir sind das Licht der Welt.«[8] *Wenn wir das wirklich verstehen, werden unsere Segen noch wirksamer.*

Heute teile ich einen Segen von Duncan Tuck aus Wales[9] mit Ihnen:

Mögest du, wie die Eiche, wissen, wie man gut steht:

Verwurzelt in der Wahrheit, sich nach dem Licht ausstrecken, geduldig aushalten und lernen;

Allen ohne Unterschied, die sich in deinen Schatten begeben, Unterschlupf gewähren und Teil des Felsens werden, auf dem du ruhst.

Tag 44
Ein Segen für Gefängnisinsassen und ihre Wärter, Teil I

Als ein Mensch, der 20 Jahre lang Gefängnisse besucht hat, möchte ich diesen Segen für Häftlinge und ihre Wärter mit Ihnen teilen. Dieser Segen teilt sich in zwei Teile: der erste Teil gilt den Insassen, der zweite den Wärtern.

Ich segne Häftlinge in aller Welt für ihre Fähigkeit, zu vergeben und damit bei sich selbst anzufangen.

Ich segne sie für ihr Durchhaltevermögen und ihre Standhaftigkeit, Hoffnung und Geduld, wenn sich die Tage, Monate und Jahre endlos hinziehen.

Ich segne sie für ihre Fähigkeit, tief in ihrem Herzen die Fähigkeit zu finden, Schlechtes mit Gutem zu vergelten, auch wenn sie von Wärtern oder Mithäftlingen misshandelt werden.

Ich segne sie für ihr Vertrauen in die göttliche Gerechtigkeit, die am Ende immer siegt und Unrecht wiedergutmacht, auch

---

8 Joel Goldsmith, Der Unendliche Weg, 3. Auflage 2013, Schwab Heinrich Verlag
9 Duncan Tuck, 600 Blessings and Prayers from Around the World, Hrsg. Geoffrey Duncan

das eines menschlichen Strafrechts mit seinen Unvollkommenheiten, offenem Missbrauch und Fehlurteilungen.

Ich segne sie für die Fähigkeit, trotz der Anspannungen im Gefängnis und – bei vielen von ihnen – ihrer verhungerten Sexualität in ihrem Körper Ruhe und Frieden zu finden.

Ich segne die Zehntausende, die vierundzwanzig Stunden am Tag in Einzelhaft verbringen, auf dass sie die inneren Ressourcen finden mögen, um trotz allem durchzuhalten.

Und schließlich segne ich die Häftlinge für ihre Fähigkeit, mit der völligen Integrität eins zu werden, die tief in ihrem Inneren schlummert und die noch nie mit Verbrechen, Angst, Hass, Finsternis oder Mangel in Berührung gekommen ist, und ihre Fähigkeit, die Flamme ihres wahren Wesens, das immer rein, großzügig, aufrichtig und frei geblieben ist, wieder zu entfachen.

Tag 45
Ein Segen für Gefängnisinsassen und ihre Wärter, Teil II

Dies ist die Fortsetzung des Segens Teil I für Gefangene.

Ich segne die Wärter für ihre Sehnsucht und Fähigkeit, Häftlinge wie ebenbürtige Menschen zu behandeln und durch den Stempel, der ihnen von Menschenhand aufgedrückt wurde, hindurchzusehen, um ihre Seele zu erkennen, die nach Bruderschaft oder Schwesternschaft strebt.

Ich segne sie für ihre Fähigkeit, großzügig statt boshaft zu sein und den Geist der Gesetze anzuwenden, der Frieden stiften kann, statt den der Gesetzestexte, der so oft Gutes im Keim erstickt.

Ich segne sie für die Fähigkeit, die schwere Aufgabe zu bewältigen, ihre Arbeit jeden Tag neu zu erfinden, statt in eine seelenabtötende Routine zu verfallen, die ihnen genauso wie den ihnen anvertrauten Häftlingen schadet.

Ich segne sie für die Fähigkeit, der häufig extremen Gewalt des Systems mit ruhiger, gewaltfreier Stärke zu begegnen.

Ich segne sie für ihr tiefes Mitgefühl für das Leiden der Insassen, damit sie nie der Überzeugung erliegen, es sei halt, wie es sei, und damit sie ihre schwierige Arbeit als einen echten Dienst an den Gefangenen ausführen.

Und schließlich segne ich die Bürger unserer Länder, damit sie verstehen, dass, solange auch nur ein einziger von ihnen hinter Gittern ist, auch ein Teil von ihnen dort lebt, und dass sie das Göttliche in sich selbst und die unsichtbare spirituelle Einheit, die alle Menschen miteinander verbindet, verleugnen, wenn sie Gefangene unter Bedingungen leben lassen, die die menschliche Würde mit Füßen treten.

Tag 46
Das Oberste an oberste Stelle stellen

Der Psychotherapeut und Philosoph Piero Ferrucci erzählt die unvergessliche Geschichte des Anhängers eines indischen Gurus, der seinen Lehrmeister aufsucht und bittet: »Meister, ich will unbedingt Erleuchtung. Wie schaffe ich das nur?«

Der Lehrmeister sagt seinem Schüler, er solle ihm folgen. Sie gehen hinunter an den Fluss. Dort fordert der Lehrmeister den Schüler auf, sich am Flussufer hinzuknien und den Kopf direkt über das Wasser zu halten. Dann drückt er den Kopf seines Schülers unter Wasser und hält ihn fest. Nach einem Augenblick schafft es der geschockte Schüler, sich aus dem festen Griff seines Lehrmeisters zu befreien. Wasser rinnt ihm aus Mund und Nase, während er seinen Lehrer fassungslos anstarrt. »Der Tag, an dem du Erleuchtung genauso verzweifelt willst, wie du gerade Atem holen wolltest, ist der Tag, an dem du sie finden wirst«, lautet die knappe Erklärung des Lehrmeisters.

Ich segne mich für mein Verlangen und meine Fähigkeit, Ordnung in mein Leben zu bringen, damit ich für das, was mir am wichtigsten ist, Raum schaffe.

Mögen meine Prioritäten so eindeutig sein, dass ich alles Unwichtige und sämtliche Aktivitäten und Kontakte, die nicht mit meinem Lebensziel übereinstimmen, aus meinem Leben streiche.

Möge meine Vision so klar und stark sein, dass sie allen Müll, alle halbherzigen Anstrengungen, alle unnötigen Tagträume, alle unklaren Gedanken und verwässerten Handlungen sofort wegwischt.

Möge meine Sorge um meine Mitmenschen und meine Liebe für das wahre Gute mein Ziel so fördern, dass es allen Gewittern und Stürmen trotzt, die es zu zerstören versuchen.

Und möge ich in der ruhigen Sicherheit ruhen, dass eine tiefe Aufrichtigkeit folgen wird, denn das Universum wird zweifellos dafür sorgen.

Tag 47
Ich segne meine Nahrung

Den meisten von uns ist nicht klar, dass das Essen auf unseren Tellern aus aller Welt kommt. Die meisten – wenn nicht sogar alle – westlichen Länder importieren ihre Lebensmittel aus weit über 100, oft über 150 anderen Ländern. Wenn Sie Ihre Mahlzeiten segnen, können Sie damit also die ganze Welt erreichen – von kolumbianischen Bananenpflückern über Schweizer Käsemacher bis hin zu indischen oder chinesischen Gewürzherstellern, nordafrikanischen Dattelanbauern und so weiter. Dieser Segen – beim Essen gedacht – ist für Anbauer, Lieferanten und alle anderen, die mit der Nahrungsproduktion zu tun haben. Er ist außerdem ein gutes Mittel, im Gleichgewicht zu bleiben, statt Ihre Gedanken wandern zu lassen, und sich klar zu werden, dass wir bei unseren einfachsten, alltäglichsten Handlungen mit der ganzen Welt verbunden sind. Dieser Segen gilt hier nur den Bananenlieferanten, und es macht mir Spaß, auch jedes andere Lebensmittel zu segnen. Machen Sie sich bewusst, dass dieser Segen nur ein paar der Tätigkeiten erwähnt, die die Banane auf Ihren Teller bringen!

Ich segne die Plantagenarbeiter in Kolumbien, die meine Bananen gepflückt haben und die häufig unterbezahlt werden, während sie bei Glühhitze viele Stunden auf dem Feld arbeiten.

Ich segne die Fahrer, die sie zum Hafen transportiert haben, die Hafenarbeiter, die sie aufgeladen haben, die bunte Crew der Matrosen aus vielen verschiedenen Ländern, die sie mit dem Schiff hergebracht haben, und deren Frauen, die zu Hause geblieben sind und sich um ihre Kinder gekümmert haben.

Ich segne die polnischen Werftarbeiter, die das Schiff gebaut haben, die deutschen Techniker, die das Navigationssystem des Schiffs entwickelt haben, und so viele andere, die an seinem Bau beteiligt waren.

Ich segne die Zollbeamten, die die Bananen überprüft haben, die Händler oder Supermärkte, die sie eingekauft haben, die Fahrer, die sie viele Stunden lang auf monotonen Autobahnen vom Ankunftshafen zu den Läden und Supermärkten im ganzen Land befördert haben.

Ich segne die Verkäufer und Kassiererinnen, die sie verkauft haben.

Und schließlich segne ich mich für meine andauernde Dankbarkeit für den grenzenlosen Überfluss an Gütern, die ständig auf mich herunterregnen.

Tag 48
Ein irischer Segen für traurige Zeiten

Möge Gottes Licht deinen Weg erhellen,
wenn er dunkel ist.
Mögest du immer, selbst in der Stunde der Trauer,
das leise Singen der Lärche hören.
Möge dein Herz in harten Zeiten nie versteinern.
Mögest du dich, wenn die Schatten fallen, immer daran erinnern,
dass du nicht alleine gehst.[10]

Tag 49
Ein Segen dem Dienen

Der berühmte indische Schriftsteller Rabindranath Tagore[11], verfasste das folgende Gedicht, das unseren heutigen Segen inspiriert hat:

Ich schlief und träumte, das Leben sei Freude,
ich erwachte und erkannte, das Leben bedeutet Dienen,
ich handelte und merkte, dass Dienen Freude ist.

Wir segnen uns für die Fähigkeit, starke Freude, tiefe Zufriedenheit und anhaltenden Frieden im selbstlosen Dienst an anderen zu empfinden. Wir segnen uns für unsere Fähigkeit, anderen zu dienen, ohne dafür Gegenleistungen zu erwarten – als ein schlichtes Geschenk unserer Liebe, das wir auf den Altar der göttlichen Liebe legen.

Wir segnen uns für die Fähigkeit, zu dienen, nie die Stunden zu zählen oder zu denken, es passe gerade nicht in unser Leben, und das Geschenk, unser bescheidenes Können in den Dienst anderer zu stellen, wirklich zu schätzen.

---

10 islandireland.com/Pages/folk/sets/bless.html

11 ein Freund Gandhis und der erste Autor der Dritten Welt, dem 1913 der Literaturnobelpreis verliehen wurde

Wir segnen uns für das unglaubliche Privileg, unter denen zu sein, die die unsichtbare »Nation von Dienstleistenden« ausmachen und die *auf eine Welt hinarbeiten, bei der alle die Gewinner sind.*

Und mögen wir die einfachsten und bescheidensten Arbeiten mit derselben Begeisterung verrichten, mit der wir am Hofe einer Königin dienen würden – denn das ist genau das, was wir tun.

Tag 50
Für ein selbstloses Wesen

Vielleicht ist es die wahre Herausforderung im Leben, das menschliche Ego loszulassen. Nur das Ego – nicht das göttliche Selbst, das die Grundlage unseres authentischen Wesens tief in unserem Inneren ist – kann Angst oder Wut, Hass oder Unsicherheit empfinden. Wenn wir lernen, unser Ego – das wir zweifellos in unseren prägenden Jahren gebraucht haben, aber heute nicht mehr brauchen – sanft loszulassen, werden wir das herrliche Gefühl von Freiheit entdecken, das sich mit dem wachsenden Gefühl des Einsseins mit unserer wahren Quelle einstellt.

Ich segne mich voller Freude für meine unfehlbare Fähigkeit, das menschliche Ego und sein ständiges Verlangen nach Aufmerksamkeit loszulassen.

Mögest du, grenzenlose Liebe, durch mich leuchten, damit ich so sehr zu dir werde, dass alle auf meinem Lebensweg mich als deine strahlende Präsenz, deine bedingungslose Liebe und Vergebung erleben.

Mögen sie nicht mehr mich, sondern nur noch dich sehen.

Ich segne mich für mein Verlangen, heimlich Gutes zu tun, so dass andere meine guten Taten gar nicht bemerken, und anonym großzügig zu geben.

Möge ich nie danach streben, gewürdigt oder die Nummer eins zu sein, und noch weniger nach menschlicher Anerkennung, sondern meine tiefe Freude darin finden, im Schatten zu dienen, selbst wenn andere dafür Beifall bekommen.

Möge ich ganz klar erkennen, dass ich von mir aus nichts erreichen kann – dass es die Liebe in mir ist, die das Gute schafft.

Tag 51
Wiederhergestellte Harmonie in einer polygamen Ehe (Ein Bericht)

Hier ist eine zweite Heilungsgeschichte meines Freundes Mamadou. Die erste, geheilte Drogensucht, Alkoholismus und Gewalt, finden Sie bei Tag 39.

Eines Tages traf Mamadou die erste Frau einer polygamen Ehe, die er gut kannte. Assiatou war schon Mitte fünfzig. Wie es in dieser Kultur üblich ist, hatte sich ihr Mann eine weitaus jüngere und attraktivere zweite Frau genommen und machte seiner ersten Frau das Leben zur Hölle. Er schlug und beleidigte sie ständig. Die junge Braut machte es ihm schon bald nach, und Assiatous Leben wurde unerträglich. Sie klagte Mamadou ihr Leid. Der riet ihr nur, die beiden aus ganzem Herzen zu segnen.

Afrikaner, die nicht zur westlichen Elite gehören, sind oft sehr empfänglich für neue Ideen. Assiatou ging nach Hause und fing noch am selben Abend damit an, ihren Mann und seine zweite Frau zu segnen. Schon am nächsten Morgen ging er zu ihr und entschuldigte sich für sein Verhalten. Die neue Braut tat es ihm bald nach. Heute gelten die beiden Frauen in ihrer Nachbarschaft als Vorbilder für einen polygamen Haushalt voller gegenseitigen Verständnisses und Respekts.

Tag 52
Für den inneren Frieden

In einer Welt der wachsenden Unruhen und immer schnelleren Veränderungen, die niemand mehr unter Kontrolle hat, wird der innere Frieden zu einer kostbaren Seltenheit. Wenn abertausende Menschen lernen, ihren inneren Kreis des Friedens zu erweitern, werden sie ihren energetischen Level immer mehr ausdehnen, bis sie sich eines Tages alle miteinander verbinden und die ganze Menschheit umfassen.

Ich segne mich für die Fähigkeit, den »Frieden, der über jedes Verständnis hinausgeht«, zu fühlen und zum Ausdruck zu bringen.

Ich segne mich freudig für den tiefen Frieden, der vom Gefühl des völligen Einsseins mit meiner Quelle kommt – der grenzenlosen göttlichen Liebe, die alle Wesen mit einbezieht und unterstützt.

Ich segne mich für meine Fähigkeit, diesen Frieden in den stärksten Unwettern und Tsunamis des Lebens auszustrahlen. Möge ich allen, die meinen Weg kreuzen, ein ruhiges Gewässer sein, das kein Lüftchen trübt, damit sie meinen offenen Händen und meinem offenen Herzen ihr Leid ausschütten können und erfrischt und hoffnungsvoll weitergehen können.

Möge ich, während ich lerne, die tausend Geräusche der Außenwelt auszuschalten, tief in meinem Inneren die leise Stimme der Wahrheit spüren, die flüstert: »Alles ist gut, alles ist gut, alles ist sehr, sehr gut.« Und möge ich lernen, in dieser unerschütterlichen Bestätigung, der Grundlage meiner Existenz, zu ruhen.

Tag 53
Ein buddhistischer Segen

Wir entleihen diesen Segen dem Buch Chanting from the Heart: Buddhist Ceremonies and Daily Practices von Thich Nhat Hanh, einem der größten buddhistischen Lehrmeister Ende des 20. Jahrhunderts/Anfang dieses Jahrhunderts. Sein Dorf Les Pruniers im Südwesten von Frankreich zieht Schüler des Buddhismus aus aller Welt an.

Möge jeder glücklich und sicher sein, und möge sein Herz voller Freude sein.
Mögen alle Lebewesen in Sicherheit und Frieden leben:
schwache und starke, große und kleine, sichtbare und unsichtbare, nahe und ferne, geborene und ungeborene Lebewesen.
Mögen sie alle in vollkommener Ruhe leben.
Möge niemand einem anderen Schaden zufügen.
Möge niemand das Leben eines anderen gefährden.
Möge niemand aus Wut oder Boshaftigkeit
einem anderen etwas Schlechtes wünschen.

Tag 54
Ein Segen für Überfluss

Überfluss ist nichts Materielles »da draußen«, das darauf wartet, entdeckt zu werden, oder das wir aus einer äußeren Quelle »anziehen« müssen. Überfluss ist vor allem eine Lebensart – unser Ausgangspunkt ist entweder Mangel oder Überfluss. Und er ist eine Entscheidung, die wir in jedem Augenblick selbst treffen.

Ich segne mich für meine Fähigkeit, den grenzenlosen Reichtum zu sehen, den das Leben für jedes seiner Kinder bereithält.

Möge ich da, wo Krankheit zu sein scheint, die Gesundheit sehen, die nur darauf wartet, sich zu zeigen.

Möge ich da, wo jemand traurig wirkt, den Trost und die Freude sehen, die bereit sind, aus der Tiefe seines Wesens aufzuschäumen.

Möge ich da, wo sich Hass festgesetzt hat, die verborgene Liebe spüren, die nur darauf wartet, zum Ausdruck gebracht zu werden.

Möge ich da, wo materieller Mangel und große Not zu herrschen scheinen, an den Fünftausend festhalten, die mit zwei Brotlaiben und fünf Fischen gesättigt wurden, oder an dem Krug der Witwe, aus der endlos gutes Öl strömte.

Möge mir da, wo Einsamkeit einen Menschen herunterzieht, bewusst sein, dass er als Kind grenzenloser Liebe begleitet werden wird.

Möge ich da, wo scheinbar nackte, kalte Gleichgültigkeit vorherrscht, zum Instrument tiefsten Mitgefühls und zärtlicher Fürsorge werden. So sei es jetzt und immer.

Tag 55
Über die Steuerung meines Lebens

Ein Geheimnis eines leichten und glücklichen Lebens ist, sich klar zu werden, dass alles, was wir für unser Eigentum halten, uns nur vom Leben – vom Universum – geliehen wurde, damit unsere Liebe, Hilfsbereitschaft und Freude wachsen können.

Ich danke dir für das Geschenk der Jahre, die du mir geliehen hast - möge ich sie dazu nutzen, um eine Welt zu fördern, in der alle glücklich leben können.

Ich danke dir für die vielen Begabungen, die du mir anvertraut hast - möge ich sie weiterentwickeln und in deinem Dienst vervielfachen.

Ich danke dir für das Geld, das du auf mein Konto einbezahlt hast - möge ich es dazu nutzen, um der Witwe und dem Waisen zu helfen und die Anliegen, an die ich wirklich glaube, zu unterstützen.

Ich danke dir für die Besitztümer, mit denen du mich überschüttet hast – möge ich genauso großzügig mit anderen teilen, wie du sie ausgeteilt hast.

Ich danke dir für die wunderbaren Freunde, mit denen du mich gesegnet hast – möge ich sie so behandeln, wie ich von ihnen behandelt werden will.

Ich danke dir für die Prüfungen, die du mir geschickt hast – möge ich sie als Werkzeuge für mein inneres Wachstum nutzen.

Und ich danke dir für die vielen freudigen Momente, die du auf meinem Weg verstreut hast – mögen sie meine Entschlossenheit festigen, ein treuer Diener der neuen Welt zu werden, die da kommt.

Tag 56
Ein Segen von Steve Jobs

Unsere heutige Inspiration stammt von keiner geringeren Quelle als Steve Jobs, dem genialen Gründer der Apple Corporation. Ich habe einen einfachen Prosatext in einen Segen umgeschrieben, indem ich »Möge ich« hinzugefügt und »du« durch »ich« ersetzt habe. Das Dogma, über das er spricht, kann jede Form starren Denkens bedeuten.

Da meine Zeit begrenzt ist, möchte ich sie nicht darauf verschwenden, das Leben eines anderen zu führen.

Möge ich nicht von einem Dogma gefangen sein – das heißt, mit den Folgen der Gedanken anderer leben.

Möge ich nicht zulassen, dass der Lärm der Meinungen anderer meine eigene innere Stimme übertönt.

Und das Wichtigste: Möge ich den Mut haben, meinem Herzen und meiner Intuition zu folgen. Irgendwie wissen sie schon immer, was ich wirklich werden will. Alles andere ist zweitrangig.[12]

Tag 57
Ein Segen für Börsenspekulanten

In dieser ziemlich seltsamen Welt, in der wir leben, befassen sich Tausende täglich mit Börsenspekulation – sie versuchen, aus Geld noch mehr Geld zu machen. Eine Zahl sagt alles: Weniger als 3 Prozent aller täglichen Finanztransaktionen sind für reale Güter und Dienstleistungen bestimmt. Der gesamte Rest ist reine Spekulation. Häufig zahlen die Ärmsten der Armen den Preis dafür. Die Gier, noch mehr anzuhäufen, wenn die Grundbedürfnisse schon mehr als gedeckt sind, hat meist eine bestimmte Ursache: die unterdrückte Angst vor Mangel. Sie und ich können helfen, das zu ändern.

Wir segnen alle, die in der Hoffnung auf sofortige finanzielle Gewinne ihre gottgegebene kostbare Lebensenergie in Börsenspekulationen stecken.

Wir segnen sie für ihre Erkenntnis, dass sich auf Kosten anderer keine echten Gewinne machen lassen und dass sie sich aufgrund des Gesetzes von Ursache und Wirkung – dass man erntet, was man sät – eines Tages mit den Folgen ihrer Handlungen auseinandersetzen müssen.

Wir segnen sie, damit die leise, doch beharrliche Stimme der Wahrheit trotz des hektischen Hochbetriebs und der aufgeladenen Stimmung an der Börse irgendwann zu ihnen durchdringt und sie dazu bringt, sich zu fragen: Was um Himmels Willen mache ich hier eigentlich? Und was tue ich meiner Seele damit an?

Wir segnen sie für ihr wahres Gefühl, reich zu sein, damit sie begreifen, dass jeder echte Überfluss von innen – nicht von

---

12 www.weforum.org/agenda/2016/05/your-time-is-limited-don-t-waste-it-living-someone-else-s-life-6-inspiring-graduation-speeches/

außen – kommt, und dass das, was sie anderen geben – nicht das, was sie ihnen nehmen –, ihren wahren Reichtum ausmacht.

Wir segnen sie für den Mut, den sie brauchen, um illegale Handlungen anzuprangern, selbst wenn sie zugunsten der Firmengruppe oder Bank sind, für die sie arbeiten, und um dem darauf folgenden Druck, den Mund zu halten, zu widerstehen.

Wir segnen sie dafür, dass sie das neue Win-Win-Prinzip verstehen, das durch die Ritzen des Systems strömt und das eines Tages das alte, überholte Gewinner-und-Verlierer-ich-zuerst-Modell ersetzen wird, welches schon so lange einen Großteil der Welt regiert.

Und vor allem segnen wir sie dafür, dass ihnen ihre vollkommene göttliche Identität und ihr unzerstörbares Einssein mit der göttlichen Quelle bewusst sind.

Und wir segnen uns für unsere eigene finanzielle Integrität, so dass wir in allen Geldangelegenheiten unser höchstes Gefühl für das Richtige anstreben – egal, ob wir einen Studenten für die Gartenarbeit bezahlen oder ob wir Aktien und andere Finanzprodukte kaufen und verkaufen.

Tag 58
Segen der Indianer: Am Guten festhalten

Heute wenden wir drei indianische Segen an, die in ihrer Schlichtheit wunderschön sind. Als Erstes ein Mahnruf der Pueblo-Indianer, dem ich »Mögest du …« hinzugefügt habe:

Mögest du an dem, was gut ist, festhalten,
auch wenn es nur eine Handvoll Erde ist.
Mögest du an dem festhalten, an das du glaubst,
selbst wenn es nur ein Baum ist, der von alleine aufrecht steht.

Mögest du an dem festhalten, was du tun must,
selbst wenn es weit weg von hier ist.
Mögest du an deinem Leben festhalten,
selbst wenn es leichter ist, loszulassen.
Mögest du dich an meiner Hand festhalten,
selbst wenn ich von dir gegangen bin.[13]

Der zweite Segen stammt von Häuptling Dan George:

Mögen die Sterne deine Traurigkeit wegtragen,
mögen die Blumen dein Herz mit Schönheit erfüllen,
möge die Hoffnung immer deine Tränen wegwischen,
und möge vor allem die Stille dich stark machen.[14]

Dieses Gebet der Navajo-Indianer habe ich in einen Segen umgewandelt:

Möge vor uns Glück liegen. Möge hinter uns Glück liegen. Und möge über uns Glück liegen. Möge unter uns Glück liegen. Möge überall um uns herum Glück liegen. Mögen glückliche Worte aus unserem Mund fließen, denn wir sind die Essenz des Lebens, die Quelle des Glücks. Alles endet in Schönheit. Alles endet in Schönheit. Alles endet in Schönheit.[15]

Tag 59
Für einen »namenlosen« Angestellten oder eine »anonyme« Reinigungskraft

In unserer Gesellschaft gibt es viele Tätigkeiten, die scheinbar unbedeutend oder »unwichtig« sind. Doch diese Sichtweise ist sehr oberflächlich. Man kann immer nur wiederholen, dass die niedrigste Arbeit, die mit Liebe getan wird, die Menschheit auf eine höhere Ebene

---

13 https://sunshineandchaos.wordpress.com/2014/12/31/a-pueblo-indian-prayer-for-the-new-year/

14 Häuptling Dan George: https://www.goodreads.com/quotes/72132-may-the-stars-carry-your-sadness-away-may-the-flowers

15 https://episcopalarchives.org/cgibin/ENS/ENSpress_release.pl?pr_number=73141

bringt als ein Prestigejob oder eine »wichtige« Aufgabe, die aus reinem Selbstinteresse ausgeführt wird. Liebe ist der unverzichtbare Schlüssel zu echtem Fortschritt und das mächtigste Heilmittel auf diesem Planeten.

Ich segne mich für meine Fähigkeit, meine menschlich bescheidene Aufgabe so liebevoll und perfekt wie möglich zu erfüllen.

Möge ich mich sogar an der Anonymität der Arbeit erfreuen, im Wissen, dass für die grenzenlose Liebe nichts anonym ist,

weil jedes einzelne Element seiner Schöpfung – vom winzigsten Mikromolekül bis hin zu den Wellen der Galaxien – im göttlichen Plan, der alles einbezieht, seinen vollkommenen Platz, Zweck, Ziel und seine perfekte Aufgabe hat.

Möge ich das Vorrecht genießen, jede einzelne Tätigkeit – vom Staubwischen eines Regals im Keller bis hin zur Ablage von Dokumenten, die wohl keiner mehr je zu sehen bekommt – mit echter Sorgfalt auszuführen, im Wissen, dass die Grundeinstellung, die ich in meiner Arbeit umsetze, das Energiefeld um mich herum – wie subtil auch immer – entweder erhöht oder herunterdrückt.

Möge ich mich über den Mangel an Achtung vor meiner Tätigkeit und meiner ehrlichen Sorgfalt hinwegsetzen und diejenigen segnen, die mir diese Achtung verwehren, im Wissen, dass es sie und nicht mich ärmer macht, und möge ich sie für ihre Empfänglichkeit für das verborgene Gute segnen, das sie eines Tages voller Freude erkennen werden.

Tag 60
Ein segnender Psalm

Stephen Mitchell hat uns einige wunderschöne Übersetzungen der Psalme geliefert. Hier ist seine Version des 1. Psalms, der sich wie ein Segen liest. Sie können ihn noch persönlicher gestalten, indem Sie »Möge ich ...« hinzufügen.

Gesegnet sind die Männer und Frauen,
die ihre Gier überwunden und ihrem Hass ein Ende gesetzt haben und die keine Illusionen mehr hegen.
Aber sie erfreuen sich daran, wie die Dinge wirklich sind,
und behalten Tag und Nacht ein offenes Herz.
Sie sind wie Bäume, die an strömenden Flüssen wachsen,
die Früchte tragen, wenn sie so weit sind.
Ihre Blätter verfärben sich nicht und fallen nicht.
Alles, was sie anfassen, wird von Erfolg gekrönt.[16]

Tag 61
Segen einer Pilgerin für den Frieden

Mildred Lisette Norman war eine bekannte Pazifistin, unparteiische spirituelle Lehrerin und Aktivistin des letzten Jahrhunderts. Sie durchquerte die USA viele Male zu Fuß, um ihre Botschaft von Liebe und Frieden zu verbreiten. Hier ist ein Segen von ihr:

Gesegnet sind die, die geben, ohne einen Dank zu erwarten, denn sie werden großzügig belohnt werden.

Gesegnet sind die, die alles Gute, das sie kennen, in Taten umsetzen, denn die noch höheren Wahrheiten werden ihnen offenbart werden.

Gesegnet sind die, die ihre Mitmenschen lieben und ihnen vertrauen, denn sie werden das Gute in den Menschen erreichen und ihnen wird mit Liebe erwidert werden.

---

16 Übersetzung Stephan Mitchell, The Gospel According to Jesus

Gesegnet sind die, die die Wirklichkeit erkennen, denn sie wissen, dass nicht die Hülle aus Ton, sondern das, was die Hülle aus Ton zum Leben erweckt hat, real und unzerstörbar ist.

Gesegnet sind die, die, nachdem sie ihr Leben dem Guten gewidmet und daher einen Segen empfangen haben, den Mut und Glauben haben, die Steine auf dem Weg zu überwinden, die vor ihnen liegen, denn sie werden einen zweiten Segen empfangen.

Gesegnet sind die, die ohne das selbstsüchtige Motiv, inneren Frieden zu finden, den spirituellen Pfad suchen, denn sie werden ihn finden.

In dieser Welt wird dir das gegeben, was du gibst, und dir wird vergeben, wie du vergibst – während du deinen Weg
durch jeden herrlichen Tag gehst,
erschaffst du deine Zukunft, so wie du lebst.

Tag 62
Durch die Augen der Liebe sehen

In jedem einzelnen Augenblick unseres Lebens wählen wir unsere Gedanken und dadurch unsere Sicht der Realität. In diesem Sinne kann man sagen, dass wir unsere eigene Wirklichkeit selbst erschaffen. Was also, wenn es am produktivsten und hilfreichsten wäre, alles durch die Augen der Liebe zu sehen?

Ich segne mich für unsere höchste Freiheit – selbst zu entscheiden, wie wir das Leben sehen.

Ich segne mich für die Fähigkeit, heute alles durch die Augen der Liebe zu sehen.

Ich segne mich dafür, dass ich meinen Nächsten in mir selbst erkenne und daher sehe, dass er genauso liebenswert ist wie ich.

Möge ich jemanden, der vom Leben gebeutelt ist oder sich in Trauer vergräbt, mit den Augen der Liebe ansehen und für ihn ein Spiegelbild der liebevollen Fürsorge des Lebens sein.

Möge mein tiefstes Mitgefühl jemanden, der von Groll oder Hass erfüllt ist, wie einen warmen Mantel einhüllen.

Mögen die Augen der Liebe mir die Inspiration geben, die Bedürfnisse von jemandem, der mit Angst ringt, zu erfüllen, so gut ich in diesem Augenblick kann.

Möge ich beim Anblick von Mangel jeder Art die Vision haben, die den Mangel beseitigt und ihn durch wahren Überflusses ersetzen.

Tag 63
Ein Segen für die Stille

Der berühmte Sufi-Dichter Rumi machte diese bemerkenswerte Aussage: »Stille ist die Sprache Gottes. Alles andere ist eine schlechte Übersetzung.« Wie ich glaube, ist die höchste Form des Gebets, Gott zuzuhören, denn als Allwissender kennt er längst jede sinnvolle Bitte, die wir ihm stellen können, und hat sie uns schon im Voraus gewährt, noch bevor wir sie überhaupt stellen konnten.

Möge ich die tiefe Stille deiner Gegenwart betreten und nur in stiller Bewunderung dasitzen und dir zuhören.

Möge ich auf diese Weise meine Gedanken zur Ruhe bringen, damit ihr Rauschen zum Schweigen gebracht wird.

Möge ich mein Herz besänftigen, damit der Lärm der Wünsche und Sehnsüchte sich legt, bis es dem friedlichen See da unten gleicht, auf dessen ruhiger, glatter Oberfläche sich das Lächeln der Liebe spiegelt.

Möge ich all meine Pläne beiseiteschieben im Wissen, dass deine viel besser sind – wenn ich nur zulasse, sie zu hören.

Möge ich für Vorschläge oder Bitten von dir so empfänglich werden, dass ich sie mit Freude annehme – in dem Wissen, dass Wunder Deine alltäglichen Mittel sind, durch die Du zu Deinen Kindern sprichst.

Möge ich meine Gefühle und Hoffnungen so ruhigstellen, dass ich in den hintersten Winkeln meiner Seele die Wahrheit deiner erstaunlichsten Aussage aller Zeiten und eines jeden Glaubenssystems höre und *fühle:* »Mein Sohn, du bist allezeit bei mir und ALLES, was mein ist, das ist dein.« (Lukas 15:31)

Und möge ich in der staunenden Stille meiner lauschenden Seele deinen letzten Kommentar hören: »Und so sehr liebe ich euch alle.«

Tag 64
Hunderte von Exemplaren von „Segnen heilt" wurden verschenkt
(Ein Bericht)

Vor ein paar Jahren wandte sich eine Spanierin aus Barcelona an mich. Wie sie mir berichtete, stand der 60. Geburtstag ihres Mannes, der begeistert vom Segnen war und es aktiv praktizierte, bevor. Sie wollte ihm ein besonderes Geschenk machen und fragte mich, ob ich nach Spanien kommen könnte, um vor seinen Freunden und Verwandten einen Überraschungsvortrag über das Segnen zu halten. Sie würde alle meine Unkosten bezahlen. Ich nahm das Angebot nur zu gern an. In letzter Minute verriet sie ihrem Mann, dass ich nach Barcelona kommen würde, um einen Vortrag zu halten, und fragte ihn, ob sie mich zum Essen einladen sollte. Er stimmte natürlich begeistert zu. Ich erzählte ihm von dem Vortrag über das Segnen, den ich am nächsten Tag halten würde, und lud ihn dazu ein.

Am nächsten Abend erschienen alle Gäste pünktlich um 20 Uhr im Konferenzraum. Der Mann kam gegen halb neun Uhr. Sein verblüfftes und freudig überraschtes Gesicht, als er sich umdrehte und über 150 Freunde und Verwandte erblickte, die ihm zu Ehren gekommen waren, werde ich nie vergessen.

Am nächsten Tag ging ich in den Buchladen, von dem er seine Exemplare meines Buches über das Segnen bezogen hatte, und der

Buchhändler bestätigte mir, dass er über die Jahre mehr als sechshundert Exemplare gekauft hatte! Der Mann praktizierte das Segnen täglich; es war die Grundlage seines spirituellen Lebens. Er hatte immer ein paar Exemplare des Buches bei sich und verschenkte sie spontan, wenn er jemandem begegnete, der dafür empfänglich war.

Tag 65
Segnen in einem Café

Ich sitze im Café des Bahnhofs von Genf und verbringe eine Stunde mit Warten. Was für ein Segen!

Unendlicher, ich segne diesen Ort deiner Allgegenwärtigkeit – jede Ecke, jeder Winkel fließt mit Deiner zärtlichen, fürsorglichen, mitfühlenden Liebe zu allen, die hier sind, über.

Ich segne jeden in diesem Raum für das Gefühl des Einsseins mit dir und seiner göttlichen Identität.

Ich segne die verloren wirkende Frau, die mir gegenüber sitzt, für ihre stille Freude und Zufriedenheit.

Ich segne den freundlichen Kellner für seine Ruhe und gute Laune bei seiner Arbeit, die oft stressig ist und in der er nur selten eine kurze Pause machen kann.

Ich segne die Frau mit der scheinbaren körperlichen Behinderung für ihre vollkommene Gesundheit, ihre Ganzheit und ihr tiefes Vertrauen, dass die göttliche Liebe für sie sorgt.

Ich segne alle, die hereinkommen, auf dass sie die Berührung deiner Gnade in genau der Form spüren, die sie in diesem Moment brauchen.

Und ich danke dir dafür, dass ich mich nicht von Werbeanzeigen und dem Großstadttreiben ablenken lasse, sondern in aller Ruhe alle zu allen Zeiten segnen kann.

Tag 66
John O'Donohue

Heute borge ich erneut von dem irischen Dichter John O'Donohue einen Segen, den er für seine Mutter Josie geschrieben hat.[17]

Möge der Ton an dem Tag, an dem die Last zu schwer für deine Schultern wird und du ins Stolpern gerätst, tanzen, um dich wieder ins Gleichgewicht zu bringen. Und möge ein Regenbogen aus Farben – Indigoblau, Rot, Grün und Himmelblau – dich auf einer Wiese des Verzückens erwachen lassen, wenn deine Augen hinter dem grauen Fenster erstarren und das Gespenst des Verlusts dich heimsucht.

Möge ein Pfad aus gelbem Mondlicht auf dem Wasser erscheinen und dich sicher nach Hause bringen, wenn die Leinwand im Boot der Gedanken faserig wird und ein Flecken des Ozeans unter dir schwarz wird. Möge die Nahrung der Erde deine sein, möge die Klarheit des Lichts deine sein, möge der Schutz der Vorfahren deiner sein.

Und möge ein langsamer Geist dich in diese Worte der Liebe hüllen, in einen unsichtbaren Mantel, der dein Leben schützt.

Tag 67
Ein Segen für Zeit

In der Geschichte der Menschheit ließ sich keine Zivilisation so von Zeit versklaven wie unsere. Dies wurde mir in aller Härte klar, als eine gute Freundin ihre Tochter, eine Akademikerin, die für eine Umweltorganisation arbeitet, zitierte: »Mutter, ich habe nicht die Zeit zu leben.« Also wollen wir uns heute mit diesem Problem befassen.

Ich segne meine Fähigkeit, mein Leben zu entschleunigen und anzufangen, wirklich zu leben. Ich segne mich für meine feste

---

17 http://www.scottishpoetrylibrary.org.uk/poetry/poems/beannacht-blessing

Absicht, die Zeit gut zu nutzen, statt mein Leben von der Uhrzeit regieren zu lassen. Ich segne mich für den Wunsch, ein klares Ziel im Leben zu verfolgen und daher eindeutige Prioritäten zu setzen – um zu vermeiden, meine Energie hier und da in sinnlosem Konsum und oberflächlichen Ablenkungen zu vergeuden.

Ich segne mich für meine Fähigkeit, zu erkennen, dass jede Sekunde zahllose Möglichkeiten bietet, etwas Gutes damit anzufangen, wenn ich mein Leben genügend verlangsame, um mir ihrer bewusst zu werden.

Und ich segne mich für meine Fähigkeit, zu erkennen, dass Zeit ein Geschenk ist, das die göttliche Liebe mir anvertraut hat, damit ich sie für mein inneres Wachstum, vertrauensvolle Beziehungen und alle Aufgaben, die das Universum mir anbietet, nutze.

Tag 68
Segen zur Heilung von häuslicher Gewalt

Wissen Sie, wie groß das Ausmaß häuslicher Gewalt auf der ganzen Welt ist, darunter auch in Ländern wie Bolivien, wo in mehr als 70 Prozent der Haushalte die Frau brutalen »Strafen« ausgesetzt ist (manchmal mit Todesfolge) und die Gewalt an Kindern sogar noch größer ist? Statt eines Kriegsgebiets sollte ein Zuhause ein Ort der Ruhe und des Friedens sein. Ihre Hilfe wird auf diesem Gebiet – wie auf vielen anderen – also dringend gebraucht.

Ich segne die Frauen, die der brutalen Gewalt ihrer Männer ausgesetzt sind, die tief in ihrem Inneren sich selbst so sehr verachten, dass sie ihren Selbsthass an ihren wehrlosen Partnerinnen auslassen. Ich segne sie für ihren Mut, sich den Stürmen zu stellen, und für ihre Inspiration, nach konstruktiven Lösungen zu suchen.

Ich segne sie für ihr Selbstbild, damit sie der Versuchung, ihre Selbstachtung zu verlieren oder zum Opfer zu werden, widerstehen.

Ich segne ihre gewalttätigen Partner, damit sie die tiefe Unzufriedenheit, den Selbsthass und den Mangel an Mitgefühl heilen mögen, denn diese Gefühle können sie nur in eine Sackgasse und in einen Teufelskreis von noch mehr Gewalt führen.

Ich segne die Nachbarn, die sich dieser Situation bewusst sind, für ihre aufrichtige Besorgnis und Weisheit bei der Suche nach Hilfe und möglichen Lösungen, und ich segne die sozialen Dienste und die Polizei für die Einfühlsamkeit und Weisheit ihrer Eingriffe.

Und vor allem segne ich beide Partner für ihre Erkenntnis der unglaublichen göttlichen Schönheit und Vollkommenheit, die in ihren Seelen verborgen ist und die es ihnen ermöglichen wird, dieselbe Ganzheit in ihrem Partner, ihren Kindern und ihrer Umwelt zu sehen.

Tag 69
Gregg Braden: Über das Segnen

Heute wollen wir uns mit Hilfe eines Interviews mit Gregg Braden Gedanken über diese ganz einfache Methode des Segnens machen.

Wenn wir die Erfahrung, von einem Menschen oder einem Ereignis verletzt worden zu sein, annehmen können, so sagen die Ahnen, sollten wir diese Erfahrung segnen. Es klingt komisch: das, was einen verletzt, soll man segnen? Aber dann geschieht Folgendes: Wenn wir anfangen, die Dinge zu segnen, die uns Schmerz zufügen, ist der Segen einfach nur ein Bekenntnis.

Ein Beispiel: »Ich segne den Menschen, der mich gerade angelogen hat.« – »Ich segne denjenigen, der mein Vertrauen missbraucht hat.« Und das wiederholt man immer wieder. Und man spricht es laut aus. Was dann passiert, ist, dass diese Worte die physikalische Energie aus dem Herzen in den Körper strömen lassen. Schon bald wärmt sich der Körper auf und Tränen steigen einem in die Augen. Und dann sagt man: »Ich segne diesen Menschen; ich segne diesen Menschen.« Mehr brauchen wir nicht zu tun, denn für den kurzen Augenblick, in dem sich die Spannung entlädt, können wir den Schmerz durch etwas anderes ersetzen.

Statt die Erfahrungen also zu beurteilen, wenn wir sie machen, können wir jede Erfahrung als einen Segen ansehen. Und wenn wir feststellen, dass wir uns tatsächlich verletzt fühlen, sagen wir: »Ja, ich bin verletzt.« Die Verletzung also erstens anerkennen. Zweitens: Was will mir diese Verletzung sagen? Welche Stimme höre ich? Was sagt sie mir über mein Leben? Und die Verletzung, die uns Informationen über uns selbst gibt, segnen.[18]

Tag 70
Ein Segen für Obdachlose

Heute öffnen wir unser Herz für die Obdachlosen. Während ich diesen Segen hier in Genf, wo ich lebe, schreibe, erleben wir eine Kältewelle. Die Temperaturen sind weit unter null. In ein paar Stunden treffe ich mich mit einem früheren Strafgefangenen, der vor Kurzem aus dem Gefängnis entlassen wurde und weder eine Familie noch ein Zuhause, weder einen Job noch Freunde hat. Dieser tolle junge Mann hat ein unglaublich schweres Leben – und es gibt Millionen auf der Welt, denen es genauso geht. Manche von ihnen leben wahrscheinlich nicht weit von Ihnen entfernt.

Aus der Tiefe meines Herzens segne ich die Obdachlosen auf der Welt, in meinem Land und meiner Nachbarschaft.

---

18 Consciouslifenews.com, August 2012

Mögen sie feststellen, dass Dein Überfluss jedem einzigen deiner Kinder immer zur Verfügung steht.

Mögen sie eine warme Ruhestätte finden, auf die sie ihren erschöpften Körper betten können.

Mögen sie eine Arbeit finden, die es ihnen ermöglicht, ihre Menschenwürde wiederherzustellen.

Mögen sie die menschlichen Kontakte finden, die sie aus ihrer oft verzweifelten Einsamkeit herausholen.

Mögen sie trotz der Riesenprobleme, die sich täglich vor ihnen auftun, ein starkes Selbstwertgefühl bewahren und herausfinden, dass ihr wahres Zuhause in der allgegenwärtigen göttlichen Liebe ist, an der es ihnen niemals mangelt.

Ich segne die Behörden und engagierten Privatorganisationen in meiner Region, auf dass sie alles in ihrer Macht Stehende tun, um Lösungen für diese Herausforderung zu finden.

Und möge ich dazu gebracht werden, zu tun, was ich kann, um bei der Lösung dieses Problems zu helfen, wenn das meine Berufung ist. Denn jeder Obdachlose, dem ich begegne, bin ich selbst.

Tag 71
Verantwortung für mein Leben übernehmen

Die ganze Verantwortung für alles, was uns geschieht, zu übernehmen gehört zu den grundsätzlichsten Schritten, die man unternehmen kann. Er steht für den Übergang vom Kind zum Erwachsenen. Das bedeutet nicht, man hätte eine bestimmte Situation selbst herbeigeführt, sondern dass man seine Fähigkeit bejaht, auf jedes Ereignis im Leben mit Kreativität, Intelligenz und Liebe zu reagieren. Dies ist der Schlüssel zu echter Freiheit und stiller Freude.

Ich segne mich für meine Fähigkeit, die tiefe Kraft zu spüren, die daraus erwächst, meine Verantwortung für alles in meinem Leben zu übernehmen.

Ich segne mich für meine Fähigkeit, mich endlich von jeder Form der Opferhaltung zu verabschieden:

- Ich ersetze Jammern durch Dankbarkeit.
- Ich weigere mich, noch einmal ein ängstliches »Nein« zu sagen, und ersetze es stattdessen durch Akzeptanz und ein starkes »Ja«.
- Ich lerne Angst durch Vertrauen zu ersetzen.

Ich segne mich dafür, die enorme innere Befreiung zu bejahen, die sich einstellt, wenn ich Herr über mein eigenes Haus bin, statt meine inneren geistigen Möbel durch Ereignisse und andere Leute hin und her rücken zu lassen.

Und vor allem segne ich mich für mein aufrichtiges Verlangen und meine tiefe Sehnsucht, daran festzuhalten, alle anderen als frei anzusehen, an ihrer wahren Größe und Würde als Kinder Gottes festzuhalten, statt sie als die armen, stolpernden Sterblichen zu sehen, die sie mitunter zu sein scheinen.

Tag 72
Fahre mit Liebe!

In letzter Zeit häufte sich Gewalt im Straßenverkehr. Darunter war auch ein Fall, bei dem in Arizona ein Fahrer eine Mutter von vier Kindern verfolgte und sie in ihrer Auffahrt erschoss. Eine Freundin hat den folgenden Segen über dieses Thema verfasst.

Heute segne ich die Millionen von Autofahrern auf unseren Autobahnen und Landstraßen. Ich segne sie für ihren Willen, die Geschwindigkeitsbegrenzungen einzuhalten. Ich segne sie dafür, dass sie auf die Straßenverhältnisse achten und anderen Fahrern gegenüber Rücksicht walten lassen.

Ich segne sie für ihre Klugheit, sich auf ihre Aufgabe zu konzentrieren, dafür, dass sie während der Fahrt keine Handys benutzen und sich auch nicht durch andere Geräte ablenken lassen.

Ich segne sie für ihre Geduld bei starkem Verkehr oder im Stau und für ihr Vertrauen, dass sie trotzdem pünktlich an ihrem Ziel ankommen. Mögen sie diese Augenblicke dazu nutzen, liebevolle Gedanken und Segen allen anderen Autofahrern zu schicken, die in derselben Lage sind.

Ich segne die Fahrer, die zu Wutausbrüchen neigen, für ihre Erkenntnis, dass Ausrasten beim Autofahren nicht nur andere gefährdet, sondern auch ihnen selbst schadet. Ich segne sie dafür, dass sie Ruhe bewahren und einsehen, dass ein Auto ein Werkzeug und keine Waffe ist.

Ich segne den Fahrer vor mir und den hinter mir, und vor allem segne ich mich als einen fähigen, respektvollen, gesetzestreuen und achtsamen Fahrer.

Tag 73
Hausaufgaben!!!

Manche von Ihnen lesen diese Segen schon eine ganze Weile. Ich gehe davon aus, Sie haben mitbekommen, wie Segen sich strukturieren lassen und verfasst werden können. Statt einen neuen Segen zu schreiben, schlage ich daher vor, dass Sie heute damit anfangen, ein lokales, nationales oder weltweites Problem zu segnen. An Themen mangelt es wahrlich nicht!

Es gibt ein wunderschönes afrikanisches Sprichwort: »Wenn alle Ameisen ihre Münder aneinanderlegen, können sie einen Elefanten tragen!« Möglicherweise haben Sie das Gefühl, als würde Ihr Segen nicht viel bewegen, doch in Verbindung mit Millionen von anderen, die das Gleiche tun, kann er die Welt ändern.

Hier sind ein paar Themenvorschläge, mit denen Sie den Anfang machen können. Wenn es um Probleme dieser Welt geht, brauchen viele Aspekte der Umwelt unsere Unterstützung: die rapide schrumpfenden Wälder, die weltweite Verschmutzung der Gewässer und Meere, das Aussterben von Wildtieren, Insekten und Pflanzenarten. Es mangelt auch nicht an Konflikten in der Welt, vor allem im Nahen Osten. Nahezu 800 Millionen Menschen gehen jeden Abend hungrig zu Bett,

Millionen von Kindern müssen sich prostituieren, um überleben zu können – die Liste ist endlos. Ich möchte keine nationalen oder lokalen Probleme anschneiden, da die Leser dieser Segen in vielen verschiedenen Ländern leben. Doch wenn Ihr Herz offen dafür ist, wird es Ihnen an Problemen, die Sie segnen können, nie mangeln. Und ich segne Sie für Ihre Bemühungen.

Tag 74
Sich Zeit zu nehmen für das, was wichtig ist

Dieser Segen lässt sich durch »Möge ich ...« ganz einfach der ersten Person Singular anpassen.

Mögen Sie sich die Zeit nehmen, einem Fremden ein Lächeln zu schenken – Sie sind er oder sie.
Mögen Sie sich die Zeit nehmen, bedingungslos zu lieben – das sind Sie.
Mögen Sie sich ein wenig Zeit für Stille nehmen – sie erfrischt Ihre Seele!
Und mögen Sie sich die Zeit nehmen, dankbar zu sein und zu erkennen, wie gesegnet Sie sind![19]

Tag 75
Ein Gedicht
der amerikanischen Dichterin Doris Peel

Eine Freundin schickte mir neulich eine sehr nette E-Mail, in der sie schrieb: »Gott ist glücklich, in dir zu leben« (und ich würde noch hinzufügen: auch in Ihnen, lieber Leser). Mein heutiger Segen für sie ist daher in Form eines Gedichts der amerikanischen Schriftstellerin Doris Peel.[20] Sie können das Gedicht mit den Worten »Ich segne mich dafür, dass ich dieses Wunder bin« enden lassen.

---

19 Gedicht eines unbekannten Verfassers
20 http://sanctuaryofangelsblog.blogspot.com.es/2009/08/his-delight-is-you-x.html

Täglich bin ich sein Verzücken,
täglich freut er sich über sein Werk – alles frisch, alles hell,
alles aus dem natürlichen Leben getrieben,
um das zu sein, was er in mir sieht.
Sein Lied heute in die Welt hinaus gesungen!
Sein Thema wird gespielt! Sein Akt der Freude!
Die Liebe lacht. Und ich – ach, ich bin das Lachen!
Sein Gedicht, sein Psalm!
Wie muss ich in seiner Sicht aus Frohsinn erschaffen sein!
Wie die Lärche mit ausgebreiteten Flügeln
Er sollte sich täglich an mir erfreuen:
Sein Gedicht, sein Lied, sein Thema!
Sein ewiger Akt der Freude.

Also segnen Sie sich als dieses Wunder, lieber Leserfreund.

Tag 76
Ein Segen für die Ausdauer

Um bei Ihrer spirituellen Suche Erfolg zu haben, brauchen Sie mindestens vier Grundeigenschaften: eine starke Motivation, völlige Ehrlichkeit, den festen, eindeutigen Willen und – wie bei den meisten Anstrengungen im Leben – ein starkes (manchmal enormes) Durchhaltevermögen, da fast jeder Suchende wichtige Prüfungen durchlaufen muss. Sie sind ein notwendiger Test. In solchen Augenblicken hilft Mut!

Ich segne mich für die Fähigkeit, nicht vom Weg abzuweichen, wenn ich vom Leben geprüft werde, und niemals in die leichte Falle zu geraten, mich als Opfer zu fühlen.

Möge ich nie der Versuchung erliegen, den leichten Weg zu nehmen, auf dem ich den Massen begegne ... und geistig betäubt zu werden, statt dem rauen und oft bergigen Terrain meines inneren Rufes zu folgen.

Möge ich entschlossen sein, heimtückischen Zweifeln und offenem Spott zu widerstehen, die mir heimtückisch als meine eigenen Gedanken eingeredet oder verächtlich ins Gesicht geschleudert werden oder die sogar in den gut gemeinten Worte meiner Freunde mitschwingen können – und einfach den mir zugewiesenen Weg weitergehen, egal, welchen Preis ich dafür bezahle und wie einsam die Reise wird.

Möge ich, wenn die Versuchung eine Krankheit oder ein Unrecht, eine Dürre auf meinem spirituellen Weg, die totale Unentschlossenheit bei wichtigen Entscheidungen oder der feige Wunsch ist, einfach aufzugeben, in der großartigen Metapher der Dichterin »meinen Wagen an einen Stern anhängen« und nicht an eine Straßenlaterne.

Und möge ich genug Vertrauen in die göttliche Liebe haben, um zu wissen, dass in der Entfaltung des unglaublichen göttlichen Plans, der für mich und alle anderen schon im Universum geschrieben steht, sich am Schluss alles zum Guten wendet.

Tag 77
Ermunterung für einen sterbenden Patienten
(Ein Bericht)

»Ich gehöre der Glaubensgemeinschaft Christian Science an und bin Krankenschwester. Als ich mit dem Segnen anfing, hatte ich eine bettlägerige Patientin, die allen Krankenschwestern das Leben schwermachte, auch mir. Ich ging in ihr Zimmer, wenn ich ihr zugeteilt war, und sie bellte mir Befehle in einem Ton zu, der wie das Kratzen von Fingernägeln auf einer Tafel klang. Sie kreischte ohne Unterlass ... Es war unerträglich.

Ich fing an, sie zu segnen. Zuerst kam es mir verrückt vor, sie zu segnen, während sie mich herumscheuchte. Doch ich segnete sie im Stillen für ihre Dankbarkeit, ihre Zufriedenheit, ihre innere Ruhe, ihre Liebe. Ganz egal, wie schwer ich es am Anfang mit ihr hatte (und glauben Sie mir: Anfangs war sie wirklich eine schwierige Patientin) – ich hörte nicht auf, sie im Stillen zu segnen.

Innerhalb von wenigen Tagen und völlig unerwartet änderte sich meine Sicht. Plötzlich konnte ich ihre Situation nachvollziehen und mir wurde bewusst, was für eine Ehre meine Aufgabe war. Es fing an, mir Freude zu machen, ihr ein Glas Wasser an die Lippen zu halten, damit sie trinken konnte, sie zu waschen und zu pflegen und die banalsten Aufgaben zu erledigen. Aus einer gefühlten Diktatur wurde eine echte Freundschaft.

Schon bald wurde aus ihren Befehlen ein Ausdruck von Dankbarkeit. Ich saß an ihrem Bett und las ihr vor. Wir hielten uns an der Hand und lachten miteinander. In diesen Augenblicken bereicherte sie mein Leben mit ihren eigenen Lebenserfahrungen, und ich lernte durch sie Gott besser kennen. Ich freute mich, wenn ich zur Arbeit ging und entdeckte, dass ich für ihr Zimmer eingeteilt war. Denn unsere Beziehung war eine wirklich harmonische geworden. Eine Beziehung voller Liebe!

Ungefähr vier Wochen später arbeitete ich auf einer anderen Station der Klinik. Der Heilige Geist brachte mich dazu, in ihr Zimmer zu gehen. Als ich eintrat, sah sie zu mir auf, legte mir die Hand auf die Wange und lächelte. »Ich hab dich lieb«, sagte sie. Während ich ihre Stirn küsste, gab ich ihr die Worte zurück. Dann wandte ich mich um, um wieder hinauszugehen. In diesem Augenblick starb sie. Und wieder war ich gesegnet, weil ich sie kennenlernen durfte.«

Susan, USA

PS: Das Wunderbarste am Segnen ist, dass es sich auf so gut wie jede Situation anwenden lässt. Ich kann mir tatsächlich keine einzige Situation vorstellen, die man nicht durch einen Segen bereichern, aufhellen oder verändern kann. (P. P.)

Tag 78
Ein Segen für Vergebung

Ich halte es für unmöglich, ein glückliches Leben zu führen, solange man für einen Schaden, der einem angetan wurde, Groll hegt oder Schuldgefühle oder unterdrückte Wut für einen Fehler empfindet, den man gemacht hat. Andererseits können wir anderen nicht grollen, wenn wir begreifen, dass jeder zu jedem Augenblick auf seiner höchs-

ten Bewusstseinsstufe steht. Dann leben wir in tiefem Frieden und stiller Freude.

Ich segne mich für die Fähigkeit, zu verstehen, dass Vergebung zu den größten Geschenken zählt, die ich mir und der Welt jemals machen kann.

Ich segne mich für meine Erkenntnis, dass ich, wenn ich mich weigere zu verzeihen, mich unbewusst dafür entscheide zu leiden.

Ich segne mich für die Erkenntnis, dass ich selbst der Gefangene bin, den ich durch meine Vergebung befreie.

Möge ich verstehen, dass ich durch Vergebung oder die Bitte um Verzeihung nicht nur mich selbst befreie, sondern auch allen anderen auf der Welt, die sich mit dem Verzeihen schwertun, helfe, sich zu befreien, und dass ich damit auch das Bewusstsein der Welt steigern werde.

Und vor allem segne ich mich für die Fähigkeit, mir selbst für jeden meiner Fehler oder jede Verletzung, die ich mir oder anderen jemals angetan habe, zu vergeben – damit ich frei, mit erhobenem Kopf und singendem Herzen durchs Leben gehen kann.

Tag 79
Das Unmögliche träumen

Jeden Tag erleben überall auf der Welt Menschen, die an ihre Möglichkeiten glauben, Wunder. »Unmögliche« Heilungen finden statt. »Unlösbare« wirtschaftliche, technische oder wissenschaftliche Probleme werden von Leuten gelöst, die Unbekanntes und Unkonventionelles als Tests für Neues willkommen heißen. »Unmögliche« spirituelle Durchbrüche werden täglich von Menschen erlebt, denen unerwartete Gnade widerfährt oder die eine Nahtoderfahrung hatten. Jesus hat gesagt: »Für meinen Vater ist alles möglich.« Das ist unsere Messlatte.

Nachtrag: Wie in allen unseren Segen können Sie »ich« bzw. »mich« durch »wir« bzw. »uns« ersetzen.

Geist der Wahrheit und der Liebe, ich segne mich und alle Menschen für unsere Fähigkeit, unsere kleinen menschlichen Grenzen zu überwinden. Ich segne mich für meine Erkenntnis, dass dir absolut ALLES möglich ist. Ich segne mich für meine Bereitschaft, die Bequemlichkeit meines geistigen Hafens aufzugeben und auf die grenzenlosen Horizonte der Meeresliebe zuzusegeln.

Möge ich begreifen, dass sogenannte »Wunder« schon in die Struktur des Universums eingebaut sind. Ich segne mich für die Bereitschaft, das Unbekannte als Saatbeet unbegrenzter Möglichkeiten zu lieben und anzunehmen. Mögen sich diejenigen, die mit sogenannten »unheilbaren« Menschen arbeiten - ob in Kliniken oder sozialen Einrichtungen, Gefängnissen oder Schulen –, auf ein Wunder vorbereiten.

Und ich segne die Menschen auf der Erde für ihre Vision einer Welt, in der alle Gewinner sind, und für ihr Vertrauen darauf, dass wir sie erschaffen – schon bald.

Tag 80
Möge Liebe eine Brücke bauen

Es ist ein großes Privileg für mich, diese Segen mit Ihnen teilen zu können. Daher muss ich Ihnen danken – dafür, dass Sie ihren Botschaften wirklich »zuhören« und sie wieder mit anderen teilen. Der heutige Segen wurde der Singing the Living Tradition der Unitarian Universalist Association (Vereinigung der einheitlichen Universalisten) entnommen und heißt: »Die Liebe baut eine Brücke«.

Möge Liebe eine Brücke von einem Herzen zum anderen und von einer Hand zur anderen bauen.
Möge Liebe da, wo Gesetze blind sind und Freiheit verwehrt wurde, einen Weg finden.

Möge Liebe die Hoffnungen, die Macht und Angst zerschlagen haben, wiederherstellen.
Möge Liebe Ketten sprengen und uns die Kraft geben, nicht nachzugeben.
Möge Liebe eine Brücke bauen, die vom Wind geschüttelt, aber nicht umgeworfen wird.
Möge Liebe den Glauben durchs Leben und den Tod hin zur ewigen Freude tragen.

Tag 81
Die vollkommene Führung der Liebe in allem

Mary Baker Eddy schrieb: »Der grenzenlose Geist erschafft und lenkt alles vom geistigen Molekül bis hin zur Ewigkeit.« Das entspricht der Aussage Jesu, dass selbst die Haare auf unserem Kopf gezählt sind. Wenn das Universum völlig und vollkommen vom Gesetz der bedingungslosen Liebe regiert wird – obwohl all unsere fünf Sinne auf dem Gegenteil bestehen – dann hat alles in unserem Leben eine Bedeutung.

Oh Liebe, möge ich deine Hand in allem erkennen, was in mein Leben eintritt.

Möge die Drossel, die so fröhlich im Baum singt, mich an deine ewige Freude erinnern.

Möge ich die Person, die mich heute anbrüllt, als eine Chance zur Weiterentwicklung meines zärtlichen Mitgefühls sehen, und möge ich sie im Stillen für ihre Ruhe und Zufriedenheit segnen.

Möge die Güte, die ich im Blick eines Vorübergehenden erkenne, mich daran erinnern, dass du in jeder Seele lebendig wirst, und möge ich deswegen die, denen ich in ihrer göttlichen Essenz begegne, segnen.

Möge ich verstehen, dass unser riesiges Umweltproblem ein Weckruf für die Menschheit ist, Mutter Erde mit tiefstem Respekt zu behandelt, und dass dieser oder jener Krieg ein Weckruf ist, die notwendigen ökonomischen, sozialen, kulturellen und politischen Strukturen zu schaffen, die es uns ermöglichen, unser Einssein als menschliche Rasse zu begreifen und uns dementsprechend zu verhalten.

Möge ich verstehen, dass jede Sorge, jede größere Herausforderung in meinem Leben nur ein Fanfarenruf ist, der mich dazu drängt zu begreifen, dass alles in meinem Leben zu meinem Besten geschieht, um mein inneres Wachstum zu fördern, und sie daher segnen und mich für sie bedanken.

Tag 82
Ein Segen für Journalisten

Das Segnen funktioniert auf der Ebene der unsichtbaren spirituellen Wirklichkeit, die sich hinter dem Schleier des materiellen Scheins verbirgt. Manche der Journalisten, die Sie heute segnen, scheinen skrupellos oder egoistisch zu sein. Das ist genau der Grund, warum Sie sie segnen: Damit sie wieder zu ihrer ursprünglichen Integrität finden.

Ich segne die Journalisten des/der ... (hier können Sie den Namen einer Zeitung, eines Fernseh- oder Radiosenders usw. einsetzen) für ihre tiefe Liebe zur Wahrheit, ihre Empfänglichkeit für das Schöne und Gute. Ich segne sie für ihre Fähigkeit, allen Mächten zu widerstehen, die sie zwingen, Oberflächliches oder Überflüssiges zu berichten, oder die sie drängen, die Wahrheit zu fälschen.

Ich segne sie für ihre Fähigkeit, Böses mit dem alleinigen Ziel anzuprangern, es zu korrigieren. Ich segne sie für die völlige Integrität ihres Wesens, die sie befähigt, jegliche Sensationsgier und ungesunde Neugier am Privatleben anderer zu vermeiden.

Mögen sie alles, was sie ihren Zuhörern oder Lesern präsentieren müssen, mit Genauigkeit, Integrität und echter Unparteilichkeit überbringen und unangebrachtem Druck auf ihren höchsten Wahrheitssinn zugunsten finanzieller oder anderer Motive, wie beispielsweise Prestige und Macht, widerstehen.

Tag 83
Ein gegenseitiger Segen

Dies ist ein etwas veränderter Segen von Ann Palmer[21] auf dem eine kurze Affirmation der Quero Apache Indianer folgt, aus der ich einen Segen gemacht habe.

Möge die Energie, die aus jedem meiner Schritte fließt,
möge die Energie, die aus jedem meiner Atemzüge strömt,
möge die Energie, die aus jeder meiner Handlungen fließt,
möge die Energie, die aus jedem Gedanken, jeder Handlung, jedem Wort und jedem Tag der Menschheit strömt, der Erde ihre Heiligkeit zurückgeben.
Und möge durch diesen Austausch von Segen das Bewusstsein des Einsseins in der Symbiose wachsen.

Segen der Quero Apache Indianer

Möge ich, wenn ich über die Schulter sehe, voller Dankbarkeit sein,
möge ich, wenn ich nach vorne schaue, von Vision erfüllt sein,
möge ich, wenn ich nach oben schaue, von Kraft erfüllt werden,
möge ich, wenn ich in mich hineinsehe, Frieden finden.

---

21 http://www.greenhearted.org/mutual-blessing.html

Tag 84
Tagore und Wesley

Für heute habe ich zwei kurze Texte – einen von dem indischen Schriftsteller Rabindranath Tagore und einen von John Wesley, dem Gründer der Methodistenbewegung – in Segen umgeschrieben.

Tagore

Möge ich nicht darum beten, vor Gefahren beschützt zu werden, sondern mich ihnen ohne Angst zu stellen.
Möge ich nicht für die Linderung meines Schmerzes beten, sondern für den Mut, ihn zu überwinden.
Möge ich mich nicht voller Angst nach Rettung sehnen, sondern auf die Geduld hoffen, meine Freiheit zu gewinnen.

Wesley

Möge ich alles Gute tun, was ich je tun kann, mit allen Mitteln, die mir zur Verfügung stehen, in jeder mir möglichen Hinsicht, an allen möglichen Orten, allen möglichen Menschen, solange ich es kann.

Tag 85
Für Liebe als das »Ich« meines Wesens

Wer wünscht sich nicht, eines Tages den Zustand zu erreichen, in dem er nur noch Liebe zum Ausdruck bringt – in jeder Situation, in der er sich befindet, wem oder was auch immer er sich stellen muss – ob Tiger oder Höhlenbewohner. Möge dieser Segen Ihnen auf Ihrem Weg eine Hilfe sein.

Möge ich lernen, in jedem Augenblick meines Lebens einfach nur zu lieben, sie einfach zu leben, auszudrücken und zu lieben, lieben, lieben. Möge ich nichts anderes als Liebe kennen, und möge mein ganzes Wesen nur Liebe ausstrahlen und sonst nichts.

Und möge ich wirklich begreifen, dass es auf der wahren Ebene des Seins nichts anderes gibt.

Die Liebe wird alles erreichen, was ich erreichen muss; sie wird überall alles heilen. Sie wird die Toten zum Leben auferwecken – vor allem die im Geist Toten. Möge ich nichts als Liebe sein.

Mögen alle meine Gedanken, Träume, Sehnsüchte, Vorhaben, Motive, Vorstellungen, meine Worte und Handlungen von Liebe inspiriert sein.

Mögen andere, wenn sie mir begegnen, nur ein Meer aus Liebe spüren, das sie umspült und trägt.

Und möge ich nur durch die Augen der Liebe sehen, bis ich überall das Gesicht Gottes erkenne und nur die sanfte Gegenwart der Liebe fühle.

Tag 86
Ein Segen für die Vereinten Nationen

Unsere Welt wird in Strukturen, Austausch und Kommunikation immer vereinter. Doch politisch gibt es weit über 200 unabhängige Nationen. Manche stehen den Aktivitäten der UN äußerst kritisch gegenüber, doch sie bietet uns Menschen die große Chance, uns auf einen Weltfrieden und globale Zusammenarbeit hinzubewegen. Daher ist es hilfreicher, sie zu segnen als sie zu kritisieren.

Ich segne die Vereinten Nationen als positiven Treffpunkt aller Nationen. Ich segne die UNO für ihre Fähigkeit, den ehrlichen Dialog zwischen den Ländern zu fördern.

Ich segne die UNO für ihre wichtige Rolle der Vermittlung zwischen streitenden Parteien, und ich segne die UNO-Friedenstruppen, damit sie die großen Herausforderungen, denen sie sich häufig stellen müssen, mit Klugheit und Integrität meistern.

Ich segne die zahlreichen UNO-Organisationen für ihre Bemühungen, wirksame Lösungen für die Probleme einer voneinander völlig abhängigen Welt zu finden, sei es auf den Gebieten des Umweltschutzes, der Gesundheit, Beschäftigung, Entwicklung, Kommunikation und in vielen anderen Bereichen.

Ich segne die Mitarbeiter der Vereinten Nationen, damit sie sich wirklich wie Dienstleistende der Welt fühlen und ein tiefes persönliches Engagement für die Ziele der UNO entwickeln.

Und schließlich segne ich die Vereinten Nationen als Förderer und Beschützer der Menschenrechte, damit wir durch das Bewusstsein dieser Rechte ein deutlicheres Gefühl für die Würde und den Wert jedes einzelnen Lebewesens auf der Erde entwickeln.

Tag 87
Was/wer ist Gott?

Es wäre vielleicht sinnvoll, wenn ein Buch, das ständig über eine göttliche Präsenz spricht, auch ein paar Fragen über dieses mysteriöse Wesen stellt. Der heutige Segen kommt daher in Form einer Geschichte, die – wie ich hoffe – seine Leser für ihr tieferes Verständnis segnet.

Sie findet in Dakar im Senegal statt, wo ich in den 1970er Jahren sieben Jahre gelebt habe. Damals bewohnte ich einen kleinen Bungalow, der zwischen zwei Barackensiedlungen am Strand lag. An manchen Samstagen kam eine Gruppe von Jugendlichen vorbei, die in meinem Haus marokkanischen grünen Tee tranken. Einer von ihnen war der Sohn des freundlichen örtlichen muslimischen Imam Sall, den ich gelegentlich aufsuchte, um mich mit ihm zu unterhalten. Damals befolgte ich eine spirituelle Lehre, die von sich behauptete, die ultimative Erleuchtung der Wahrheit zu sein – ein äußerst hoher Anspruch für das eigene Leben! Diese Lehre hatte eine sorgfältig erarbeitete Definition, wer Gott ist, und natürlich war sie für mich die höchstmögliche Definition. Also ging ich zu seiner kleinen Hütte in dem Städtchen, in dem er lebte. Ich wollte ihn fragen, wie der Islam Gott definiert. Ich war mir so sicher, die beste Definition zu haben, und mein geistiger Zustand entsprach dem eines japanischen Sprichworts. Demnach ist es sehr schwer, dem Frosch, der auf dem Grund seines Brunnens sitzt, die weiten Horizonte des Meeres zu beschreiben. Wie sicher und geborgen ich mich auf dem Grund meines Brunnens fühlte!

Nachdem der Imam mich wie immer freundlich begrüßt hatte, setzten wir uns auf seinen bescheidenen Teppich, der auf dem Sandboden seiner Hütte lag, und ich fragte ihn: »Imam Sall, wie definiert der Islam Gott?«

Der kleine Frosch hatte die Überraschung seines Lebens, als der Imam mit sanfter Stimme antwortete: »Pierre, selbst wenn Sie alle Äste aller Bäume auf der Welt als Schreibfedern benutzen würden, und das Wasser aller Flüsse, Seen, Meere und Ozeane als Tinte, könnten Sie nicht alle Namen (Eigenschaften) Gottes auflisten.« Ich schwieg erstaunt, und er fuhr fort: »Wissen Sie, Pierre, Sie sind ein besserer Moslem als die meisten meiner Nachbarn.« Damit meinte er, dass ich nicht den Mädels hinterherrannte, weder trank noch fluchte und jedem gegenüber großzügig war (Der Islam schreibt die Abgabe eines Zehntels vor).

Der amerikanische Dichter Ed Markham verfasste ein schönes kleines Gedicht:

Er zog einen Kreis, der mich ausschloss,
Ketzer, Rebell, Spötter,
doch die Liebe und ich waren geistreich genug, um zu gewinnen: wir zogen einen Kreis, der ihn mit einbezog.

Ich hatte ihn damals mit meinem Sektendenken ausgeschlossen. Er hatte mich mit seiner Güte mit einbezogen.

Das war eines der wichtigsten Dinge, die ich in meinem Leben gelernt habe. Später kehrte ich dieser Lehre den Rücken zu. Dennoch besaß sie einige starke Ansätze der Erlösung und brachte mir den Non-Dualismus nahe.

»Gott« ist nur ein Wort. Wie berühmte Mystiker gesagt haben, lässt er sich nur durch das definieren, was er nicht ist. Heutzutage verwenden viele Leute Begriffe wie »die Quelle«, das Universum, grenzenlose Liebe und so weiter. Solche Bezeichnungen können zwar für Menschen, die sie anwenden, hilfreich sein, doch sie sind nicht unbedingt der große Durchbruch. Diese Einsicht hilft uns hoffentlich, bescheiden zu bleiben, wenn wir versuchen, das unglaubliche göttliche Wesen zu definieren, das diesen tollen Ort namens Universum erschaffen hat.

Sie erklärt auch, warum die großen Mystiker versichern, man könne mit diesem Wesen nur durch die tiefe Stille, die hinter allen Worten verborgen ist, wirklich kommunizieren.

Ich danke Ihnen, Imam Sall, für diese wertvolle Erkenntnis, die mir bis zum Lebensende auf dieser Erde bleiben wird (Mindestens bis dann – was danach kommt, weiß ich nicht!).

Tag 88
Segen für die Bewohner von Barackenstädten

Abermillionen von Menschen in aller Welt leben in Slums und Barackenstädten – laut UN-Habitat sind es über 850 Millionen. Viele von ihnen wohnen mit Kleinkindern in selbstgebauten Hütten voller Ungeziefer, die jede Form von Hygiene, Wohnraum, Komfort, Privatsphäre und was auch immer entbehren. Unzählige Familien müssen mit ansehen, wie ihre Häuser an einem einzigen Vormittag von städtischen Bulldozern plattgemacht werden. In einer Welt, in der manche Leute mehrere Tausend Dollar pro Nacht für eine Privatsuite in einem Luxushotel bezahlen, muss sich das ändern. Ihre Segen werden dabei helfen.

Ich segne die Hunderte von Millionen Menschen, deren Leben ein täglicher – und sogar stündlicher – Überlebenskampf unter den unmenschlichsten Bedingungen ist. Ich segne sie für ihren außerordentlichen Mut, vor allem die Mütter, die oft nicht einmal das Nötigste für ihre Kinder haben.

Ich segne sie für ihr Gefühl des Überflusses, wenn Mangel ihnen jeden Tag förmlich ins Gesicht springt. Ich segne sie für ihre Findigkeit und Kreativität bei der Suche nach Lösungen, wie sie überleben und die »unmögliche« offene Tür finden, die ihnen helfen wird, ihre Lage zu verbessern.

Ich segne sie für Kampfgeist und Entschlossenheit, damit sie, während sie durch die Hölle gehen, den Mut haben, weiterzumachen. Ich segne sie für ihre Fähigkeit, auf örtlicher Ebene Bürgerinitiativen zu gründen, um ihre Situation zu verbessern und die Antriebslosigkeit der Verzweiflung zu durchbrechen.

Und ich segne mich für die Fähigkeit, zu erkennen, dass sie keine hilflosen Opfer einer grausamen Welt sind, sondern meine Brüder und Schwestern, die die göttliche Liebe meiner Fürsorge anvertraut hat.

Tag 89
Ein Segen für meine irdische Mission

Laut vielen Lehren und Wissenden hat jeder von uns auf dieser Erde eine Mission – oder zumindest eine Aufgabe – zu erfüllen. Wir alle haben natürlich die grundsätzliche Aufgabe, unsere göttliche Essenz zu entdecken und zu verkörpern. Manche von uns tun dies durch einen bestimmten Plan oder indem sie etwas Bestimmtes erreichen.

Ich segne mich für meine Fähigkeit, herauszufinden, für welche Aufgabe ich hierhergekommen bin. Möge ich den Lärm der Konsumgesellschaft, der Erwartungen meiner Verwandten und der Gesellschaft oder den eines starken Pflichtgefühls und so vieler anderer Suggestionen zum Schweigen bringen, die das beharrliche Flüstern der Liebe, meiner inneren Berufung ohne Zögern zu folgen, übertönen.

Ich segne mich für meine Bereitschaft, mich von dem überraschen zu lassen, was aus meinem Inneren hochsteigen könnte, wenn ich still und beharrlich zuhöre.

Möge ich die kulturellen und gesellschaftlichen Regeln sowie die Wünsche meines Egos in Hinsicht darauf, wie mein Leben sein sollte, über Bord werfen, um die klareren und festeren Regeln der grenzenlosen Liebe einzuhalten.

Und ich segne mich für mein tiefes Vertrauen und Verständnis, dass echtes Glück und wahre Erfüllung sich nur einstellen können, wenn ich diesem Ruf folge.

Tag 90
Brief an den Buchclub und die Zeitschrift Cygnus[22] (Bericht aus England)

Vor einigen Jahren bestellte ich Segnen heilt bei Ihnen. Schon allein der Titel sprach zu mir. Ich verschenkte das Buch an einen Freund und kaufte es auch noch auf Holländisch, um es zu verschenken. Der Inhalt hat mich zutiefst berührt.

Die Kraft des Segnens ist eine wahre Kunst, und sie hat mir gezeigt, dass wir auf eine ganz tiefsinnige Weise reagieren können, wenn wir mit Widrigkeiten kämpfen, wie zum Beispiel mit einem bösartigen Computervirus, der meinen Laptop verseuchte. Meine »normale« Reaktion wäre Panik und Frust gewesen. Doch nun entscheide ich mich dafür, solche Situationen zu segnen. Ich behielt einen kühlen Kopf, konnte darüber lachen, und am nächsten Tag stellte ein freundlicher Nachbar meine Festplatte wieder her! Er wollte kein Geld dafür annehmen, bat mich jedoch, dass ich mein Glück an andere weitergebe. Also nehmen Sie sein Geschenk an mich als diesjährigen Mitgliedsbeitrag an.

---

22 www.cygnusreview.com

Danke, Cygnus, dafür, dass Sie dieses Buch veröffentlicht haben, und vor allem für Ihre tolle Zeitschrift.«

Josie, Irland

Tag 91
Für Frischvermählte oder Paare, die zusammenziehen wollen

Die Ehe – und sogar das Zusammenleben mit einem Partner – scheint in unserer modernen Welt zu einer immer größeren Herausforderung zu werden. Doch nur weil die Zeiten schwierig sind, kann eine funktionierende Beziehung eine sehr stimulierende und aufregende Erfahrung sein.

Wir segnen uns für unseren Wunsch, vor allem die wirklich guten Seiten unseres Partners zu sehen, denn das ist unser höchstes Verständnis von Liebe.

Wir segnen uns für unsere Bemühungen, unser authentischstes Selbst zu sein, wohin uns das auch führen mag, und gegenseitig unsere spirituelle Weiterentwicklung anzuregen. Mögen wir einander begleiten, ohne je zu versuchen, einander zu besitzen.

Mein Überfluss wird deine Nahrung sein, so wie meine Bedürfnisse deine Gelegenheit sein werden, deinen Überfluss mit mir zu teilen.

Wir segnen uns für die Erschaffung eines Lebensrhythmus, in dem es immer Raum für das Hören auf die innere Stimme geben wird und in dem wir nur Strukturen und Formen akzeptieren, die unser inneres Wachstum fördern, ohne jemals zu Krücken oder Hürden zu werden.

Ich segne uns dafür, dass wir uns für den Abenteuergeist statt für die falsche Sicherheit des materiellen Komforts entschieden haben, und vertraue darauf, dass unser universeller Vater uns unser tägliches Brot im Überfluss geben wird, damit wir es großzügig teilen.

Wenn deine höchsten Visionen mich überraschen, werde ich zuhören, statt zu widersprechen, und wenn die Prüfungen des Lebens dich ins Stolpern oder zu Fall bringen, werde ich deine Hand in die Hand der göttlichen Liebe legen, wo sie immer meine berühren wird. Und du wirst das Gleiche für mich tun.

Tag 92
Die Segen messen

Wie einige wissenschaftliche Untersuchungen immer deutlicher zeigen, gibt es keine objektive Welt »da draußen«. Stattdessen schaffen wir unsere eigene Realität weitaus stärker, als wir uns vorstellen können. In jedem Augenblick entscheiden wir selbst, was wir sehen wollen, wie dieser Segen eines unbekannten Verfassers betont, den ich aus The Treasure Chest angepasst habe.

Mögen Sie Ihren Garten an seinen Blumen messen und nicht an den fallenden Blütenblättern.

Mögen Sie Ihre Tage an den Freuden statt Ängsten, und den Sonnenstunden statt grauen Wolken messen.

Mögen Sie Ihre Welt an den Freunden messen, die Sie finden, und nicht an den Fremden, die Ihnen aus dem Weg gehen.

Mögen Sie Ihre Nächte an der Helligkeit der Sterne messen und nicht an der Tiefe der Dunkelheit.

Mögen Sie Ihre Stunden an der Liebe und dem Licht, die Sie gezeigt haben, und an den guten Taten messen statt an der Zeit, die Sie durch träges Nichtstun vertan haben.

Mögen Sie Ihre Jahre an den Chancen messen, die Sie genutzt haben, und nicht an denen, die Sie verpasst haben, und mögen Sie sie an den erfolgreichen Projekten messen, nicht an den Misserfolgen, die wir alle im Leben verbuchen.

Tag 93
Ein Segen für die Wirtschaftsbosse

In einer Welt, in der die Kluft zwischen Arm und Reich immer größer wird (in den USA sind 84 % des Reichtums unter den obersten 20 % der Haushalte aufgeteilt, während die unteren 20 % nur einen Anteil von 0,1 % am Reichtum haben), ist es dringend notwendig, dass die Industriellen andere Ziele setzen. Möge dieser Segen ihnen dabei helfen.

Ich segne die Hauptverantwortlichen der Wirtschaft und Industrie. Ich segne sie für ihren ethischen Sinn, anderen zu dienen, so dass sie hochwertige Güter und Dienstleistungen anbieten, die dem echten Bedarf entsprechen.

Ich segne sie für ihre Erkenntnis, dass man erntet, was man sät, damit sie die tiefe Einsicht erhalten, dass sie alles, was sie geben, früher oder später zurückbekommen – sei es in ihren Beziehungen zu Mitarbeitern, der Öffentlichkeit oder der Natur.

Ich segne sie für die grundlegende Integrität all ihrer Verträge und den wahren Wert der Güter, die sie auf den Markt bringen.

Ich segne sie, damit sich ihre Angst durch die Erkenntnis des grenzenlosen Überflusses im Universum legt, und ich segne sie für ihre Einsicht, dass echter Reichtum in Vorstellungen und Werten, Mitgefühl und Großzügigkeit statt in der hohlen Hülle von Objekten und Geld zu finden ist.

Und schließlich segne ich sie für ihre Erkenntnis, dass die Wirtschaft vor allem dazu da ist, um Menschen und der Erde zu dienen, nicht als Mittel zum Zweck und schon gar nicht als Mittel, um Reichtümer anzuhäufen.

Tag 94
Meinen Platz im Leben finden

Jeder von uns hat seinen Platz im großen Ganzen, das sich »Universum« nennt – oder bescheidener ausgedrückt: in unserem Leben hier auf der Erde. Ihn früher oder später zu finden ist notwendig, nicht nur, damit wir glücklich werden, sondern auch, damit wir das erfüllen, wozu wir hergekommen sind, und um auf sinnvolle Weise unseren spirituellen Weg weiterzugehen.

Ich segne mich dafür, dass ich meinen Platz im großen Lebensplan finde.

Ich segne mich dafür, dass ich aufmerksam zuhöre, damit ich hören kann, was die göttliche Liebe mir ständig zuflüstert.

Ich segne mich für mein Vertrauen, um den Weg, den der Heilige Geist mir aufzeigt, ohne Angst zu gehen.

Möge ich mein ganzes Vertrauen in das, was ich für meine höchste Berufung halte, setzen, statt mich dem Druck meiner Familie, der Gesellschaft oder meiner Kollegen zu beugen oder dem Ruf der spirituellen Angepasstheit oder menschlicher Gurus zu folgen.

Möge ich immer den Mut, meinem inneren Ruf zu folgen – egal, wie schwierig er auch umzusetzen ist oder wie weit er mich von den »anerkannten« oder »normalen« Wegen abkommen lässt –, vor den Konformitätsdruck stellen.

Und möge ich in der stillen Sicherheit ruhen, dass die göttliche Liebe in jedem Augenblick, mit jedem Ereignis und jeder Prüfung letztendlich nur Gutes und meine vollkommene Erfüllung plant.

Tag 95
Die Macht des richtigen Denkens/Segnens (Ein Bericht)

Statt eines Segens möchte ich heute eine Geschichte, die die Macht des richtigen Denkens, d. h. Segnens zeigt, erzählen.

Mit Anfang zwanzig beschloss mein Freund Mark, eine Reise um die Welt zu machen. Dabei kam er irgendwann in ein buddhistisches Kloster in Thailand. Jeden Morgen um 3 Uhr musste einer der Mönche auf einem Hügel in der Nähe einen großen Gong schlagen. Schon bald nach Marks Ankunft teilte der Abt des Klosters ihm mit: »Mark, ab morgen wirst du die Glocke läuten.« Zuerst war Mark stark genervt, weil er um 2:15 Uhr in der Nacht aufstehen musste, um den Gong zu schlagen, und fluchte auf dem ganzen Weg den Hügel hinauf. Doch wie ihm schlagartig klar wurde, konnte er selbst entscheiden, was er dachte. Statt sich unglücklich zu machen, konnte er seine Aufgabe auch mit Freude ausführen. Daher stand er am nächsten Tag singend auf, stieg freudig den Hügel hinauf und ließ den Gong ertönen, der allen Dörfern in der Umgebung Frieden und Segen schickte.

Als er ins Kloster zurückkam, kam ein Mönch, der alleine im Hof spazieren ging, auf ihn zu und fragte ihn: »Mark, was hast du heute denn anders gemacht? DER GONG HATTE EINEN GANZ ANDEREN KLANG.«

Das ist die erstaunliche Macht des richtigen Denkens. Fragen Sie sich daher im Alltag: »Habe ich gerade ›Gong-Gedanken‹?«

Tag 96
Ein Segen für Flüchtlinge im Mittelmeer

Man kann nie genug betonen, dass das Segnen zu den wichtigsten spirituellen Mitteln gehört, die uns zur Heilung der Welt zur Verfügung stehen. Wo immer Sie auch sind, in welcher Situation auch immer – Sie können segnen. Manche Leute jammern, sie wüssten nicht, was sie tun können, um die Welt besser zu machen. Raten Sie ihnen, die Tageszeitung aufzuschlagen oder die Nachrichten anzustellen –

und schon haben sie ein 24-Stunden-Programm. Seit ein paar Jahren spielt sich ein grauenhaftes Drama im Mittelmeer ab, bei dem Zehntausende meist verzweifelter Migranten, die vor Verfolgung fliehen, versuchen, in überfüllten und häufig nicht seetauglichen Booten und anderen Wasserfahrzeugen das Meer zu überqueren. Tausende von ihnen ertrinken. Sie können helfen – genau jetzt!

Mein Herz fühlt mit diesen verzweifelten Brüdern und Schwestern mit, die – oft mit kleinen Kindern – der Verfolgung und unmenschlichen Bedingungen entfliehen. Ich segne sie für ihren Mut, ihre Klugheit und Kreativität bei der Planung ihres Überlebens und ihrer Reise.

Ich segne sie für ihr Bewusstsein für die Not ihrer Mitreisenden. Ich segne sie für ihre Gesundheit und Ausdauer, ihren Kampfgeist und ihre Beharrlichkeit, auf dass sie niemals aufgeben mögen.

Ich segne die Schlepper, die sie oft gnadenlos ausbeuten und wissentlich großen Gefahren aussetzen, damit sie lernen mögen, echtes Mitgefühl und Fürsorge zu zeigen und Verbündete statt Ausbeuter ihrer Mitmenschen zu werden.

Ich segne die Zielländer, damit sie ihre Grenzen weiter öffnen und die Flüchtlinge großzügiger willkommen heißen.

Und ich bedanke mich für all diese weltweiten Probleme, die in Wahrheit Segen sind, weil sie uns alle wachrütteln und immer deutlicher zeigen, dass es auf der Erde keine Privatparadiese mehr gibt und dass ich selbst mein Nächster bin.

Tag 97
Die Anbetung meiner selbst

Wir können anderen nur das geben, was wir auch uns selbst geben. Ebenso können wir unseren Nächsten nur in dem Maße lieben, in dem wir uns selber aufrichtig und ehrlich lieben. Der heutige Segen fordert Sie daher auf, die Anbetung Gottes auf das in Gottes Augen wunderschöne und vollkommene Wesen zu erweitern – sich selbst!

Ich segne mich dafür, dass ich lerne, die grenzenlose Ganzheit, Schönheit und Vollkommenheit, die die Essenz meines Seins ausmacht, zu sehen.

Ich segne mich für die Fähigkeit, alle Selbstverdammnis, Schuldgefühle oder Selbstkritik, nicht gut genug zu sein, den Erwartungen meiner Familie oder den gesellschaftlichen Standards nicht gerecht zu werden, in irgendeiner Hinsicht unfähig oder nicht perfekt zu sein, über Bord zu werfen.

Wie ein großer Lehrmeister uns gesagt hat, ist ALLES, was die göttliche Einheit einschließt, schon unseres. Das bedeutet, wir haben dieselbe Essenz wie die grenzenlose Liebe, so wie die Welle aus genau demselben Stoff besteht wie das Meer.

Möge ich lernen, über die engen Grenzen selbstauferlegter Ängste und Zweifel hinweg zu sehen und das erstaunliche, herrlich ganze und höher entwickelte, vollkommene Wesen wahrzunehmen, das ich längst bin.

Tag 98
Möge dein Wille geschehen

Für manche große spirituelle Tradition ist es das Wichtigste im Leben, den Willen des Göttlichen zu befolgen. Unsere Bereitschaft dazu ist ein deutliches Anzeichen dafür, wie viel von unserem Ego wir schon aufgegeben haben, da das Ego im Grunde die Ursache aller Probleme ist. Doch wenn wir erkannt haben, dass der Wille der Liebe das Schönste auf der Welt ist, werden wir uns nach nichts anderem sehnen, als ihn zu befolgen.

Wir segnen uns für unsere tiefe Sehnsucht, deinen Willen über alles andere zu stellen.

Mögen wir nicht nur sehen, sondern auch spüren, dass es keinen größeren Frieden und keine stärkere Freude gibt als das Gefühl, mit deinem Willen im Einklang zu stehen, denn dein Wille hat in jedem Augenblick unser Glück als Ziel.

Mögen wir unsere kleinlichen menschlichen Pläne in Hinsicht auf Zeit und Raum, Arbeit oder Einkommen für unsere Vision eines perfekten Lebens und alles, was für die höhere Intelligenz ein menschliches Leben ausmacht, aufgeben, denn sie arrangiert früher oder später alles zu unserem Guten.

Mögen wir wirklich »loslassen und Gott machen lassen«. Mögen wir unsere kleingeistigen menschlichen Pläne und Versuche loslassen, das zu definieren, was wir für das Beste für uns halten. Mögen wir uns im Voraus dafür bedanken, dass unbekannte Segen schon unterwegs sind und sich immer mehr umsetzen werden, wenn wir den Wahnsinn aufgeben, etwas kontrollieren zu wollen, das wir ahnungslos »unser« Leben nennen, und erkennen, dass das göttliche Leben sich in unserer Gestalt zeigt.

Mögen wir sehen, dass die grenzenlose Liebe alles – vom kleinsten Molekül bis hin zu den riesigen Galaxien – erschafft und lenkt. Und mögen wir erkennen, dass es im Angesicht einer so wunderbaren Ordnung und Prächtigkeit, die offensichtlich weiß, was sie tut, nur ein Gebet, einen Aufschrei, ein Lied geben kann: Möge dein vollkommener, wunderschöner, erstaunlicher Wille geschehen.

Tag 99
Ein Segen für die Bienen

Wie viele von uns wissen, erleben Bienen derzeit die vielleicht kritischste Phase seit ihrer Existenz auf der Erde. Vor einigen Jahren löschte der übermäßige Gebrauch von Pestiziden in einer chinesischen Region die Bienenbevölkerung völlig aus und die Bäume mussten von Hand bestäubt werden. Doch über 80 % aller Pflanzen – und mehr als drei Viertel aller Zuchtpflanzen – auf der Welt schulden ihre Existenz den Bienen. Sie brauchen in vielerlei Hinsicht unsere Unterstützung: auf politischer, praktischer, wissenschaftlicher Ebene, auf der Ebene des Umweltschutzes und ... auf der spirituellen Ebene.

Ich segne deine wunderbare, erstaunliche Schöpfung und unsere engen Nächsten, die Bienen. Ich segne sie für ihre Widerstandsfähigkeit gegen alle Formen von Aggression, von denen sie bedroht werden, vor allem den Chemiekeulen.

Ich segne sie für die bemerkenswerte Mission, für die du sie einsetzt, und für ihre Fähigkeit, ihre Aufgabe perfekt auszuführen. Ich segne die großartige Organisation der Bienenstöcke und Bienenkolonien, die für den Menschen immer noch ein Rätsel sind.

Ich segne auch die Hersteller von umstrittenen Insektiziden und die Politiker, die sie verteidigen, auf dass sie das Überleben unserer Spezies und der Bienen nicht an unterste Stelle setzen. Ich segne sie für ihre Integrität und ihren wahren Sinn, im Dienste der Menschheit zu stehen.

Ich segne uns, die Öffentlichkeit, damit wir uns des Problems vollkommen bewusst werden und uns so verhalten, dass auf allen Ebenen ein Heilprozess stattfinden kann – auf der zoologischen, wirtschaftlichen und anderen Ebenen sowie im Umweltschutz.

Und vor allem segne ich uns für unsere Fähigkeit, eine Beziehung der starken Fürsorge, bedingungslosen Liebe und aufrichtigen Bewunderung für unsere Schwestern, die Bienen, und die gesamte Schöpfung aufzubauen.

Tag 100
Ein Segen von John O'Donohue

Lieber Leser, bitte vergessen Sie nicht: Gott lächelt heute durch Sie und in Ihrer Gestalt die Welt an. John O'Donohue gehört zu meinen Lieblingsverfassern von Segen. Hier ist noch einer seiner kostbaren Texte:

Mögen Sie auf Ihre Sehnsucht nach Freiheit hören.
Mögen die Rahmen Ihres Zuhauses groß genug für die Träume Ihrer Seele sein.
Mögen Sie jeden Tag mit einer Stimme des Segens aufwachen, die in Ihrem Herzen flüstert: Du wirst heute etwas Gutes erleben.
Mögen Sie zwischen Ihrer Seele und Ihrem Herzen Harmonie herstellen.
Möge das Haus Ihrer Seele nie zu einem Geisterhaus werden.
Mögen Sie das ewige Verlangen kennen, das im Herzen der Zeit lebt.
Möge Ihr Blick voller Güte sein, wenn Sie nach innen schauen.
Mögen Sie zwischen sich und dem Licht niemals Mauern errichten.
Mögen Sie aus den Gefängnissen der Schuld, Angst, Enttäuschung und Verzweiflung befreit werden.
Mögen Sie sich von der wilden Schönheit der unsichtbaren Welt im Gefühl der Zugehörigkeit einhüllen, umsorgen und umarmen lassen.[23]

Tag 101
Der Schutz der Liebe

Wenn Sie wüssten, wie viel Freude es mir macht, diese Segen zu verfassen im Wissen, dass Sie sie eines Tages lesen und hoffentlich durch sie bereichert werden! Der folgende Segen entstammt der Hymne 99 von Tate und Brady, die wiederum eine Adaption des Psalms 91 ist. Ich habe ihn in die feminine Form gesetzt.

Wer unter dem Schutz der göttlichen Liebe sitzt …
ist meine Burg, mein Schutz, ihr kann ich mich anvertrauen.
Möge ihre zärtliche Liebe und wache Fürsorge …

23 http://noornalini.tumblr.com/post/1984760973/may-you-listen-to-your-longing-to-be-free-may

Möge sie ihre Fittiche über mich ausbreiten, um (mich) zuzudecken ...
Möge ihre Wahrheit mein Schirm und Schild sein.
Möge sie ihren Engeln befehlen, dass sie mich behüten auf allen meinen Wegen ...
Möge meine Zuflucht Gott sein und ich darin wohnen ...
und (möge ich) ihrer Erlösung immer nahe sein.

Tag 102
Den Tag segnen

Als unseren heutigen Segen nehme ich ein Gebet der bekannten Schriftstellerin und Rednerin Caroline Myss,[24] *das ich nur wenig verändert habe.*

Möge ich mich verpflichten, nur in der Gegenwart zu leben,
in meiner Welt geerdet zu bleiben,
mich mit jedem, dem ich begegne, verbunden zu fühlen,
meine Integrität und mein Zuhause zu achten,
heute in der Energie der Liebe und des Mitgefühls zu leben
und zu dieser Energie zurückzukehren, wenn ich sie nicht mehr fühle,
mit meinem Willen kluge und gesegnete Entscheidungen zu treffen,
weise, urteilsfreie Erkenntnisse zu bewahren,
das Bedürfnis, zu wissen, warum die Dinge so sind, wie sie sind, loszulassen
und keine Erwartungen, wie dieser Tag verlaufen soll – und wie andere sich verhalten sollen. Und mein letztes Gebet: auf das Göttliche zu vertrauen.
Damit segne ich meinen Tag voller Liebe und Dankbarkeit.

---

24 http://www.spiritualityandpractice.com/practices/practices/view/27122/blessing-this-day

Tag 103
Immer mehr Frieden im Herzen (Ein Bericht)

»Segnen heilt hat mein Leben schon verändert – und ich bezweifle, auch nur ansatzweise eine Expertin darin zu sein. Alles hat sich verändert: das Verhalten meiner Schüler, wie mein Tag verläuft usw. Am meisten liebe ich den Frieden im Herzen und die Verbesserung der Beziehung zu meiner jüngsten Tochter und die zwischen den beiden Mädchen. Es fällt mir zwar immer noch schwer, Menschen, die mir sehr wehgetan haben, zu segnen, aber ich arbeite daran und vergesse nie, sie zu segnen.«[25]

Tag 104
Ein Segen für den klugen Umgang mit Geld

Geld gehört zu den erstaunlichsten Realitäten. Es dient dazu, Kriege und den Drogenhandel zu finanzieren, Gangleader oder Mafiabosse zu bereichern, die Konkurrenz auszuschalten ... hier ist Geld die Energie des Todes. Doch es finanziert auch gute Taten und Hilfsorganisationen in aller Welt, das Studium Ihrer Kinder und Ihre spirituelle Gruppe oder das örtliche Krankenhaus, wissenschaftliche Forschungen und zahllose humanitäre Organisationen. Das ist Liebesgeld oder Liebe in Form von Geld.

Ich segne mich und die Menschheit dafür, dass wir den klugen Umgang mit Geld lernen. Mögen wir erkennen, dass wahre Substanz nicht Objekten oder Formen jeder Art anhaftet – noch nicht einmal Worten –, sondern dass sie im spirituellen Reich verankert ist. Mögen wir sehen, dass wahrer Reichtum immer in uns zu finden ist, und dass es das Bewusstsein über diesen inneren Überfluss (das innere himmlische Reich) ist, das alle anderen Formen von Überfluss schafft und sämtliche Bedürfnisse erfüllt, sei es nach Geld, einem Partner, einem Job, einem Zuhause, Gesundheit oder was immer das äußere Bedürfnis sonst sein mag.

---

25 Auszug aus einer E-Mail von Angela an meine Freundin Viviane, England

Mögen wir uns ständig bewusst sein, dass jeder Cent, den wir bekommen, ein Geschenk der Liebe ist – eine Form von Liebesenergie, die wir nutzen können, um Gutes jeder Art zu tun. Mögen wir erkennen, dass Geld oder alles andere Gute, das das Universum über unserem Leben ausschüttet, nichts ist, was uns gehört, sondern etwas, das das Leben uns leiht, damit wir weise damit umgehen. Und mögen wir uns an der außerordentlichen Freiheit erfreuen, die diese Vision uns schenkt.

Tag 105
Ein Gebet für alle

Heute entleihen wir uns unseren Segen der Facebook-Seite von Eamon Zicker, einem Autor aus Hawaii.

Mögen deine Tage auf dieser Erde gesegnet sein,

möge sich das Gedicht deines Seins frei offenbaren.

Möge das Licht des Mitgefühls immer in deinen Augen strahlen...

Möge dein Herz mit einer Zärtlichkeit überströmen, die niemals erstirbt,

mögest du die Melodie des Universums hören,

möge dein Lied endlos erklingen,

möge die Güte deines Geists nie gebrochen werden

und möge dein Herz immer offen bleiben.

Mögest du jeden Tag wie neugeboren erwachen,

mögest du die Schönheit in dir und um dich herum erkennen,

mögest du am Himmel immer einen Regenbogen sehen

und möge in deinem Herzen immer die Flamme der Liebe brennen.

Tag 106
Das Bewusstsein der Welt erhöhen

Die Bewusstseinsebene der Welt auf eine höhere Ebene zu bringen gehört mit Sicherheit zu den wichtigsten Aufgaben auf der Erde, damit die Menschheit die großen Herausforderungen überlebt und vor allem, damit sie sich bessert und eine höhere Bewusstseinsebene erreicht. Nur das wird uns befähigen, die neue Welt zu errichten, die alle mit einbezieht und keinen ausschließt. Dies ist die Bedingung für unser Überleben als Spezies.

Ich segne mich für meine Fähigkeit, mich ständig um eine höhere Bewusstseinsebene zu bemühen.

Möge ich mir ständig bewusst sein, dass ich meine Gedanken immer frei wählen kann, was vielleicht die größte Freiheit in meinem Leben ist.

Möge ich meine Gedanken ständig an den inneren Altar der nichtdualen Liebe (Buddha-, Christus-, Krishna-Bewusstsein) zurückbringen, wenn sie sich in die Wüste der Geistesabwesenheit oder Nichtachtsamkeit verirren. Und möge ich dies mit großer Sanftheit statt mit harter Selbstverdammnis tun, so wie ich ein kleines Kind zurechtweisen würde.

Möge ich die Freundschaften, Handlungen, Lesungen und spirituellen Mittel hegen und pflegen, die mich auf diesen Weg bringen, statt zuzulassen, dass die Konsumgesellschaft mir ihre billigen, überflüssigen und seelentötenden Waren in die Kehle stopft. Und möge ich mir bewusst werden, dass ich diese Entscheidung in jedem einzelnen Augenblick aktiv oder passiv treffe.

Und möge ich jede Chance nutzen, die ich habe – auf der Straße, bei der Arbeit, zu Hause, beim Ausruhen und in allen anderen Situationen –, die allgemeine Richtung der menschlichen Gedanken auf die grünen Weiden zu lenken, die uns alle erwarten.

Tag 107
Für Menschen, die unter Schmerzen leiden

Gerade rief mich ein Freund an, der seit Monaten unter ständigen körperlichen Schmerzen leidet. Das hat mich veranlasst, diesen Segen für Menschen zu verfassen, die jahrelang oder sogar ihr ganzes Leben lang unter mitunter heftigen Schmerzen leiden. Viele von ihnen sehen diese qualvolle Pein als unabwendbar an. Das muss aber nicht so sein. Wir wollen sie in der Zuflucht unserer Herzen, den heiligen Raum unseres tiefsten Mitgefühls, holen.

Wir segnen alle, die unter ständigen, zum Teil fast unerträglichen Schmerzen leiden. Wir segnen sie für ihren Mut, Kampfgeist und ihr Durchhaltevermögen, auf dass sie nie der Verzweiflung oder Versuchung, sich das Leben zu nehmen, nachgeben mögen.

Wir segnen diejenigen, die sie täglich mit Geduld und bedingungsloser Unterstützung umsorgen, und die, die sie medizinisch begleiten – ob Naturheilmediziner oder normale Ärzte –, damit sie nie aufhören, nach neuen Methoden zu suchen, wie sie die Schmerzen ihrer Patienten lindern oder ganz heilen können.

Wir segnen die Leidenden, damit sie selbst in ihrem Leid einen Sinn erkennen. Wir segnen sie dafür, dass sie nach neuen und noch unerforschten Wegen suchen, die sie zu unerwarteten neuen Horizonten der Heilung führen könnten, wenn konventionelle Methoden versagen.

Und vor allem segnen wir sie für ihr Bewusstsein der Hilfe unseres freundlichen Universums, das trotz allem gegenteiligen Anschein ihre Freiheit und grenzenlose Freude Tag für Tag plant.

Tag 108
Das Einssein aller Dinge

Marianne Williamsons Buch der 365 täglichen Andachten und Reflexionen26, ist ein hochgeschätzter Begleiter, den ich allen Lesern nur wärmstens empfehlen kann, unabhängig davon, wo auf ihrem spirituellen Weg sie sich gerade befinden. Hier ist eine(r) ihrer Meditationen/Segen:

Hinter der Welt unserer getrennten Körper gibt es eine Welt der spirituellen Einheit. In den wahreren Gefilden gibt es keinen Ort, an dem einer von uns aufhört und der andere anfängt.

Möge ich heute hinter den Schleier auf eine Welt der Einheit und Wahrheit sehen. Dort gibt es keine trennenden Mauern, keine realen Konflikte. In Wahrheit gibt es nur Liebe, die uns und uns in Gott vereint.

Lieber Gott,

möge ich hinter die Mauern blicken, die

mich von anderen zu trennen scheinen.

Möge ich meine Liebe

über die Illusionen der Schuld und Fehler hinaus ausdehnen.

Möge nichts die Wahrheit meiner Einheit mit allem und jedem verbergen. Amen.

Tag 109
Für die Vertiefung meines Mitgefühls

Liebe in ihrer besonderen Dimension des Mitgefühls ist eine Grundlage jeder zivilisierten Gesellschaft. Mitgefühl sensibilisiert mich für Leid in jeder Form. Mitgefühl erweitert mein Herz und macht mich einfühlsam für die Bedürfnisse der Menschen auf der anderen Seite des Globus; es lässt mich in dem heruntergekommenen Obdachlosen

---

26 Marianne Williamson, Ein Jahr in Wundern, Ansata, 2. Auflage 2015

auf der Straße einen Bruder und in der jugendlichen Prostituierten in einer Bar eine Schwester erkennen.

Möge Mitgefühl meine Einfühlsamkeit für das Leid dieser Welt und noch mehr mein Verlangen stärken, es zu beenden.

Möge mein Mitgefühl mich dazu bringen, mich sofort jedes erkennbaren Leids anzunehmen, nicht indem ich es übernehme und mit dem anderen mitleide, sondern indem ich es in Gedanken durch die göttliche Inspiration hinauftrage und es der grenzenlosen, alles heilenden Liebe vor die Füße lege.

Möge Mitgefühl mich befähigen, meinen Geldbeutel, meine Hände oder mein Herz zu öffnen, um das Leid anderer zu lindern, statt über Ungerechtigkeit auf der Welt oder Katastrophen in der Welt zu klagen.

Und möge mein Mitgefühl so stark und einfühlsam sein, dass es letztendlich lernt, den Schleier der Ignoranz zu durchdringen, der mich eine materielle Welt des Leidens sehen lässt, während die wahre Vision nur die herrliche Allgegenwärtigkeit der grenzenlosen spirituellen Liebe und überall ihre vollkommene Manifestation erkennt.

Tag 110
Ein Segen für Richter und Staatsanwälte

Die Umsetzung von Gerechtigkeit stellt in jeder Gesellschaft eine riesige Herausforderung dar. Vorurteile gegenüber sozialen Schichten, Hautfarbe, Charaktereigenschaften, unterdrückte Ängste und vieles andere machen wahre Gerechtigkeit zu einem der größten Probleme der Menschheit. Die Justizbehörden brauchen daher dringend unsere spirituelle Unterstützung.

Ich segne die Menschen überall auf der Welt und in meinem eigenen Land, deren Aufgabe die Umsetzung der Gerechtigkeit ist, für ihre tiefe Integrität.

Ich segne sie, auf dass sie nicht den Verlockungen der Karriere, Macht, Korruption oder des raschen Profits, der Beliebtheit und anderen Sirenenliedern unterliegen, so wie die majestätische Eiche selbst den stärksten Stürmen aufrecht trotzt.

Mögen sie dem verzweifelten Flüchtling und dem Obdachlosen die gleiche Aufmerksamkeit und Achtung entgegenbringen wie dem geachteten Geschäftsmann oder Politiker, der sich die teuersten Anwälte leisten kann.

Mögen sie nur von ihrem höchsten Sinn für Gerechtigkeit gelenkt werden und nicht von politischem oder beruflichem Ehrgeiz oder leichter Popularität, die von öffentlichen Vorurteilen oder Ängsten profitiert. Mögen sie lernen, der göttlichen Führung zu folgen statt den Feinheiten der Gesetzesdeutungen, und mögen sie den Mut haben, auf das Drängen ihres Mitgefühls zu hören statt auf die Härte des Gesetzes.

Tag 111
Ein Leben, ohne Urteile zu fällen

Können wir Urteile fällen, wenn jeder auf seiner höchsten Bewusstseinsstufe lebt – selbst Mafiosi und korrupte Politiker oder Unternehmer, die in schmutzige Geschäfte verwickelt sind? Ein Leben, ohne andere zu verurteilen, ist die Quelle eines tiefen inneren Friedens. Noch besser: Wenn man sogenannten »bösen« Menschen oder »Sündern« gegenübersteht, ohne sie zu verurteilen, weicht das Urteil echtem Mitgefühl für das Leid, das sie sich selbst zufügen.

Grenzenlose Liebe, die alles aufrechterhält und segnet - ich segne mich und alle meine Mitmenschen für unsere Fähigkeit, ohne Urteil und das ständige Widerkäuen von Meinungen über alle und jeden zu leben.

Mögen wir die unglaubliche innere Freiheit erleben, die sich einstellt, wenn wir ohne die Schlange der Verurteilung auf unserer Zungenspitze oder in den Winkeln unseres Verstands leben und wenn wir aufhören, die unglaublich oberflächlichen

Urteile über Gesicht und Aussehen anderer zu fällen, auf die wir von unserer Kultur konditioniert sind.

Mögen wir Urteile und die unsäglich dümmliche Oberflächlichkeit reiner Meinungen durch das zärtlichste Mitgefühl ersetzen, das unsere Mitmenschen und die gesamte Schöpfung mit der tiefen Fürsorge bedingungsloser Liebe annimmt. Und mögen wir statt die, die andere verurteilen, selbstgerecht zu verurteilen, den Geist Christi (Buddhas, Krishnas ...) haben, der sich nicht nur als der Hüter meines Bruders oder meiner Schwester betrachtet, sondern der sich auch als meinen Bruder oder meine Schwester sieht.

Tag 112
Segen des Buddhismus, des Judentums und der Cheyenne-Indianer

Als kleine Veränderung haben wir für heute drei sehr kurze, verschiedene Segen.

Uralter buddhistischer Segen

Möge ich in der Dunkelheit des Lebens eine Lampe sein,
ein Heim für die Heimatlosen
und der Welt ein Diener.

Traditionelles jüdisches Gebet

Möge ich:
An die Sonne glauben, selbst wenn sie nicht scheint,
an die Liebe glauben, selbst wenn ich sie nicht fühle,
an Gott glauben, selbst wenn er schweigt.

Segen der Cheyenne-Indianer

Mögen wir Frieden kennen,
solange der Mond aufsteigt,
solange die Flüsse fließen,
solange die Sonne scheint,
solange das Gras wächst,
lass uns Frieden kennen.

Tag 113
Mich in meinem Bruder/meiner Schwester erkennen

Das zweite Gebot – liebe deinen Nächsten wie dich selbst – gehört sicher zu den berühmtesten Aussagen auf der Erde. Doch es gibt noch eine alte aramäische Version dieses Gebots (Aramäisch war die Sprache, die Jesus sprach), die das Gebot etwas anders ausdrückt: Liebe deinen Nächsten, der DU bist. Joel Goldsmith, der große amerikanische Mystiker des 20. Jahrhunderts, schrieb, dass in Gottes Schöpfung alles unser Nächster ist – die Tiere, Pflanzen, sogar sogenannte leblose Materie wie beispielsweise Steine. Im nichtdualen Einen ist ALLES grenzenlose Liebe und ihre grenzenlose Manifestierung.

Möge ich die Vision, den Mut, die Freude und das Verlangen haben, mich in meinem Nächsten und meinen Nächsten als mich selbst zu erkennen und das Grundgefühl des Getrenntseins, das die Menschheit verfolgt, zu überwinden.

Ich segne mich für die Fähigkeit, zu erkennen, dass das Leben, das den Baum, den Löwen oder Marienkäfer am Leben erhält, dasselbe Leben ist, das mich lebendig macht. Zu sehen, dass das Kind, das irgendwo in einer verlassenen Hüttensiedlung von Rio de Janeiro, Nairobi oder Kalkutta verhungert, auch ich bin.

Möge ich erkennen, dass der Kollege, der mich unendlich nervt, ich selbst bin und dass das besondere Geschenk der Liebe an mich ist, Geduld und Verständnis zu entwickeln.

Möge ich sehen, dass der torkelnde Betrunkene im Bus oder in der Straßenbahn eine andere Seite von mir ist, die nach meinem tiefen Mitgefühl und Segen ruft.

Möge ich erkennen, dass ich selbst immer und überall mein Nächster - er oder sie, Mensch, Tier oder Pflanze - bin und dass wir alle die unendliche Pracht ihres göttlichen Wesens in Verkleidung sind.

Und möge ich schließlich ein so deutliches Gefühl dieses Einsseins haben, dass ich diese Präsenz in allen Dingen und Lebewesen – einschließlich mir selbst – erkenne.

Tag 114
Mobbing in unserer Gesellschaft

Mobbing ist eine sehr häufige Form von Gewalt. Es beginnt schon bei den ganz Kleinen und tritt in Kindergärten, in der Schule und an der Uni sowie bei gesellschaftlichen Events und Sportveranstaltungen auf. Es ist ein weltweites Problem, doch allein in den USA mobben 2,1 Millionen Schulkinder 2,7 Millionen andere Schüler. Mobbing wird mit 75 % aller Vorfälle an Schulen, an denen geschossen wird, in Verbindung gebracht, und Jugendliche, die unter Mobbing leiden, sind neun bis zehn Mal gefährdeter, einen Suizid zu planen oder auszuführen. Dies ist die drittgrößte Todesursache unter Jugendlichen. Hier ist die abgekürzte Version eines Segens, den meine Freundin Manuela geschrieben hat:

Wir segnen die Kinder und Jugendlichen, die von ihren Mitschülern gemobbt werden, für ihren Frieden und Mut, ihre Ruhe und Kraft.

Wir segnen sie für die Erkenntnis ihres göttlichen Wesens als Kinder des Universums, die Liebe und Respekt verdienen. Wir segnen sie für ihre Erkenntnis, dass sie immer von einer liebevollen Präsenz umgeben sind, die sie führen und schützen und nie verlassen wird, ganz egal, welchen Beleidigungen und Verletzungen sie ausgesetzt sind.

Wir segnen sie für ihre Weisheit, sich Hilfe zu suchen, wenn sie dem Hass und der Intoleranz ihrer Altersgenossen ausgesetzt sind. Wir segnen sie dafür, dass sie sich weigern, sich verspotten und demütigen zu lassen. Wir segnen sie für ihren Mut, der Versuchung zu widerstehen, sich zu rächen, sich als Opfer anzusehen oder sogar an Selbstmord zu denken, wenn der Druck zu groß wird.

Wir segnen die Beobachter des Mobbings, egal wie alt sie sind, dafür, dass sie sich weigern, Mobbing einfach hinzunehmen, dabei mitzumachen oder es zu ermutigen. Wir segnen sie für ihre Fähigkeit, kluge Schritte zu unternehmen, um Misshandlungen jeder Art zu beenden. Vor allem segnen wir sie für die Fähigkeit, das Gute in sich selbst, den Opfern und den Tätern zu erkennen.

Und schließlich segnen wir auch diejenigen, die trotz ihres guten Wesenskerns als Kinder Gottes, der sich hinter einer Maske der Angst, Aggression, Gewalt und des negativen Denkens verbirgt, andere mobben, damit sie ihre wahre Natur erkennen mögen und ihre Gedanken und Handlungen von Liebe leiten lassen.

Tag 115
Ein Segen für Polizisten und Polizistinnen

Die Polizei wird in unserer Gesellschaft oft verteufelt. Doch als Hüter von Gesetz und Ordnung ist sie vielleicht die wichtigste Berufsgruppe von allen. Eine Gesellschaft könnte zwar überleben, wenn fast das ganze Netz an öffentlichen und privaten Dienstleistern zusammenbräche, doch ohne die Polizei könnte sie nicht überleben. Wir wollen daher den Polizeibeamten, die sich immer größeren Herausforderungen stellen müssen, zutiefst dankbar sein.

Ich segne die Polizisten als den Zement, der hilft, die Gesellschaft zusammenzuhalten. Ich segne sie für den Mut, den sie in oft gefährlichen Situationen aufbringen, und für ihre Fähigkeit, in solchen Situationen überlegt zu handeln.

Ich segne sie für den Mut, dem Druck derjenigen, die sie manipulieren könnten, und dem Druck der Medien und der Öffentlichkeit, der durch den Hass oder die Verdammnis von Minderheiten aller Art entsteht, nicht nachzugeben.

Ich segne sie für ihre Fähigkeit, in den schwierigen Situationen, denen sie täglich ausgesetzt sind, der Versuchung zu widerstehen, unangebrachte oder unnötige Gewalt anzuwenden, und sich auch nicht dazu hinreißen zu lassen, der Versuchung von Sexismus oder Mobbing in den eigenen Reihen nachzugeben.

Ich segne sie für die Fähigkeit, dem Druck derer, die Macht besitzen, nachzugeben – in welcher Form auch immer dieser Druck ausgeübt wird – und Wahrheit Täuschungen vorzuziehen, Integrität der Faktenverfälschung, Mitgefühl der Gleichgültigkeit oder Ablehnung vorzuziehen und zu vergeben, statt zu bestrafen.

Außerdem segne ich sie vor allem für den Mut, den sie brauchen, um im Angesicht von Härte und Macht – egal, wie sie auch anzuwenden oder zu rechtfertigen sein mögen – Mitgefühl und Verständnis zu zeigen.

Tag 116
Die greifbare Wirkung des Segnens
(Ein Bericht)

»Ich ›lebe‹ die sanfte Kunst des Segnens. Sie ist meine ständige Begleiterin. Dadurch weicht Hartes auf. Ich kann ›sehen‹ und ›fühlen‹, wie mir und meinen beiden Söhnen Wunderbares widerfährt. Mittlerweile ist die Hoffnung ein starkes Fundament, sie ist lebendig und keine Illusion. Das wahre Segnen ist der Kernausdruck der (spirituel-

len) Wissenschaft, so viel steht fest. Eine solche Unterstützung habe ich noch nie erlebt. Sie ist greifbar.« (Deborah, Australien

Tag 117
Ein Gebet der Lakota-Indianer

Das Kulturerbe der nordamerikanischen Ureinwohner ist eine nie versiegende Quelle an Tiefe und Schönheit. Dieses Gebet der Lakota habe ich mit nur wenigen Veränderungen in einen Segen umgewandelt. Es wurde von Sioux Yellow Lark, dem Häuptling der Lakota, übersetzt[27]

O großer Geist,

dessen Stimme ich in den Winden höre

und dessen Atem der ganzen Welt Leben einhaucht ...

Möge ich in Schönheit wandeln und mögen meine Augen immer den roten und lila Sonnenuntergang sehen.

Mögen meine Hände die Dinge, die du gemacht hast, achten,

und möge mein Gehör fein genug sein, um deine Stimme zu hören.

Mach mich weise, damit ich das verstehe, was du meinem Volk gelehrt hast.

Möge ich das, was wir aus jedem Blatt und jedem Stein von dir lernen sollen, verstehen.

Möge ich Kraft schöpfen und nicht versuchen, größer als mein Bruder zu sein, sondern meinen größten Feind zu bekämpfen – mich selbst.

Möge ich immer bereit sein, mit sauberen Händen und offenem Blick zu dir zu kommen, damit meine Seele ohne Scham zu dir kommen kann, wenn das Leben wie die untergehende Sonne vergeht.

---

[27] http://www.worldprayers.org/archive/prayers/invocations/oh_great_spirit_whose_voice.html

Tag 118
Traditioneller irischer Segen

Wieder einmal schöpfen wir aus dem schier endlosen Reichtum an irischen Segen. Dieser hier stammt aus dem Buch Earth Prayers.

Möge der Segen des Lichts, des inneren und des äußeren Lichts, auf dich fallen. Möge der gesegnete Sonnenschein auf dich fallen und dein Herz erwärmen, bis es wie ein starkes Torffeuer glüht, so dass ein Fremder wie auch ein Freund kommen und sich daran aufwärmen kann.

Und möge das Licht aus deinen beiden Augen wie eine Kerze in den beiden Fenstern eines Hauses leuchten und den Wanderer im Sturm bitten, einzutreten, und möge der Segen des Regens, des weichen, süßen Regens, auf dich fallen. Möge er auf deinen Geist fallen, damit alle kleinen Blumen sprießen und ihren Tau in die Luft schütteln. Und möge der Segen der Großen Regen auf dich fallen, möge er sich über deine Seele ergießen und sie sauber waschen und in ihr viele glitzernde Teiche hinterlassen, in denen das Blau des Himmels leuchtet und mitunter auch ein Stern.

Und möge der Segen der Erde, der ganzen runden Erde, auf dir sein. Mögest du immer einen freundlichen Gruß für die übrighaben, denen du auf deinen Wegen begegnest. Möge die Erde unter dir weich sein, wenn du, müde am Ende des Tages, auf ihr ruhst, und möge sie federleicht auf dir liegen, wenn du am Ende unter ihr liegst; möge sie so leicht auf dir ruhen, dass deine Seele sich auf dem Weg zu Gott rasch aus ihr aufschwingen kann. Und nun möge der Herr euch alle gütig segnen.

Tag 119
Unsere Lebens- und Arbeitsräume segnen

Die meisten von uns sind viel in Bewegung – meist täglich. Wir wollen uns bewusstmachen, dass wir die Welt ganz einfach segnen können, während wir unterwegs sind. Orte nehmen wie ein Schwamm Energie auf. Eine Kirche hat nicht die gleiche Energie wie ein Gefängnis oder die Notaufnahme im Krankenhaus. Jedes Mal, wenn wir irgendeinen Ort aufsuchen, hinterlassen wir den Fußabdruck unserer eigenen Energie – ob positiv oder negativ. Wir bewirken eine Veränderung in der Energie, die sich auf alle auswirkt, die nach uns kommen, unabhängig davon, wie klein oder subtil die Veränderung ist.

Geist der Wahrheit, ich segne mich für die Fähigkeit, an jedem Ort, den ich betrete, meinen Seelenabdruck zu hinterlassen.

Möge ich eine Spur des Lichts und der Güte hinterlassen, die alte Energien auslöscht und einen Ort der Kräfte der Erneuerung und Frische, der sanften Heilung und des Friedens schafft.

Mögen die Menschen sich die gute Energie zunutze machen, die sie in meiner Gegenwart spüren, und sie als das Parfüm deiner Gnade anerkennen.

Möge ich an einem Ort der Spannungen und Ängste Frieden und Vertrauen säen.

Möge ich da, wo ich Zweifel und Zögern spüre, Vertrauen und grünes Licht für das Weiterkommen hinterlassen.

Möge ich an einer Stätte der Niedergeschlagenheit und Traurigkeit Leichtigkeit und Fröhlichkeit aussenden.

Und möge ich vor allem jeden Raum in dem Wissen betreten, dass deine Gegenwart, die grenzenlose Liebe, über allem regiert.

Tag 120
Segen für Menschen auf der Suche nach Spiritualität

Wir befinden uns in einer Zeit des unvorhersehbaren, schwierigen und aufregenden Wandels. In allen Lebensbereichen – darunter auch in der Religion und Spiritualität – brechen alte Strukturen auseinander oder werden hinterfragt. Immer mehr Menschen suchen nach der für sie richtigen spirituellen Nische. Diese Segnung gilt ihnen.

Ich segne alle, die sich auf der ehrlichen Suche nach Spiritualität befinden.

Ich segne sie für ihren Mut, aus veraltetem Morast auszubrechen, der sie in stagnierenden Gewässern festhält, und die unerforschten Bereiche ihrer Seele und wogenden Meere der spirituellen Abenteuer zu betreten.

Ich segne sie für ihren festen Willen, so lange zu suchen, bis sie die Perle des Hauptpreises und den »Frieden, der alle Erkenntnisse übertrifft« finden.

Vor allem segne ich sie für die Fähigkeit, sich selbst treu zu bleiben, wo immer dies sie auch hinführt, und an ihrer Vision festzuhalten, welchem Druck ihrer Familie, Freunde, Glaubensgemeinschaft und »Autoritäten« aller Art, sich anzupassen, sie auch immer ausgesetzt sind.

PS: Das folgende Zitat stammt von meinem engen Freund Roger W. McGowen, der seinen spirituellen Weg im Todestrakt gefunden hat, in dem er 25 Jahre für ein Verbrechen verbracht hat, das er nach der festen Überzeugung vieler – darunter auch sein Anwalt und ich – nicht begangen hat. Roger ist für viele, auch für mich, zu einem spirituellen Anführer geworden.

Wir sind das, wonach wir suchen. Wir suchen das, was nicht verloren ging. Wenn wir zu verbissen suchen, übersehen wir das, was wir suchen.

Gott ist überall um uns herum; also, warum müssen wir ihn suchen? Wir sind das, wonach wir suchen.

Tag 121
Für Kellnerinnen und Kellner

»Es bedarf nur eines Lächelns, um jemanden willkommen zu heißen ... und gesegnet sei derjenige, der es mit anderen teilt. Es bedarf nur eines Augenblicks, um zu helfen ... und gesegnet sei derjenige, der ihn aufbringt ... Es bedarf nur einer Freude, um die Stimmung eines anderen aufzuhellen ... und gesegnet sei derjenige, der sie schenkt ... Es bedarf nur eines Lebens, um etwas zu bewirken ... und gesegnet sei derjenige, der es lebt.«[28]

Ich segne Kellnerinnen und Kellner in aller Welt für ihre wichtige Arbeit. Möge der Stress ihres Jobs ihnen niemals die Freude nehmen, anderen mit Liebe zu dienen.

Mögen ihre Herzen groß genug sein, um alle mit fröhlichem Gesicht zu begrüßen. Und mögen sie großzügig genug sein, um allen ein Lächeln zu schenken – vor allem den Mürrischen, Deprimierten, Geistesabwesenden, Unhöflichen oder Gleichgültigen.

Mögen sie den Obdachlosen oder die arme Witwe genauso höflich und freundlich bedienen wie den Reichen, der ein dickes Trinkgeld oder gar keins hinterlässt.

Mögen sie die geduldige Nachsicht haben, auf eine rüde oder unfreundliche Bemerkung mit ruhiger Stärke und der Einsicht, dass der unhöfliche Gast seine eigene innere Not offen zeigt, zu reagieren.

Mögen sie die Kraft und Haltung besitzen, auch unter starkem Stress ruhig und gelassen zu bleiben.

Und mögen sie, falls sie doch die Kontrolle verlieren und schnippisch reagieren oder lautstark über ihren Job klagen, den Großmut haben, sich auf der Stelle zu verzeihen.

---

28 Amanda Bradley, amerikanische Dichterin

Tag 122
Noch eine Segnung für Mutter Erde

Wie uns allen klar ist, setzt unsere Lebensweise der Erde stark zu. Daher teile ich heute einen leicht veränderten Segen für Mutter Erde mit Ihnen, der von Helen Weaver verfasst wurde.

O, unsere Mutter Erde, dein Name sei gesegnet. Deine Wiesen und Wälder, deine Felsen und Berge, deine Gräser und Bäume und Blumen und alles Grüne und Wachsende sind gesegnet.

Gesegnet sind deine Bäche, Seen und Flüsse, die Meere, in dem unser Leben begann, und all deine Gewässer, die unseren Körper am Leben erhalten und unsere Seele erfrischen. Gesegnet ist die Luft, die wir atmen, deine Atmosphäre, die uns umgibt und uns mit jedem anderen Lebewesen verbindet.

Gesegnet sind alle Kreaturen, die auf deiner Oberfläche gehen oder in deinen Gewässern schwimmen oder durch deine Luft fliegen, denn sie alle sind unsere Verwandten. Gesegnet sind alle Menschen, die diesen Planeten teilen, denn wir alle sind eine Familie, und derselbe Geist strömt durch uns alle.

Gesegnet ist die Sonne, unser Tagesstern, die uns den Morgen und die Sommerhitze bringt, die uns Licht und Leben gibt.

Gesegnet sind die Sterne und Planeten, die Zeitwächter, die unsere Nächte mit Schönheit und unsere Herzen mit Staunen erfüllen.

O Großer Geist, dessen Stimme wir im Wind hören und dessen Antlitz wir in der Morgensonne sehen, gesegnet sei dein Name.

Hilf uns, nicht zu vergessen, dass du überall bist, und lehre uns Frieden.[29]

---

[29]http:www.gipl.org/interfaith-prayers-for-the-world-day-of-prayer-for-creation

Tag 123
Über die Verbundenheit aller Dinge

Zu den größten Wundern unseres unglaublichen Planeten und des Universums, in dem wir leben, gehört die Tatsache, dass alles miteinander verbunden ist. Amit Ray[30] schrieb: »Wir sind alle so sehr miteinander verbunden, dass wir gar keine andere Wahl haben, als alles zu lieben. Seid gütig zu allen und tut Gutes; es wird widerhallen. Die Wellen eines gütigen Herzens sind die höchsten Segen des Universums.«

Ich segne dieses unglaubliche Universum der Schöpfung der Liebe, in dem das winzigste Molekül mit der weitesten Galaxie verbunden ist.

Möge mir bewusst werden, dass ich mit jedem anderen Menschen und Tier auf Erden verbunden bin und dass ich daher auch untrennbar mit dem Kind, das in einer Baracke in Kalkutta stirbt, dem grausamsten Mörder in der Todeszelle, dem größten Heiligen und dem Mafiapaten, dem Bürgermeister meiner Stadt und dem begabtesten Pianisten, den Rhinozerossen, die ausgerottet werden, und den Fischen, die durch Überfischung aus dem Meer verschwinden, verbunden bin – alle irgendwo auf der Welt sind mit meinem eigenen Überleben verbunden.

Möge ich erkennen, dass ich mit diesem Planeten, der mir die Luft zum Atmen und mein Trinkwasser gibt, meine Nahrung und die Tiere und Blumen, die ich bewundere, vollkommen verbunden bin und dass dadurch unsere Schicksale miteinander verknüpft sind.

Und möge mich dies überglücklich machen, denn ALLES IST GRENZENLOSE LIEBE UND IHRE GRENZENLOSE MANIFESTIERUNG. Es gibt keinen größeren Segen, als Ausdruck dieser Liebe zu sein!

---

30 Amit Ray, Yoga and Vipassana: An Integrated Lifestyle

Tag 124
Eine Segnung für die Lebensmittelproduktion

Auf einem Planeten, auf dem 30 bis 40 Prozent der Lebensmittel weggeworfen oder verschwendet werden und auf dem es genügend Nahrung gibt, um alle ausreichend zu ernähren, gehen an die 800 Millionen Menschen jeden Abend hungrig zu Bett – das ist fast jeder Neunte.

Ich segne diejenigen überall auf der Welt, die Lebensmittel herstellen, auf dass sie von dem Gefühl, anderen zu dienen, statt von Profitgier beflügelt werden.

Ich segne die Geschäftsführer der riesigen Multikonzerne, die den Großanteil an den Märkten mit der Produktion von Saatgütern und landwirtschaftlichen Gütern abdecken, auf dass sie ihre starke Verantwortung erkennen und angemessen damit umgehen.

Ich segne die Millionen an Kleinbauern in aller Welt, damit sie lernen, sich neu zusammen zu tun, um ihre Interessen zu vertreten und kluge Erneuerungen umzusetzen.

Ich segne die vielen Erforscher und Anwender innovativer Landwirtschaftsmethoden, damit auf sie gehört wird, wenn sie in der Lebensmittelproduktion aufregendes neues Gebiet betreten.

Ich segne die wohlhabenden Konsumenten und Supermärkte weltweit, so dass sie lernen, keine Lebensmittel zu verschwenden, sondern sie als ein göttliches Geschenk behandeln, das uns ein erfülltes Leben ermöglicht.

Ich segne die Politiker auf Regierungsebene, die für die Umsetzung von Regeln und Gesetzen zuständig sind, damit sie sich von göttlicher Weisheit statt von kleinlichen Interessen leiten lassen.

Und schließlich segne ich mich, damit ich mein tägliches Brot als ein Geschenk göttlicher Liebe und als eine Gabe begreife, die mit Abwägung und Dankbarkeit genutzt werden sollte.

Tag 125
Ich nehme die Welt von ganzem Herzen an

Auf einem Planeten, der geistig, sozial und wirtschaftlich schrumpft, geht es beim Lernen, alle von ganzem Herzen anzunehmen, nicht um Güte, sondern ums nackte Überleben. Die Halbinsel Kamtschatka in Ostsibirien ist – im übertragenen Sinn – nun mein Garten. Wir sind alle – einschließlich der Natur – in einem Netz des Lebens, das niemanden und nichts aussperrt, miteinander verwoben.

Möge ich mein Herz genügend weiten, um die ganze Welt willkommen zu heißen! Möge die Erkenntnis, dass ich mein Nächster bin, mich befähigen, ihn von ganzem Herzen anzunehmen, wer immer er (oder sie) auch ist - der Einwanderer aus Afghanistan oder das Mitglied einer örtlichen kriminellen Bande, der Drogenhändler am Eck oder die *prüde alte Frau.*

Möge ich alle, denen ich heute begegne, annehmen, während ich lerne, sie mit den Augen des Herzens zu sehen. Möge ich lernen, alle Klischees - ob sozial, psychologisch oder ethnisch - über Bord zu werfen, egal, wie hartnäckig sie auch sein mögen, und nur noch das Gute im Leben sehen.

Möge ich die endlose Vielfalt der Manifestierungen in der Natur wahrnehmen - vom winzigsten Insekt bis hin zum riesengroßen Gletscher - und begreifen, dass mein Überleben mit ihrem zusammenhängt.

Möge ich alle, die leiden, aufheitern und sie den Armen der Liebe anvertrauen, die jedes Lebewesen umarmt und es umsorgt.

Tag 126
Die Segnung eines Kindes

Diese Segnung habe von Edward Searle[31] übernommen.

Willkommen, liebstes Kind.

Willkommen bei deinen beiden Familien, dem reichen Erbe, das sich in dir vereint. Es gab noch nie und wird nie wieder jemanden wie dich geben.

Du bist einzigartig!

Willkommen in dieser Welt ... die so zart geformt und zerbrechlich, doch gleichzeitig erstaunlich zäh und üppig ist. Sie ist von so viel Schönheit durchzogen. Lebe in Harmonie mit deiner Welt. Nimm den Überfluss, den sie zu bieten hat, ungehemmt und dankbar an.

Willkommen in der herrlichen Zeit, in die du hineingeboren wurdest. Sie verspricht wundervolle Möglichkeiten. Vor dir liegen unvorstellbares Neuland, atemberaubende Entdeckungen und ganz neue Bedeutungen. Nutze deine Tage.

Willkommen in deinem Zeitalter auf dieser Erde. Mögest du das rastlose Verlangen haben, zu leben, zu wissen, nachzudenken und den Sinn herauszufinden. Sei dir deines Platzes in einem wundervollen Universum immer bewusst. Es ist mehr als nur dein Zuhause. Es ist in dir, so wie du in ihm bist. Es ist dein Schicksal und Ziel.

Willkommen zur großartigsten Reise im Universum, deiner Reise, die du durch das anhaltende Geschenk und die Gnade deines Seins erlebst.

Sei an allen Tagen voller Freude und Hoffnung.

---

31 Edward Searle, A Blessing for a Child – Spiritual Practice www.spiritualityandpractice.com/practices/practices/view/27395/a-blessing-for-a-child

Für dich als Neugeborenes ist auch die Welt neu. Dein Vater und deine Mutter, die dich mit Liebe gezeugt haben, sind voller Freude und Dankbarkeit über dich. Wir freuen uns mit ihnen. Wir versprechen, dich gemeinsam mit ihnen liebevoll aufzuziehen ... damit du ein erfülltes Leben haben mögest, während deine Erfüllung auch uns mit Freude erfüllt.

An diesem Tag deiner Geburt schenken wir dir für immer unsere Liebe.

Tag 127
Alles wird gut

Alan Cohen schrieb einst: »Wäre es nicht toll, wenn du dich so sehr in dich verlieben würdest, dass du so ungefähr alles tun würdest, von dem du weißt, dass es dich glücklich macht? So sehr liebt dich das Leben und will, dass du es dir gutgehen lässt. Je mehr du dich liebst, umso mehr bestätigt das Universum deinen Wert. Dann kannst du dich an einer lebenslangen Liebesaffäre erfreuen, die dich von innen heraus vollkommen erfüllt.« Sich selbst zu segnen ist eine wichtige Methode, sich selbst zu hegen und zu pflegen – wie in dieser Segnung von Jan Richardson.[32]

Und möge alles gut werden,
so dass jede Sorge
von dir weicht
und jede Trauer
von dir abfällt
und jeder Schmerz
zum Trost für dich wird
und jede Wunde
in dir heilt,

---

32 https://healingsoulstreams.wordpress.com/2015/02/01/and-all-be-made-well-a-healing-blessing/

dass Freude in dir hochsteigt
und du Kraft schöpfst
und Hoffnung sich in dir aufschwingt
und alles gut wird.

Tag 128
Für Menschen mit einer Krankheitsdiagnose

Eine medizinische Diagnose ist nur zu oft eine feste Behauptung, die sich den Anstrich einer wissenschaftlichen Prognose gibt, sagen zu können, was die Zukunft bringen könnte – auf der Grundlage eines äußerst beschränkten Wissens über das, wie es einer bestimmten Anzahl von Menschen in der Vergangenheit ergangen ist! Doch es bleibt immer nur eine persönliche Meinung und nicht mehr als das. Aber wie jeder, der sich mit alternativen Heilmethoden oder spirituellem Heilwissen befasst hat – darunter auch der Autor, der selbst schon die spontane Heilung von medizinisch ernsthaften Krankheiten erlebt hat –, weiß, geschieht das Unmögliche täglich. ***Die Hoffnung, nicht die Verzweiflung, regiert.***

Ich segne die, die unter der schweren Last einer ärztlichen Diagnose leiden, die sie zu einer düsteren Zukunft und sogar dem Tod verdammt.

Mögen sie über den äußerst engen Horizont der meist materiellen Befunde hinaussehen und die helleren Horizonte einer Alternative erkennen.

Mögen sie begreifen, dass jeden Tag Wunder geschehen – in den unglaublichsten Situationen und in aller Welt, weil ein so genanntes »Wunder« nur die Wirkung anderer Gesetze ist, von denen die meisten Menschen nichts wissen.

Mögen sie im Herzen die Bestätigung finden, dass die göttliche Liebe alle medizinischen Diagnosen ersetzt, egal wie ehrlich sie auch sind.

Mögen sie verstehen, dass sie keine Opfer eines düsteren Schicksals sind und dass alle Prüfungen in Wahrheit Segnungen in einem anderen Gewand sind.

Mögen sie den Segen finden, der sie erwartet, und mögen sich die Tore der Hoffnung weit für sie, ihre Familien und Freunde öffnen.

Tag 129
Mitarbeiter-Gespräch nach dem Besuch eines amerikanischen Verlagshauses (Ein Bericht)

»Ich fing schon am nächsten Morgen mit meiner Tochter an zu segnen. Wir stritten uns, und deswegen hielt ich inne und begann, sie zu segnen. Wissen Sie, was sie nach fünf Minuten sagte? ›Mama, ich hab dich lieb und ich spüre, wie deine Liebe zu mir strömt.‹ Ich bekam vor Staunen den Mund nicht mehr zu. Und seitdem segne ich oft andere Autofahrer im Straßenverkehr, über die ich mich aufrege, laut, damit meine Tochter es hören kann.

Heute fuhren wir zur Arbeit und kamen an einem Baum vorbei, der gefällt worden war, um Platz für Strommasten zu machen. Das erschütterte meine Tochter, aber sie sagte: ›Mama, ich segne die Leute, die das getan haben, für ihr Umweltbewusstsein und ihre Klugheit.‹ Das hat mich total überrascht. Sie haben mich und meine Tochter voll und ganz überzeugt.«

Rachel, USA

Tag 130
Zwei kurze Segnungen aus dem Osten

Für heute haben wir zwei sehr kurze Texte. Der erste stammt von dem bekannten spirituellen Meister Sathya Sai Baba aus Indien, der zweite sind ein paar Zeilen von den Sufis.

Sathya Sai Baba

Mögen wir den Tag mit Liebe beginnen,
den Tag mit Liebe verbringen,
den Tag mit Liebe füllen,
den Tag mit Liebe beenden:
das ist Gottes Art.

Sufi-Segen

Mögen die Segen der Liebe auf dir ruhen,
möge ihr Friede dir folgen,
möge ihre Essenz dein Herz erleuchten
jetzt und immerdar ...[33]

Tag 131
Die verborgene Vollkommenheit erkennen

Kate Nowak, die inspirierte Verfasserin von Segen, bezeichnet das Segnen als »Anerkennung dafür, dass wir in einem vollkommenen Universum leben ... Während ein Gebet meist als Bitte an Gott, einzugreifen, angesehen wird, kommt eine Segnung aus der inneren Stelle, die weiß, dass kein Eingreifen nötig ist. Gott hat schon eine vollkommene Welt erschaffen, und nicht die Welt, sondern nur unsere Sicht auf sie muss geändert werden.« Die besten spirituellen Heiler, die ich kenne, arbeiteten alle auf dieser Grundlage – sie versuchten nicht, die Realität zu »korrigieren«, sondern zu sehen, was schon immer in den Augen Gottes zu sehen war.

Ich segne dich, unendlicher Geist, dafür, dass du mir die allgegenwärtige Pracht gezeigt hast, die alles ist, was du siehst.

Möge ich lernen, die lauten Stimmen der menschlichen Sinne verstummen zu lassen, die behaupten zu wissen, was wirklich

---

[33] Sufi Blessing of Love and Peace, Juni 2012, Jahrgang XXV, Nr. 6

vorgeht. Möge ich mich an den inneren Ort des tiefsinnigen spirituellen Zuhörens zurückziehen, an dem das Geschrei der Welt verstummt und mein empfängliches Herz dein leises Flüstern, o Heiliger Geist, hören kann.

Möge ich, wenn ein wütender menschlicher Verstand schreit: »Aber wie kannst du so blind sein, das zu verleugnen, was geschieht?«, auf die Weisheit der Seele hören, die mich dazu bringt, meine spirituellen Sinne zu schärfen, damit ich wahrnehme, was *wirklich* vor sich geht – die unantastbare Entfaltung deiner immer gegenwärtigen vollkommenen Schöpfung, die den materiellen Sinnen verborgen bleibt und sich nur in der Demut meiner tiefen Sehnsucht nach der wahren Sicht der Dinge enthüllt.

Möge ich den Mut haben, immer an meinem höchsten Sinn dafür, was für mich im Augenblick das Richtige ist, festzuhalten, selbst wenn dies mit meiner Weigerung verbunden ist, gemeinsam mit anderen eilig nach menschlichen Lösungen zu suchen, wie gut und sinnvoll sie für die, die sie umsetzen, auch sein mögen.

Und möge ich darauf vertrauen, dass du mein lauschendes Herz und meinen offenen Geist immer auf den richtigen Weg führen wirst.

Tag 132
Eine Segnung für Bäume

Es ist wichtig, dass jeder von uns lernt, seine eigenen Segnungen zu verfassen. Sie können nicht in jeder Krise oder Situation, die einen Segen notwendig macht, in diesem Buch blättern. Unten finden Sie einige Informationen über Bäume, die Sie zu Ihrer eigenen Segnung umformen können. Ich persönlich glaube nicht an eine »richtige« Methode, wie man segnet. Was zählt, sind die Aufrichtigkeit der Segnung und der Wille zu segnen. Sie können die Bäume in Ihrem Garten, in Ihrem Landkreis oder Land oder auch die Bäume in einem bedrohten Gebiet (zum Beispiel am Amazonas) für ihre verschiedenen Funktionen segnen.

Bäume helfen uns zu überleben. Sie liefern den Sauerstoff, den wir zum Atmen brauchen. Ohne sie würde unsere ganze Existenz zerstört. Sie sind ein zwar begrenzter, doch wichtiger Teil des Systems, das die Erde am Leben erhält. Sie bieten vielen Tierarten Unterschlupf und Nahrung und liefern uns Menschen Heilmedizin und Lebensmittel. Holz ist ein wesentliches Material für die Wirtschaft und unzählige Berufe und ein wichtiger Baustoff für unsere Häuser. Bäume reinigen die Erde und verringern die Luftverschmutzung. Ihr Holz hält uns warm, sie speichern Regenwasser, verhindern Bodenerosion, halten das Klima im Gleichgewicht, liefern einen wunderschönen Anblick, um nur ein paar ihrer zahllosen Vorteile zu nennen. Und sie kommunizieren miteinander – wie Forscher jetzt herausgefunden haben, wahrscheinlich sogar mit Tieren. Also warum umarmen und segnen Sie auf Ihrem nächsten Waldspaziergang nicht einen Baum?

Tag 133
Ein Gebet der Ute-Indianer

Wie bei dem Gebet der Lakota-Indianer habe ich dieses Gebet für einen Segen etwas abgeändert. Es scheint mir der passende Segen für Bäume zu sein, da es die wichtige Rolle betont, die unsere Umwelt in unserem Leben spielt.

Erde, lehre mich,

Erde, bring mir bei, still zu stehen – so wie die Gräser still in neuem Licht stehen.

Erde, bring mir bei zu leiden – so wie alte Steine an Erinnerungen leiden.

Erde, bring mir Demut bei – so wie sich Blüten demütig entfalten.

Erde, bring mir Fürsorge bei – so wie Mütter ihre Kinder hegen.

Erde, bring mir Mut bei – wie der Baum, der alleine dasteht.

Erde, bring mir Freiheit bei – wie der Adler, der am Himmel fliegt.

Erde, bring mir bei, die Dinge anzunehmen, wie sie sind – wie die Blätter, die im Herbst sterben.

Erde, bring mir bei, mich zu erneuern – wie die Saat, die im Frühling sprießt.

Erde, bring mir bei, mich zu vergessen – wie geschmolzener Schnee sein Leben vergisst.

Erde, bring mir bei, gütig zu sein – wie ausgetrocknete Felder, die im Regen weinen.[34]

Tag 134
Ein südafrikanischer Segen

Ist Ihnen bewusst, dass Sie jedes Mal, wenn Sie einen Segen oder auch nur einen positiven Gedanken aussenden, in gewisser Weise die gesamte mentale Atmosphäre der Erde damit wässern? Veranlasst Sie das nicht dazu, immer mehr Segnungen auszuschütten?

Geh mit erhobenem Kopf, gehe gut, gehe mit sicherem Schritt, gehe in Freiheit, und möge niemals Leid über dich kommen.

Gehe weise, gehe gut, gehe mit Stolz, gehe aufrichtig, und möge die Sonne immer auf dich herablächeln.

Gehe mit einem Gebet, gehe mit Hoffnung, gehe mit Vertrauen, gehe mit leichtem Schritt und möge Frieden dich immer richtig lenken.

---

34 www.sapphyr.net/natam/quotes-nativeamerican.htm

Gehe mit Freude, gehe mit Mut, gehe mit Liebe, gehe mit Kraft, und möge das Leben dir immer ein Lied mit auf den Weg geben.[35]

Tag 135
Möge Gottes Segen mit dir sein

Der folgende Text wurde von der Geistlichen Jane R. Dunning verfasst.

Da viele Leute den Begriff »heilig« – meist im Sinne von Heiligen – sehr eng sehen, möchte ich Sie daran erinnern, dass er vom selben indoeuropäischen Wortstamm wie »Gesundheit/heilen« und »heil« abgeleitet wird. Er steht nicht etwa für eine Art von starrem »Heiligen«, sondern für jemanden, der schlicht und einfach gut ist.

Möge Gott Sie beschützen, wenn Sie in Gefahr sind.

Möge Gott Sie mit Liebe führen.

Möge Gott Sie in Gefahr oder Not unterstützen.

Möge Gott Ihr Herz leichter machen, wenn Sie betrübt sind.

Möge Gott Sie trösten, wenn Sie sich einsam fühlen.

Möge Gott Ihnen Kraft geben, wenn Sie sich schwach fühlen.

Möge Gott Sie nach Hause bringen, wenn Sie sich verlaufen haben.

Möge Gott Sie immer und für immer mit liebevoller Fürsorge umgeben.

Sie sind heilig, Sie sind auserwählt, Sie werden geliebt und Sie sind gesegnet.[36]

35https://loveletterstograce.wordpress.com/2012/11/12/south-african-blessing/
36 http://www.worldprayers.org/archive/prayers/celebrations/may_the_blessing_of_god_be.html

Tag 136
Ein Segen für Gärtner

Joel Goldsmith schenkt uns einen der tiefsten Einblicke in das Segnen, indem er schreibt: »Wenn Sie einen anderen wirklich segnen wollen, dann erinnern Sie sich daran, dass Gott sein Wesen mit Leben erfüllt und durchdringt, weil Gott das einzige Wesen ist, das Leben und die Seele jedes einzelnen Wesens ist.« Das im Sinn zu behalten gehört zu den wichtigsten Dimensionen eines jeden Segens. Also vergessen Sie es beim Segnen bitte nicht!

Ich segne Hobbygärtner und Berufsgärtner als Hüter der Erde und für ihre liebevolle Pflege von Gärten und Pflanzen aller Art.

Ich segne sie für ihr Bewusstsein, dass sie die Hände Gottes zur Verschönerung seiner Schöpfung sind. Und ich segne sie für ihre Hochachtung und Unterstützung der Selbstheilungskräfte der Natur, statt Chemie als schnelle Lösung zu nehmen, während die Natur sich selbst hilft, wenn sie die Geduld aufbringen, mit ihr zusammenzuarbeiten.

Ich segne sie für ihre Kreativität, Intuition und ihren echten Sinn für Schönheit, mit denen sie sich neue Blumenarrangements und Veredelungen vorstellen.

Ich segne sie für ihren Wunsch, sich über die neuesten Erkenntnisse in dem von ihnen gewählten Bereich zu informieren, und für ihre Neugier und ihr Interesse am spannenden Bereich der Pflanzenkommunikation und an allem, was sie uns über die Natur und unsere Beziehung zu ihr lehren kann.

Tag 137
Eine Segnung für Menschen, denen eine Operation bevorsteht

Ich segne ... (Name der Person) für ihr klares Bewusstsein, dass die grenzenlose göttliche Liebe absolut alles lenkt - vom kleinsten Molekül bis hin zu den größten Galaxien.

Ich segne sie für ihr tiefes Vertrauen, dass nichts sie jemals aus Gottes Hand herausreißen kann.

Ich segne den Chirurgen/die Chirurgin und sein/ihr gesamtes Team dafür, dass sie ständig wachsam sind und auf ihre innere Stimme hören. Ich segne sie für ihr tiefes Vertrauen in das gesamte Operationsteam als harmonische Einheit, die immer klug und liebevoll zusammenarbeitet.

Ich segne das gesamte ... (Krankenhaus), in dem die Operation durchgeführt wird, auf dass seine Energie friedlich und gelassen ist und das gesamte Hilfspersonal harmonisch zusammenarbeitet und bereit ist, voller Freude zu dienen.

Ich segne alle, denen die bevorstehende OP Sorge bereitet, für ihr tiefes Verständnis, dass Gottes Gesetz der Angleichung ununterbrochen zum Guten eines jeden Wesens seiner Schöpfung wirkt und dass keine Situation jemals hoffnungslos ist oder außer Kontrolle gerät.

Und schließlich segne ich ... (Name des Patienten oder der Patientin), damit sein/ihr Körper perfekt funktioniert und sich nach dem Eingriff harmonisch und rasch erholt. Möge er/sie fühlen, dass er/sie das göttliche Recht auf einen vollkommen funktionierenden Körper und die natürliche Folge des Gesetzes der Angleichung, das das Universum und alles darin lenkt, hat.

Tag 138
Ein Segen für das Leben

»Auch wenn Akzeptanz nicht immer die angemessene Reaktion auf eine Situation sein mag, ist Segnen immer angemessen. Um sich ganz der Wirklichkeit stellen zu können, muss man sie bejahen. Dies ist das Ja der Segnungen. Es ist nicht zwingend das Ja der Akzeptanz. Und in diesem Sinne bedeutet das Segnen ein inneres Ja. Es ist – wie Sie hoffentlich erkennen können – ein andächtiges Ja, die Essenz der Andacht.« Diese Worte von Bruder David Steindl-Rast sind die perfekte Einleitung zu dem folgenden kurzen Text von Sathya Sai Baba, die ich durch den Zusatz von »mögen Sie« in einen Segen umgewandelt habe. (Sie können stattdessen auch »mögen wir« sagen.)

Das Leben ist ein Lied – mögen Sie es singen.

Das Leben ist ein Spiel – mögen Sie es spielen.

Das Leben ist eine Herausforderung – mögen Sie sich ihr stellen.

Das Leben ist ein Traum – mögen Sie ihn umsetzen.

Das Leben ist ein Opfer – mögen Sie es geben.

Das Leben ist Liebe – mögen Sie sich daran erfreuen.

Tag 139
Mit Liebe gehen

Ich habe die geliebte Hymne von Minnie Ayers ein wenig verändert, um daraus einen Segen für unseren heutigen Tag zu machen. Wie bei vielen Segnungen in diesem Buch können Sie »ich« immer durch »wir« ersetzen.

Möge ich mit Liebe gehen,

damit es ein geheiligter Tag wird.

Möge ich keine schreckliche Angst mehr haben,

weil ich Gottes Gegenwart um mich herum spüre.

Möge die Freude, die niemand mir nehmen kann,

mein sein, während ich mit Liebe durch den Tag gehe.
Möge ich meinen ganzen Weg mit Liebegehen,
so dass kindliches Vertrauen heute mein ist.
Möge sich mein Gemüt aufheitern, möge ich mit Mut gehen
und möge mein Herz vor Freude überfließen.
Möge Frieden jetzt meinen glücklichen Tag krönen,
wenn ich als Liebe meinen Weg gehe.

Tag 140
Lernen, sich selbst zu lieben

Mögen Ihre Segnungen sich vervielfältigen, während Sie andere so treu segnen – oder das Verlangen dazu haben. Henri Nouwen hat gesagt: »Jemanden zu segnen ist die bedeutendste Bestätigung, die wir ihm geben können.« Ihr heutiger Segen gilt einem ganz besonderen Menschen: Ihnen. Als jemand, der ein Vierteljahrhundert auf dem Gebiet der persönlichen Entwicklung gearbeitet hat, weiß ich, wie viele Menschen lernen müssen, sich selbst zu lieben – manche von ihnen ganz dringend!

Ich segne mich als einen Menschen, der von der göttlichen Liebe bedingungslos gehegt und gepflegt wird - ohne eine einzige Bedingung!

Ich segne mich für die Fähigkeit, zu erkennen, dass meine Liebe zu anderen auf Dauer von einer ganz tiefen Akzeptanz meiner selbst, die mir kein anderer geben kann, abhängig ist.

Ich segne mich dafür, mir für das, was in meinem Leben nicht erfolgreich war, zu vergeben - für gescheiterte Beziehungen, zerstörte Berufskarrieren, Einbahnstraßen, die ich vielleicht schon seit Jahrzehnten versuche zu überwinden.

Möge ich erkennen, dass die göttliche Liebe mir nicht zu verzeihen braucht, da sie mir nie etwas vorgehalten hat.

Möge ich, wenn ich vor dem Spiegel stehe, die erstaunliche Schönheit wahrnehmen, die mich ansieht, die große Warmherzigkeit, die Fürsorge, Güte und die vielen anderen Eigenschaften, die nur darauf warten, von mir anerkannt zu werden.

Möge ich, wenn ich in die Stille eintauche, die Stimme in meinem Herzen hören, die sagt: »Dies ist mein geliebtes Kind, das mir große Freude bereitet«, und möge ich mich nicht über den Menschen, sondern über die göttliche Liebe freuen, die sich als ICH in mir manifestiert.

Tag 141
Segnung zur Überwindung des weltweiten Mangeldenkens

Der weltweite Glaube an Mangel – Mangel an Ressourcen, Geld, Fähigkeiten, Zeit, Kontakten, Gesundheit, frischen Ideen und Kreativität, Intelligenz, Nahrung, dem richtigen Partner, spiritueller Führung ... – scheint auf allen Gebieten zu herrschen. Und dennoch leben wir auf einem Planeten der beinahe grenzenlosen Ressourcen, da eine Ressource vor allem eine Idee ist: Eine Idee hat aus einer stinkenden, schleimigen, klebrigen Flüssigkeit Benzin gemacht oder unbegrenzte, kostenlose Sonnenenergie in Strom verwandelt.

Ich segne mich und die Menschheit für unsere Fähigkeit, den seltsamen Glauben an Mangel zu überwinden.

Ich segne mich für die Erkenntnis, dass – so wie eine Welle die Fülle des Ozeans besitzt, aus der sie entstanden ist – mir und der gesamten Menschheit ein grenzenloser Überfluss an Gutem, Kreativität und selbstloser Fürsorge zur Verfügung steht.

Möge ich, wenn die Welt »Mangel, Mangel, Mangel ... nicht genug ... diese Ressource geht uns aus« schreit, die Quelle flüstern hören: »Grenzenloses Gutes erwartet dich und alle anderen. Wie könnte es dir jemals an Gutem mangeln, wenn du doch mit mir, dem grenzenlosen Einen vereint bist?«

Da Vorstellungen und Ideen dem grenzenlosen Geist entspringen, sind sie grenzenlos und umsonst. Ich segne mich und die ganze Menschheit für unsere Fähigkeit, die Transparenz des göttlichen Geists zu sein, damit dort, wo scheinbar Mangel herrscht, Überfluss entsteht, der alle und nicht nur ein paar wenige segnet.

Ich segne uns für unsere Fähigkeit, starke Fürsorge und tiefes Mitgefühl zu entwickeln, die uns davon abhalten, vor Mangeldenken, Apathie und Gleichgültigkeit zu erstarren, und die uns für die Aufgabe als Heiler der Welt und Vermittler des grenzenlosen Überflusses öffnet, der uns letztendlich alle erwartet.

Hier ist ein Nachtrag zur Generierung von Überfluss, der aus Armut entsteht:

In den 1960ern und 1970ern hatte ich das Privileg, in Afrika zu leben und eine der größten lokalen Bauernorganisationen, der Six S, mit zu gründen[37]*. Eines meiner prägendsten Erlebnisse war eine Selbsthilfegruppe von Frauen in einer bitterarmen, abgeschiedenen ländlichen Gegend von Burkina Faso, der eine westliche NGO, eine mechanische Mühle zum Getreidemahlen anbot – eine Tätigkeit, die viele Stunden am Tag erfordert, obwohl die Farmerinnen immer mehr Stunden damit verbringen mussten, Wasser und Holz zu holen. (Im Dorf Semari, das ich in der Gegend von Mopti auf Mali besuchte, mussten die Frauen jeden Tag acht Stunden gehen, um Wasser aus einer Quelle zu holen, die 40 km weit weg war!)*

Die Frauen fragten die NGO: »Ist Ihr Geschenk für uns kostenlos?«

»Natürlich«, wurde ihnen gesagt.

»Oh, aber wir müssen etwas dafür tun. Warten Sie bitte hier; dann sagen wir Ihnen, welchen Beitrag wir leisten können.«

Eine alte Analphabetin hatte folgende Idee: »Jede Frau, die ihr Getreide mahlen will, muss ein paar Cent dafür zahlen. Es soll nicht kostenlos sein. Wir legen einen Teil des Geldes beiseite, und wenn wir genug zusammengespart haben, kaufen wir noch eine Mühle, die wir eine ›Tochtermühle‹ nennen werden. Und die schenken wir einem der Nachbardörfer, mit dem wir befreundet sind, weil die Mädchen in

---

37 Mein Buch: Afrika lebt. Die stille Revolution der afrikanischen Bauern, Pendo

unserer Kultur außerhalb ihres Dorfes heiraten. Wir werden immer weiter sparen, und wenn wir genug Geld für eine zweite Mühle haben, behalten wir sie im Dorf, weil in unserer Kultur die Söhne ins Dorf einheiraten. Diese Mühle wird die ursprüngliche ›Vatermühle‹ ersetzen, die bis dahin aufgebraucht sein wird.« (Alte Mühlen wurden zerlegt und als Ersatzteile verwendet.)

Dank dieses erstaunlichen Geschäftsplans kamen nicht nur Hunderte von Dörfern zu ihren eigenen Getreidemühlen und konnten das Gleiche tun, sondern die Idee wurde auch von der Naam-Bewegung, die schon die Dorfgruppen organisiert hatte, aufgegriffen und bei dem Kauf von Lastwägen und sogar der Entwicklung eines rudimentären Sozialsystems angewendet.

Ideen kosten nichts, und Ihre – ganz bewussten und völlig aufrichtigen – Segnungen könnten einer Selbsthilfegruppe von Frauen in einer Barackenstadt von Caracas oder einer Gruppe von Farmern in Kambodscha tatsächlich helfen.

Tag 142
Ein Dreijähriger segnet seine Mutter
(Ein Bericht)

»Ich bin die vielbeschäftigte Mutter von zwei kleinen Söhnen und stehe kurz vor der Geburt eines dritten Kindes. Wie viele hochschwangere Frauen kann ich nachts nur schlecht schlafen und bin abends völlig erschöpft. Dadurch werde ich manchmal ziemlich ungeduldig mit meinen beiden Kindern und hinterher tut es mir leid, wenn ich sie angefahren habe.

Heute Nachmittag nahm ich mir fünf kostbare Minuten Zeit, um Ihren Artikel über das Segnen im Cygnus zu lesen. Er hat mich inspiriert und vieles, an was ich fest glaube, bestätigt. Den Luxus einer ausgiebigen Meditation kann sich eine Mutter kleiner Kinder zwar nur selten leisten, aber ich habe mich trotzdem ein paar Minuten hingesetzt, die Handflächen nach oben in die Sonne gestreckt und mich einem wohligen Gefühl hingegeben, während ich meine Umwelt gesegnet habe.

Kurz darauf riefen mich die Kinder zurück ins Haus. Mein Dreijähriger rannte zu mir und legte mir die Ärmchen um den Hals. Er gab mir einen Kuss, sah mir in die Augen und sagte: ›Sei gesegnet.‹ Es war ein ganz besonderer Moment. So etwas ist bisher noch nie vorgekommen, aber irgendwie schien er etwas zu spüren.«

Tag 143
Ein Segen für das Wasser

75 % der Erdoberfläche und fast 70 % des Körpers eines Erwachsenen bestehen aus einem der erstaunlichsten Stoffe, die es gibt, vielleicht dem erstaunlichsten Stoff auf unserem Planeten – dem Wasser. Man bräuchte allein mindestens zwei Seiten, um seine Haupteigenschaften aufzulisten. Doch die Menschheit verschwendet, privatisiert und verunreinigt Wasser mit unglaublicher Geschwindigkeit – so sehr, dass heute mindestens 36 Länder (schon im Jahr 2014) nur noch sehr knappe Wasserressourcen haben.

Ich segne mich und die gesamte Menschheit für unsere kluge Nutzung dieses unglaublichen Geschenks der Natur.

Ich segne uns für unser Verständnis, dass alle Lebensformen auf der Erde davon abhängig sind - und wir es daher überall hochachten.

Ich segne uns für unseren festen Willen, unsere göttliche Intelligenz und enormen Ressourcen aller Art zusammenzulegen, um Methoden zu entwickeln, wie wir die unnötige Verschwendung oder Verschmutzung von Wasser vermeiden können.

Ich segne die Multikonzerne, die Wasser privatisieren und häufig die Ärmsten aller Armen zwingen, für dieses Geschenk zu bezahlen, das die Natur allen Lebewesen kostenlos zur Verfügung stellt, damit das Mitgefühl ihrer Geschäftsführer entfacht wird, sie umdenken und ihr Geschäftsgebaren ändern.

Und ich segne die Öffentlichkeit für ihre Bereitschaft, ihre Konsumgewohnheiten zu ändern, um Unternehmen zu unterstützen, die den Verbrauch und die Kommerzialisierung des Wassers nicht ausbeuten.

Ich segne die Wissenschaftler und andere, die daran arbeiten, die Meere, Seen und Flüsse zu säubern, für ihre Kreativität, damit sie immer effizientere Methoden zum Schutz dieser göttlichen Ressource entwickeln.

Und ich segne Politiker in aller Welt, damit ihnen der kritische Zustand der Gewässer weltweit bewusst wird und sie dieses Problem ganz oben auf ihre politische Agenda setzen – und sie vor allem den Mut haben, alles dafür zu tun, um dieses Ziel zu erreichen, was immer es auf politischer Ebene auch kosten mag.

Tag 144
Liebe senden an die, die sie brauchen

Der heutige Segen entstammt einem Text von John O'Donohue über Liebe und Beten und wurde wie folgt umgeschrieben:

Mögen wir die Wärme unserer Liebe als Segen denen gewähren, die verletzt und ungeliebt sind und die an den Rand des Lebens getrieben worden sind.

Mögen wir diese Liebe zu den Menschen auf der Welt aussenden, die verzweifelt sind, die hungern, die in Gefängnissen einsitzen, die in Krankenhäusern liegen, und allen, die unter den grausamen Bedingungen eines hoffnungslosen und gequälten Lebens leiden.

Mögen wir wissen, dass diese Liebe, wenn sie vom Überfluss unserer eigenen Liebe ausgesendet wird, andere Menschen erreichen wird und dass die Liebe die stärkste Macht des Gebets ist, wobei das Gebet die Handlung (und Präsenz) ist, mit der das Licht anderen zu ihrer Heilung, Befreiung und als Segen geschickt wird.[38]

Tag 145
Eine Segnung von Eileen Caddy

Die folgende Segnung stammt von einer der spirituellen Koryphäen des letzten Vierteljahrhunderts: Eileen Caddy, die zusammen mit ihrem Mann Peter in Forres, Schottland, die erste öko-spirituelle Gemeinde namens Findhorn gegründet hat. Der Text wurde ihrem Buch entnommen; ich habe ihn ein wenig verändert.[39]

Mögen Sie wahre Glückseligkeit und Zufriedenheit finden,

wo immer Sie mit wem auch immer sind und was auch immer Sie tun.

Denn wahre Glückseligkeit kommt aus der Tiefe des Inneren.

Mögen äußere Umstände Sie nie Ihrer inneren Glückseligkeit, die niemand und nichts stören kann, berauben.

Mögen Freude und Glückseligkeit Ihr Herz erfüllen.

Mögen Sie erkennen, wie unglaublich gesegnet Sie sind,

und immer Dank sagen für die vielen Segen, die für Sie bestimmt sind.

Tag 146
Für die Probleme des Klimawandels

Überall auf der Welt verlassen ganze Völkergruppen wegen des Klimawandels ihre Herkunftsländer, wie beispielsweise verschiedene Stämme des Hochlands von Nepal. Innovative Maßnahmen und Regulierungen werden dringend benötigt, um das zu meistern, was auf Dauer zu einer riesigen Herausforderung für Hunderte von Millionen Menschen werden könnte.

---

38 John O'Donohue: Anam Cara

39 Eileen Caddy, Footprints on the Path, Findhorn Press

Ich segne die Menschen weltweit, die sich mit den größeren Problemen des Klimawandels herumschlagen müssen. Ich segne sie für den Mut und die innere Stärke, mit denen sie auswandern und sich woanders niederlassen. Ich segne sie für die Vision und Weisheit, die sie brauchen, um sich eine neue, tragfähige Zukunft aufzubauen.

Ich segne die Farmer und Lebensmittelhersteller überall, die vom Klimawandel betroffen sind, auf dass sie die innovativen Methoden entwickeln, die für diese Situationen gebraucht werden. Ich segne die betroffenen Politiker; mögen sie verstehen und möge es ihnen wichtig genug sein, die Bedürfnisse der Erde und dieser Völker über egoistische Parteipolitik zu stellen.

Ich segne die Journalisten, die über diese Ereignisse berichten, für ihre Klugheit und Weitsichtigkeit, damit sie die Anforderungen der tiefgründigen, aufdeckenden Berichterstattung über die Verlockungen der Sensationsmache und Oberflächlichkeit stellen.

Und ich segne uns alle für unsere Fähigkeit, unseren Lebensstil zu ändern und ihn den Bedürfnissen unseres Planeten und des intelligenten Umweltschutzes anzupassen.

Tag 147
Meine göttliche Identität wahrnehmen

Ich halte das klare Wissen über die eigene Identität für den wichtigsten Faktor eines erfolgreichen Lebens. Welchen Identitätssinn habe ich in meinem Innersten? Für wen halte ich mich wirklich? Für eine(n) Sterbliche(n), der/die um die Existenz kämpft, oder für den Sohn/die Tochter Gottes? Stellen Sie sich diese Frage fair und ehrlich. Und vergessen Sie nicht: Sie müssen die Antwort in Ihrem tiefsten Inneren ***fühlen****, nicht nur sagen oder glauben.*

Freudig segne ich mich dafür, dass ich meine göttliche Identität annehme – denn nur wenn ich sie in mir erkenne, kann ich sie auch in meinem Nächsten erkennen – und umgekehrt.

Möge ich wirklich verstehen, dass ich tatsächlich ein Abbild der Gottheit, der völligen, bedingungslosen Liebe und Vergebung bin, die ich ganz und nicht nur teilweise widerspiegle.

Möge ich mich wie die Tochter oder der Sohn des Geists der Wahrheit verhalten, die/der ich bin, schon immer war und immer sein werde, unabhängig davon, was andere mitunter behaupten werden.

Möge ich in meinem tiefsten Inneren die Wahrheit dieses wundervollen Versprechens spüren: Nämlich dass mir als Erbe oder Erbin des Königreichs seine gesamte üppige Pracht gehört.

Ich segne mich für meine große Freude, mein starkes Mitgefühl und meine Fürsorge, mein unerschütterliches Vertrauen und meine eindeutige Orientierung, meine Geduld und Klarsicht, wenn ich mit Fehlern konfrontiert werde, mein Durchhaltevermögen bei Prüfungen (des Schicksals), meine innere Klarheit, wenn ich gegen die Irrungen und Wirrungen der Welt ankämpfen muss ...(*)

Und ich ruhe dankbar in dem klaren Gefühl dafür, wer ich wirklich bin.

(*) Es gibt zahllose Eigenschaften; ich habe nur ein paar aufgelistet. Fügen Sie die Eigenschaften hinzu, die Sie für besonders wertvoll halten.

Tag 148
Den göttlichen Zeitplan für mein Leben erkennen

Entweder leben wir in einem Universum, das von Zufällen beherrscht wird – oder wir leben in einem Universum, das von Gesetzen gelenkt wird. Wenn das Universum von einer Entität der grenzenlosen, bedingungslosen Liebe regiert wird – wovon diese Segnungen ausgehen –, dann fügt sich alles zusammen zum Guten derer, die Gott lieben, wie ein gewisser Paulus schrieb. Alles – nicht das meiste, und immer – nicht manchmal. Also, meine Freunde, ruhen Sie auf dieser unglaublich beruhigenden Versicherung.

Ich segne diesen Tag, an dem absolut alles zum Plan der Liebe für mein Weiterkommen und meine Entwicklung gehört.

Ich segne mich für mein tiefes Vertrauen darin, dass absolut alles, was heute passiert, geschieht, um meine Weiterentwicklung voranzubringen, mein Herz und meine Liebesfähigkeit weiter zu öffnen.

Ich segne mich für die Fähigkeit, Wut mit Frieden zu begegnen, und Ärgernissen aller Art mit Gelassenheit, Hass mit Vergebung, Enttäuschungen mit dem Vertrauen, dass sich letztendlich alles zum Guten wenden wird, Angst mit der Zusicherung der unfehlbaren Gegenwart der Liebe, Negativität mit Optimismus, Böses mit der Erkenntnis, dass es jeder echten Substanz entbehrt, entgegenzutreten.

Ich segne mich dafür, Gutes in jeder Form, die Schönheit der Natur und der Menschen sowie den Überfluss der Manifestationen des Lebens mit unermüdlicher Dankbarkeit anzunehmen. Amen.

Tag 149
Warum wir segnen

Es gibt viele Gründe zu segnen. Wir segnen, um die Heilung der Gesellschaft zu unterstützen. Wir segnen, um aus der Hülle oder Höhle unseres kleinen Egos herauszutreten und offen für die Welt zu werden. Wir segnen als wunderbare Methode der Achtsamkeit und um immer im Hier und Jetzt zu bleiben – überall. Wir segnen, weil es ein äußerst wirksamer Weg ist, um Beziehungsprobleme und persönliche Herausforderungen zu lösen. Letztendlich sehe ich persönlich das Segnen als einen Ausdruck des inneren Wachstums in Liebe an, das ich für den wesentlichen Grund unseres Hierseins halte, wie das folgende Gedicht von Sandy Wilder, der Gründerin des Unlearning Institute (Institut für das Ent-Lernen) in Grafton, Illinois[40], zum Ausdruck bringt. Sie können es als Segnung für sich selbst anwenden (z. B.: »Ich segne mich für meine Fähigkeit, bewusst zu leben, jede Interaktion als Lektion zu nutzen …« usw.). Sandy verschickt Texte dieser Art täglich, und Sie können sie kostenlos erhalten. Ich bekomme sie seit drei Jahren, und sie sind eine starke Quelle der Inspiration für mich.

Bewusst leben

Wir sind hier, um lieben zu lernen.

Was wäre, wenn Sie jede Interaktion als ein Klassenzimmer betrachten würden,

ansehen in dem dies Ihr Hauptfach wäre?

Dann wäre alles andere nebensächlich.

Was wäre, wenn der Lehrer

in Ihrem Herzen wohnen würde?

Würden Sie dann lernen,

der Stimme zuzuhören

und ihr zu folgen?

Würden Sie sich

---

40 www.educareunlearning.com

an dieser Schule einschreiben?
Würden Sie sich auf
die Hausaufgaben freuen?
Warum etwas anderes tun,
als ein Schüler der Liebe zu sein?

Tag 150
Segen einer Mahlzeit

Unser Essen zu segnen ist womöglich der am weitesten verbreitete Segen auf der Welt und in der Geschichte der Menschheit. Das überrascht nicht, da – abgesehen von ein paar Tausend Menschen in der Welt, die nur von Prana leben – wir essen und atmen müssen, um überleben zu können. Doch wie immer beim Segnen, vor allem beim Segnen von Mahlzeiten, darf es nie zu einem mechanischen Ritual oder einer Gewohnheit ohne Gefühl werden. Möge es immer von Herzen kommen.

Wir segnen dich, Geist der Liebe, der seinen Überfluss ständig über uns ausschüttet, für diese Mahlzeit.

Wir segnen alle in aller Welt, die daran gearbeitet haben, sie auf den Tisch zu stellen. Wir segnen die Menschen, die bei ihrer Aufgabe als Hersteller und Farmer die Lebensmittel produziert haben.

Wir segnen diejenigen, die die Speisen zubereitet haben, für ihre Liebe und Sorgfalt.

Wir segnen unsere Mahlzeit, auf dass wir sie bewusst und mit tiefer Dankbarkeit verzehren mögen.

Und schließlich segnen wir uns selbst dafür, dass dieses Essen uns Kraft geben möge, dir mit Freude, Dankbarkeit und übersprudelnder Liebe zu allem zu dienen.

Tag 151
Ein Wigilia-Segen aus Polen

Dieser traditionelle Segen für Heiligabend stammt von Roger Jan Radlowski und John J. Kirvan.[41]

Ich wünsche dir Gesundheit,
ich wünsche dir Reichtum,
die nicht mit der Zeit vergehen.
Ich wünsche dir ein langes Leben.
Möge dein Herz so geduldig sein wie die Erde,
deine Liebe so warm sein wie das Erntegold,
mögen deine Tage so erfüllt sein, wie die Stadt voll ist,
deine Nächte so glückselig wie Tänzer.
Mögen deine Arme andere so willkommen heißen wie ein Zuhause.
Möge dein Glaube so ausdauernd sein wie Gottes Liebe,
dein Geist so kühn wie dein Erbe.
Möge deine Hand so stark sein wie die eines Freundes,
deine Träume so voller Hoffnung wie ein Kind,
möge deine Seele so mutig sein wie dein Volk
und mögest du gesegnet sein.

---

41 Roger Jan Radlowski und John J. Kirvan: Acht Tore zur Weisheit: Erfüllung in der zweiten Lebenshälfte (Kamphausen Media, 2009) von Angeles Arrien.

Tag 152
Ein Segen, um Mut zu schöpfen

Winston Churchill hat einmal gesagt: »Erfolg ist nicht endgültig, Misserfolg nicht fatal; was zählt ist der Mut, weiterzumachen.« Und im zweiten Weltkrieg (1939–1945) hat der große Staatsmann diesen Gedanken mit der folgenden Aussage hervorgehoben, die seinen Mitbürgern Mut machen sollte: »Wenn ihr durch die Hölle geht, geht weiter.« Genau das taten die Engländer. Mut gehört zu den wichtigsten Eigenschaften im Leben. Keiner kann ohne eine große Portion Mut überleben und schon gar nicht gut leben. Nachtrag: Wenn Sie sich selbst segnen, können Sie immer hinzufügen: »Ich segne mich ***und die ganze Menschheit****.«*

Ich segne mich für die Fähigkeit, alle Herausforderungen des Lebens mit Mut und Willenskraft zu meistern. Ich segne mich dafür, nie den Mut zu verlieren, wie düster die Gewitterwolken am Horizont, die Angriffe oder Probleme, die wie Pfeile auf mich herabregnen können, auch sein mögen.

Möge ich, wenn ich mich im Tal der Schatten des Todes – in einer scheinbar unüberwindbaren Situation – völlig eingeschlossen fühle, den Mut haben, einfach weiterzugehen, egal wie hoch der Preis auch sein mag.

Möge ich, wenn Spott, Hass, starke Ungerechtigkeit, Krankheit, Verrat, ein Verlust welcher Art auch immer, finanzieller Ruin oder ein anderes Problem mich entmutigt oder mir den Boden unter den Füßen wegzureißen versucht, den letzten Rest Mut aus der Tiefe meiner Seele schöpfen und ausrufen: Hier stehe ich und werde mit Gottes Hilfe immer hier stehen.

Tag 153
Segen für ein neues Zuhause

Möge das Lesen dieses bescheidenen Buches eine wirksame Segnung für Sie und andere sein. Ein neues Heim zu segnen ist eine jahrtausendealte Tradition, die sich leicht nachvollziehen lässt, wenn man bedenkt, wie wichtig unser Zuhause im Leben ist.

Ich segne diesen Raum der Allgegenwart der Liebe, der das Zuhause von … (Namen der Bewohner) sein wird.

Ich segne es für den ständigen liebevollen Schutz, den es ihnen gewährt. Ich segne es als heiligen Raum innerer und äußerer Erholung. Möge die Kraft aller Bewohner oder Gäste wiederhergestellt werden und mögen ihre Sicht und ihr Mut erneuert werden.

Mögen die Menschen, die sich hier aufhalten, tiefe Ruhe finden, so dass sie als Träger des Friedens wieder in die Welt hinausgehen können. Mögen seine Mauern in dieser Welt des ständigen Wandels und häufiger Unruhen Stabilität und Ruhe ausstrahlen. Mögen Worte der Liebe in seinen Zimmern klingen und sein Raum mit Gesten liebevoller Fürsorge und sanfter Umarmungen erfüllt sein.

Möge es auch ein Ort sein, an dem Hektik, Geschrei und Unruhe der Außenwelt nicht mehr zu spüren sind und an dem es Augenblicke der Stille gibt, in denen man dir, Grenzenloser, zuhört.

Möge es eine Stätte warmer Energie sein, die Körper, Herz und Seele aller, die sich seiner Gastfreundschaft erfreuen, regeneriert, damit sie wieder in die Welt hinausgehen, um voller Freude als Überbringer alles Guten zu dienen und für ihr gesegnetes Zuhause zutiefst dankbar zu sein.

Tag 154
Eine irische Segnung

Wir brauchen keine Einführung in diese wunderbaren volkstümlichen Segnungen, die in ihrer Reinheit und Schlichtheit alle Herzen berühren.

Möge der Regen sanft auf eure Felder fallen.

Möge die Sonne das Land wärmen.

Möge jedes fruchtbare Saatkorn, das ihr gepflanzt habt, Früchte tragen, und dass ihr im Spätsommer auf üppigen Feldern steht.

Und ein Segen in jeder Prüfung, die das Leben euch schickt,
ein treuer Freund zum Teilen,

für jeden Seufzer ein liebliches Lied und auf jedes Gebet eine Antwort.

Tag 155
Meine Lieblingssegengeschichte (Ein Bericht)

Nur ein Jahr nach der ersten französischen Ausgabe des Buchs „Segnen heilt" (das mittlerweile in sieben Sprachen übersetzt wurde) las ich in einer der führenden Schweizer Zeitungen (dem Tagesanzeiger vom 15. April 1999) einen Artikel über die ehemalige Krankenschwester Frieda, die mittlerweile in Rente ist. Sie hatte das Gefühl, eine seltsame Aufgabe – oder vielmehr Mission – bekommen zu haben.

Weit über zehn Jahre lang (ein Bahnmitarbeiter, der auf dem Bahnhof arbeitete, sprach von 15 Jahren) stand Frieda jeden Tag vierzehn Stunden an der Stelle des Bahnhofs, an der alle Reisenden vorbeikamen ... und segnete sie. Sie verweigerte jegliche Interviews und erklärte nur, sie habe das Gefühl, Gott habe ihr diese Aufgabe geschickt. Ihr Beispiel hat mich auf eine ganz besondere Weise berührt, da ihre Definition des Segnens genau der meines Buchs Segnen heilt entsprach: für andere, Ereignisse, Situationen – was auch immer – das Beste zu wünschen.

Mit den Jahren muss Frieda[42] *Millionen von Menschen gesegnet haben. Die Arme auf der Lehne ihres Rollstuhls ruhend, wanderten ihre Augen ständig von einem zum anderen. Irgendjemand brachte sie morgens zum Bahnhof und holte sie dort spätabends wieder ab. Man weiß über sie nur, dass sie in einem Altersheim wohnte.*

Ihre Geschichte erinnerte mich an das berühmte russische Buch aus dem 19. Jahrhundert, das von einem Pilger einfacher Herkunft handelt, der jahrelang umherreist und eine Antwort auf die Frage sucht, wie man ständig beten kann, worum der Apostel Paulus seine Leser bittet. Ein Sharet (spiritueller Führer) lehrt ihn, ständig das kurze Gebet »Christus, o Herr, sei mir gnädig.« Als eine Art Mantra verinnerlicht der Pilger es, und es verändert nicht nur ihn selbst, sondern berührt auch alle, denen er begegnet.

Auf ihre Art war Frieda eine Pilgerin des 20. und 21. Jahrhunderts. Ich bin überzeugt, ihre Wirkung auf die Welt war weitaus stärker als die der sogenannten »Movers« von heute.

Auch Sie können alles und jeden überall und jederzeit segnen.

Tag 156
Für die, denen die raschen Zeit-Veränderungen zusetzen

Wir leben in einer Welt, die sich mit rasender Geschwindigkeit verändert. Alles ändert sich überall gleichzeitig und unglaublich schnell. Kein Wunder, dass sich viele Menschen von diesem verrückten Rhythmus der Veränderungen völlig überfordert fühlen. Könnte dies jedoch nicht auch etwas Positives haben, zum Beispiel das Loslassen der geistigen Bequemlichkeit, immer alles auf die gleiche Weise zu tun? Für völlig neue Ideen offen zu werden?

Ich segne alle, die sich von der Schnelligkeit der Veränderungen total überwältigt fühlen, sei es bei der Kindererziehung oder seien es Veränderungen am Arbeitsplatz, in der Mode, den gesellschaftlichen Regeln, sich ständig ändernde Prakti-

42 Kurzes Video über Schwester Frieda auf der Webseite www.gentleartofblessing.org

ken in der Verwaltung und vor allem die rasende Geschwindigkeit im Bereich der Technik, insbesondere der Handys und Computer, die uns alle angeht.

Ich segne sie dafür, dass sie praktische Lösungen für sofortige Bedürfnisse finden. Ich segne sie dafür, dass sie menschliche Unterstützung finden, die ihnen helfen kann, die Veränderungen leichter zu machen oder sich ihnen anzupassen.

Ich segne sie für ihren Mut, sich der Angst zu stellen, durch neue Technologien wie beispielsweise Roboter überflüssig zu werden, oder der Angst, mit der Geschwindigkeit der Veränderungen nicht Schritt halten zu können.

Und ich segne uns alle dafür, dass wir den Raum tief in unserem Inneren finden, der über alle Veränderungen hinausgeht. Denn über Zeit und Raum hinaus ist unser wahres Zuhause, in dem wir uns immer wieder erholen und den »Frieden, der über jede Erkenntnis hinausgeht«, finden können.

Tag 157
Eine Segnung für menschliche Begegnungen mit Außerirdischen

Immer mehr eindeutige Beispiele für Kontakte mit Außerirdischen finden sich in den Medien und im Internet. Tatsächlich haben die Verteidigungsministerien mehrerer Länder seit kurz nach Ende des Zweiten Weltkriegs Beweise für solche Besuche. Wir müssen uns jetzt schon auf diese Mitbürger des Universums vorbereiten und sie mit Liebe willkommen heißen.

Wir segnen unsere Fähigkeit als menschliche Rasse, unsere ersten Kontakte mit unseren Nachbarn im Universum mit warmherziger Gastfreundschaft, offenem Interesse und völlig gewaltfrei zu halten.

Wir öffnen unseren Verstand und unsere Herzen für alles, was wir mit Sicherheit von diesen Lebewesen lernen können, bis hin zu der Möglichkeit völlig anderer Beziehungs-, Kommunikations- und Lebensformen.

Wir segnen uns für die Fähigkeit, alle Ängste und Zweifel zu überwinden und sie buchstäblich mit offenen Armen, Herzen und Verstand zu empfangen.

Mögen wir bereit sein, unsere heutige Lebensweise, Lernmethoden und Beziehungsformen zu hinterfragen und alle neuen Muster und Formen des Seins, die die Lebensqualität aller verbessern können, anzunehmen.

Und mögen wir in der ruhigen Sicherheit und im Vertrauen, dass sie – wie auch immer sie aussehen und sich ausdrücken mögen – wie wir Kinder des einen Schöpfers sind, der alle Existenz lenkt, führt und am Leben erhält.

Tag 158
Ein Segen der täglichen Andacht

Der heutige Segen stammt von Max Lucado[43]

Mögen Sie sich heute darüber bewusst sein, dass die Andacht eine Lebensform ist – sie ist nicht nur ein wöchentliches Ereignis.

Mögen Sie nie aufhören, Gott zu verehren.

Mögen Sie weiterhin in der Gegenwart des himmlischen Vaters leben und mögen Sie weiterhin für das, was geschieht, dankbar sein.

Möge das Lied in Ihnen, das für alle Ewigkeit singt, laut singen und

die Lieder des Himmels wiedergeben, die Lieder der Erde verwerfen.

---

43 Max Lucado, Drei Minuten mit Gott: 365 Powerpacks für deinen Glauben, Gerth Medien, 2016

Möge der himmlische Vater die Stimmen um Sie herum verstummen lassen - die Stimmen, die Ihnen sagen, Sie sollen sich mit weniger zufriedengeben als dem, was er verspricht.

Möge das Lied in Ihnen, das für alle Ewigkeit singt, laut singen.

Die Lieder des Himmels wiedergeben. Die Lieder der Erde verwerfen.

Tag 159
Segen für einen Priester oder Pfarrer

Mein Vater war viele Jahre Pfarrer und danach Generalsekretär der (damaligen) World Presbyterian Alliance. Er reiste überallhin und besuchte Kirchen in einer sich rasch weiterentwickelnden Welt. Nachdem er ein Vierteljahrhundert lang eine globale Bewegung geleitet hatte, war er von den traditionellen Formen und Praktiken der Kirche völlig enttäuscht und begab sich in seinen letzten Lebensjahren auf die Suche nach einer mystischen Erfahrung des Göttlichen. Andere glauben jedoch an eine mögliche Erneuerung ihrer Kirche. Dieser Segen gilt ihnen.

Geist der Wahrheit und Liebe, ich segne mich für die Fähigkeit, mich den enormen Herausforderungen anzupassen, denen sich meine Kirche in einer Welt der täglich beschleunigten Veränderungen stellen muss.

Ich segne mich für die Bereitschaft, veraltete und mitunter archaische Strukturen aller Art sowie veraltete Formen des Gottesdienstes zu überwinden und die Herausforderungen der Veränderung als goldene Chance für eine Erneuerung anzunehmen.

Ich segne mich für meine Fähigkeit, die ungeduldig erwarteten Veränderungen jüngerer Gemeindemitglieder und die Ängste der Älteren, die sich an das Rettungsboot der Vergangenheit klammern, mit Gelassenheit zu ertragen.

Ich segne mich für die Fähigkeit, über die vermeintliche Heiligkeit bestimmter Wörter, Glaubensbekenntnisse und Rituale hinauszusehen – in der Erkenntnis, dass die Essenz jeder wahren Religion darin besteht, die Fähigkeit zu fördern, sich in Liebe weiterzuentwickeln.

Ich segne mich für den Mut und die Fähigkeit, meinen Überzeugungen ruhig und bestimmt treu zu bleiben, wenn ich mich mit wütenden Gemeindemitgliedern oder Kirchenobersten auseinandersetzen muss. Auf dass ich immer meinem höchsten Sinn für das, was in jeder Situation das Wahre und Richtige ist, folge – im Wissen, dass du jeden meiner Schritte lenkst, wenn ich Deine Führung brauche.

Tag 160
Für die Freundschaft

Freundschaften gehören zweifellos zu den größten Geschenken des Lebens. Verwandte und gute Bekannte können sich in schwierigen Zeiten von uns abwenden oder uns verlassen, doch ein wahrer Freund tut dies nie. Daher wünsche ich Ihnen, lieber Partner für eine gesündere Welt, den göttlichen Segen der Freundschaft.

Ich segne meine Freundschaft mit … (Name(n) der Person oder Personen), damit es nicht nur ein Segen für mich, sondern durch mich für die gesamte Menschheit ist.

Ich segne uns für die Fähigkeit, unserem authentischsten Wesen immer treu zu bleiben, für welchen Preis auch immer, selbst wenn es uns die Freundschaft kostet.

Ich segne uns für die völlige Integrität und Klarheit unserer Kommunikation zu allen Zeiten und unter allen Umständen.

Ich segne uns für die Fähigkeit, unsere Freundschaft zu einem Sprungbrett für eine noch wichtigere Präsenz auf der Welt und in unserer Nachbarschaft zu machen.

Ich segne uns für die Fähigkeit, unsere Freundschaft in einen tiefen Brunnen zu verwandeln, in dem sich andere erfrischen können, statt zu einem angenehmen Privatclub. Mögen wir die

Menschen, die keine Freunde haben, freudig in den offenen Kreis unserer Liebe aufnehmen.

Und mögen wir uns immer an dem unglaublichen Geschenk dieser Freundschaft erquicken und dein Lächeln auf den Gesichtern unserer Freunde erkennen.

Tag 161
Segnung für Bemühungen, Beziehungen zu heilen

Das Zusammenleben mit anderen scheint in unserer Welt immer schwieriger zu werden! In meiner Heimatstadt Genf werden weit über 60 Prozent aller Ehen geschieden, und immer mehr Paare leben lieber ohne Trauschein zusammen – Heterosexuelle und Homosexuelle gleichermaßen. Das ist nur ein geringerer Aspekt der enormen Unruhe, die unsere Welt in vielen Bereichen durchmacht.

Wir segnen die Paare (oder fügen Sie den Namen eines Ihnen bekannten Paares ein), die sich damit abkämpfen, eine gescheiterte oder eingeschlafene Beziehung, die den Sinn für Abenteuer und das Neue, ihre Frische und täglichen Freuden verloren hat, wieder lebendig zu machen.

Als Erstes segnen wir sie für den Willen dazu – den Schlüssel zur Heilung. Möge er stark und eindeutig sein, um die täglichen Probleme anzugehen und Langeweile, Anschuldigungen oder Selbstanschuldigungen, kleinliche Streitereien oder Revolten zu überwinden.

Wir segnen sie für die Erkenntnis, dass ihr Partner oder ihre Partnerin sich auf seiner/ihrer höchsten Bewusstseinsstufe befindet. Dies ermöglicht es ihnen, sich von der Versuchung zu befreien, Anschuldigungen zu machen.

Wir segnen sie dafür, dass sie den befreienden Schritt tun, die völlige Verantwortung für den Zustand der Beziehung zu übernehmen. Wir segnen sie für die Entdeckung ihrer inneren

Ressourcen – Geduld und Beharrlichkeit, Vertrauen und Mut – die schon darauf warten, tief in ihrem Herzen geweckt zu werden.

Wir segnen sie für die Fähigkeit, »ihren Wagen an einen Stern anzukoppeln«, so dass sie die Sicht auf ihr Ziel ständig erneuern und sich zu den hilfreichsten konkreten Schritten des Heilungsprozesses führen lassen.

Und vor allem segnen wir sie für ihr klares Gefühl des Einsseins mit ihrer göttlichen Quelle, die immer reagiert, wenn man sich an sie wendet.

Tag 162
Schottische und keltische Segen

Schottischer Segen

Möge es für deine Hände immer Arbeit geben.

Mögen in deinem Geldbeutel immer ein oder zwei Münzen klingeln.

Möge die Sonne immer durch dein Fenster scheinen.

Möge auf jeden Regen ein Regenbogen folgen.

Möge in deiner Nähe immer die Hand eines Freunds sein, und

möge Gott dein Herz mit Freude erfüllen, um dich aufzuheitern.

Keltischer Segen

Möge der Weg aufsteigen, um dir entgegenzukommen.

Möge der Wind immer in deinem Rücken wehen.

Möge die Sonne dein Gesicht wärmen, der Regen sanft auf deine Felder fallen,

und möge Gott dich auf seiner Handfläche halten,

bis wir uns wiedersehen.

Tag 163
Bei einem Verkehrsunfall

Wie reagieren wir, wenn wir an einem schweren Verkehrsunfall vorbeikommen? Darauf mit Entsetzen zu reagieren oder den Kopf abzuwenden hilft nicht. Es wäre sinnvoller, einen leisen Segen zu sprechen.

Geist der Wahrheit und Liebe, ich segne alle an diesem Unfall Beteiligten.

Ich segne den/die verwundeten Fahrer/Beifahrer, auf dass ihnen schnell und wirksam geholfen wird.

Ich segne das Krankenwagenteam dafür, dass es die notwendigen Schritte für die effizienteste Versorgung des/der Verwundeten eingeleitet hat. Und ich segne die Straßen, auf denen der Krankenwagen zum Krankenhaus fährt, auf dass sie frei von Staus sind und der Verkehr ohne Behinderung fließt.

Ich segne die Mitarbeiter der Notaufnahme, damit sie genau die Schritte unternehmen, die notwendig und nützlich sind, um den/die Verwundeten am besten zu versorgen.

Ich segne den/die Verwundeten, damit ihm/ihnen bewusst wird, dass sein/ihr Leben nicht aus Blut, Knochen und anderen materiellen Elementen besteht, sondern dass die göttliche Liebe ihr wahres Leben ist und dass es keine Hindernisse für dieses Leben gibt.

Mögen sie für Wunder offen sein, denn Wunder sind nur die normale Umsetzung von Gesetzen, die über die sehr engen Erkenntnisse unseres Verstands und unserer sprachlichen und wissenschaftlichen Käfige hinausgehen.

Und ich segne den/die Verursacher des Unfalls. Möge(n) er/sie ein höheres Verständnis der Dinge erlangen, statt sich nur schuldig zu fühlen – was keinem hilft und niemanden heilt – oder seine/ihre Verantwortung zu verleugnen.

Tag 164
Erhöhung meiner Fürsorglichkeit anderen gegenüber

Zu den wichtigsten Eigenschaften auf dieser Welt, auf der als materielle Manifestierung so viel Leid und Trauer herrscht, gehört sicherlich die tiefe Fürsorglichkeit gegenüber anderen, die von Herzen kommt (ob man sie nun Liebe, Mitgefühl oder sonst wie nennt). Sie war ein Schlüsselelement der Lehren von Buddha und Jesus, um nur zwei der größten Avatare zu nennen, die auf die Erde kamen, um der Menschheit zu einem höheren Bewusstsein zu verhelfen. Jeder von uns kann seine tiefe Fürsorglichkeit weiterentwickeln, wenn er es mit Herzblut tut.

Ich segne mich für die Fähigkeit und das Verlangen, gegenüber allen anderen Lebewesen – Menschen, Tieren und Pflanzen – das tiefste, aufrichtigste Mitgefühl zum Ausdruck zu bringen.

Möge ich das starke, brennende Bedürfnis haben, die warme Flamme lebendigen Mitgefühls gegenüber allen überall und immer zu sein.

Möge meine Fürsorge dem gefährlichsten Verbrecher genauso wie dem engagiertesten Helfer der Menschheit, dem wankenden Betrunkenen auf der Straße wie dem stillen Heiligen, dem tyrannischen Diktator wie dem größten Pionier des Guten, dem grausamen Sadisten wie dem bescheidensten Mitmenschen gelten und ihn glücklich machen.

Möge mein Mitgefühl die Pflanzen- und Tierwelt, die durch rücksichtslosen Wettbewerb und Profitgier so stark gefährdet ist, so liebevoll behandeln, dass ich meinen Lebensstil den dringenden Bedürfnissen der Ökologie und Natur anpasse.

Und möge meine Tageszeitung oder Nachrichtensendung mein tägliches Gebetbuch werden, während ich alle dramatischen oder traurigen Ereignisse segne und ungeschehen mache, in dem Wissen und Gefühl, dass hinter der hypnotischen materiellen Szene noch eine andere Wirklichkeit des ewigen Lichts und der universalen, bedingungslosen Liebe existiert, die auf alle wartet.

Tag 165
Morgengebet von Marianne Williamson[44]

Mögen meine Gedanken auf geistige Dinge gerichtet bleiben.

Möge ich nicht in Versuchung gebracht werden, von der Liebe abzukommen.

Mögen mein Herz und Verstand rein und wahr sein, und möge ich nicht vom Guten abkommen.

Möge ich in jedem Menschen hinter der Maske, die wir alle tragen, seine Liebe und Unschuld erkennen.

Möge ich deine Liebe und Güte mitbringen und anderen schenken, wohin ich auch gehe.

Möge ich eine stärkere Spiegelung deines Strahlens werden. Möge ich das Gute erkennen, das es überall gibt.

Möge ich an diesem Tag ein Instrument der Liebe und Heilung sein.

Tag 166
Am Ende bleibt nur die Liebe

Unter vielen spirituellen Denkern scheint die unausgesprochene Übereinstimmung zu herrschen, dass am Ende nur eines zählt: Ist meine Liebe gewachsen? Lebe ich Liebe, so gut ich kann? Wie Mary Baker Eddy schrieb: »Der Gabriel seiner Gegenwart bleibt unwidersprochen. Für die grenzenlose, immerwährende Liebe ist alles Liebe und es gibt keine Irrtümer, weder Sünde noch Krankheit oder Tod.« Was wäre, wenn das wahr wäre?

---

44 Marianne Williamsons Buch Illuminata: A Return to Prayer

Ich segne mich für die Erkenntnis, dass letztendlich nur meine Sehnsucht und Fähigkeit, alle(s) zu lieben, zählt.

Mögen alle meine Gedanken meiner tiefen inneren Quelle der Liebe entspringen.

Mögen alle meine Worte von der Zärtlichkeit der Liebe inspiriert sein.

Mögen alle meine Handlungen und Taten vom Feuer der Liebe entfacht werden.

Möge ich von einer tiefen Sehnsucht, nichts als Liebe zu sein, angetrieben werden.

Möge ich lernen, alles mit den warmherzigen Augen der Liebe zu sehen, und möge diese Liebe immer und in allen Situationen das Grundgefühl meines Lebens sein.

Möge ich auf Verletzungen, Aggressivität oder Hass immer mit der Gelassenheit und ruhigen Stärke der Liebe reagieren.

Und möge der Kreis meiner Liebe bis ans Ende der Welt reichen und alle zärtlich und kraftvoll umarmen – jetzt und immer.

Tag 167
Alles fügt sich zu unserem Guten zusammen

Der Apostel Paulus schreibt, dass »denen, die Gott lieben, alles zum Guten verhilft« (Römerbrief 8:28), und meint damit einen göttlichen Plan, der unser Leben segnet. Wenn das stimmt, können wir unser Leben lang, selbst in den scheinbar schrecklichsten Situationen, als Ausdruck des Guten leben, von dem wir etwas Wertvolles lernen können.

Ich segne mich für die Fähigkeit, bei jedem Ereignis meines Lebens die Hand der Liebe zu erkennen.

Möge ich jeden Angriff gegen mich – sei es Verleumdung, Beleidigung, Hass, Verzerrung meiner Worte oder Taten oder jede andere Form von Verletzung – als Chance ansehen, Schlechtes mit Gutem und Fluch mit Segen zu vergelten.

Möge ich Arbeitslosigkeit als eine Herausforderung ansehen, die mich dazu bringt, meine Stärke zu zeigen und meine verborgenen Talente und Kreativität zu entdecken.

Möge ich einen Verlust oder eine Trennung als Chance betrachten, herauszufinden, dass wir niemals von unserem wahren Hüter, der göttlichen Liebe, unseres einzig wahren Begleiters, Verwandten, Freundes getrennt werden können.

Möge ich die Grimassen der Angst in all ihren Formen als Ermutigung ansehen, den verborgenen Mut und die verschüttete Stärke, von denen ich nichts wusste, zu entdecken und zu zeigen.

Und möge ich jede Art von Verlust mit dem Wissen meistern, dass das Reich der ewigen, grenzenlosen Liebe in mir besteht und dass es schon einen grenzenlosen Überfluss an Gutem enthält, den keine weltlichen Umstände jemals gefährden können.

Tag 168
Segnungen als Balsam für den Partner
(Ein Bericht)

»Einen Großteil meines Lebens drehte ich mich nur um mich selbst. Nun, da Sie mir beigebracht haben, Segnungen anzuwenden, verbringe ich ganze Tage damit, still und aufrichtig alle Leute zu segnen, die mir über den Weg laufen. Da ich ein Geschäft führe, schicke ich an alle meine Kunden, die kommen und gehen, stumme Segen und Botschaften. Und selbst während ich sie bediene, segne ich sie.

Anfangs überraschte es mich sehr zu sehen, wie sie plötzlich lächelten oder anfingen zu strahlen, vor allem bei Kunden, die früher mit verschlossener, ernster Miene in meinen Laden gekommen waren. Sie fingen an, eine Freundlichkeit auszustrahlen, die sie zuvor noch nie gezeigt hatten.

Segnungen haben mir gezeigt, was »im Hier und Jetzt leben« wirklich bedeutet. Wenn man Liebe ausstrahlt, KANN man nur im Hier und Jetzt sein.

Ich kann Ihnen sagen, dass ich seitdem keine Streitereien mit meinem Partner mehr habe. Sobald er aggressiv wird, schicke ich ihm eine wortlose Segnung und die Liebe, die ich ganz tief in meinem Herzen für ihn empfinde. Und diese Magie funktioniert! Dann frage ich mich, was an meinem Verhalten diese Reaktion hervorbringt, damit ich ihn besser verstehen und mich bessern kann. Wenn sein Verhalten von etwas Äußerem hervorgerufen wird, was mich nicht betrifft, kann ich gut mit ihm mitfühlen und lasse ihn das auch wissen.

Dann dauert es nicht mal zwei Minuten, bevor wir uns wieder versöhnt haben. Ich habe mein Verhalten so stark geändert, dass auch er sich geändert hat. Heute ist er ruhiger, toleranter und offener.

Unsere Partnerschaft hat sich grundlegend verändert.«

Elisabeth

Tag 169
Ein Segen für saubere politische Kampagnen

Der normale Verlauf unserer politischen Systeme erfordert ein Minimum an Integrität und eine gewisse Zurückhaltung, wenn es um Kampagnen geht. Doch seit ein paar Jahren werden diese Grenzen immer mehr überschritten – manchmal auf äußerst unangenehme Weise. Lassen Sie uns jedoch nicht vergessen, dass wir andere nicht verurteilen können, wenn wir begriffen haben, dass sich jeder gerade auf seiner höchsten Bewusstseinsebene befindet. Wie das Buch Segnen heilt aufzeigt, kann man nicht gleichzeitig urteilen und segnen. Egal wie schlimm oder beunruhigend der materielle Anschein auch sein mag – das Segnen dreht ihn immer um und bestätigt die angeborene spirituelle Vollkommenheit aller Wesen.

Ich segne die Politiker meines Landes (Bundeslandes, Region, Stadt) für ihre grundsätzliche Ehrlichkeit und Integrität.

Ich segne sie für das Bewusstsein ihrer göttlichen Essenz, auf dass sich diese Essenz in all ihren Worten und Taten widerspiegelt.

Ich segne sie für ihre Erkenntnis, dass das Gesetz von Ursache und Wirkung (man erntet das, was man sät) auf all ihre Worte und Taten zutrifft.

Ich segne die Bürger meines Landes für die Erkenntnis, dass wir dieses Land gemeinsam aufbauen und alle für seine Zukunft mitverantwortlich sind.

Ich segne uns alle, damit wir, statt mit Wut oder bissigem Urteil zu reagieren, diejenigen, die in Wort und Tat irren, mit Mitgefühl und Liebe überschütten und denen, die von manchen als unserer Gesellschaft unwürdig bezeichnet werden oder die am Rande der Gesellschaft leben, noch mehr Güte und Freundlichkeit entgegenbringen mögen.

Ich segne uns für unsere Kreativität und Inspiration, damit wir mit Humor und einzigartig kreativen Handlungen auf die Leute reagieren, die glauben, sie könnten wegen ihres Geldes, Status oder ihrer Macht die Regeln einer sauberen Demokratie missachten.

Und schließlich segne ich uns alle für unser Bewusstsein, dass das Gute (letztendlich) immer stärker ist als das Böse, Liebe heilender ist als Hass und Ablehnung, und dass die grenzenlose, liebende Intelligenz, die dieses unglaubliche Universum regiert, nie zulassen wird, dass ihre Pläne zu unserem Wohl von der täuschenden Macht des Bösen vereitelt werden.

Tag 170
Segen für Gefangene in Einzelhaft[45]

Weltweit gibt es vermutlich Hunderttausende von Gefangenen in Einzelhaft. Allein in den USA (in denen 25 % aller Gefangenen auf dieser Welt inhaftiert sind, obwohl die Vereinigten Staaten nur 5 % der Weltbevölkerung ausmachen) sitzen rund 80 000 bis 100 000 Häftlinge in Einzelhaft (manche für eine kürzere Zeit, andere jahrzehntelang!) in winzigen, mitunter fensterlosen Zellen und völlig isoliert von anderen. Es ist eine grausame und ungewöhnliche Form der Strafe, die manche in den Wahn treibt. Schütten Sie Ihre Liebe über sie aus. Der alte Grizzlybär mit zwölf Jahren Einzelhaft – der frühere Anführer einer Gang – das bin ich, das sind Sie.

Unser Segen, der von Herzen kommt, geht an die unzähligen Gefangenen in aller Welt, die oft unter den unmenschlichsten Bedingungen inhaftiert sind.

Möge dein Licht sie in dieser düstersten aller dunklen Höllen auf magische Weise erreichen.

Möge in der Grube der Verzweiflung ein Hoffnungsschimmer ihre Herzen berühren und sie aus dem Brunnenschacht holen, in den menschliche Rache und verwaltungstechnischer Irrsinn sie geworfen haben.

Möge selbst im Eisberg der Betonmauern und klirrenden Stahltüren ein Hauch von Sanftheit und göttlicher Liebe den Weg in ihre Herzen finden.

Mögen sie in den geistigen Folterkammern der Isolierhaft verwundert feststellen, dass eine grenzenlose, mitfühlende Gegenwart immer über sie wacht.

Mögen die Politiker und Justizbeamten in aller Welt, die sich diese unmenschliche Bestrafung ausdenken und durchführen, von Gnade berührt werden und »Einzelhaft« ein für alle Mal abschaffen.

---

45 http://solitarywatch.com/2012/02/01/how-many-prisoners-are-in-solitary-confinement-in-the-united-states/

Und mögen wir in dem täuschenden Trost des »normalen« Lebens nie einschlafen, solange auch nur eine einzige Schwester oder ein einziger Bruder einen weiteren Tag in dieser Hölle verbringt, sondern jeder auf unsere Art daran arbeiten, diese Methoden zu ändern.

Tag 171
Irischer Segen für ein Haus[46]

Segne dieses Haus, o Herr, darum bitten wir dich.
Mache es Tag und Nacht sicher.
Segne diese dicken, festen Mauern,
die Not und Gewalt draußen lassen.
Segne das Dach und den hohen Schornstein,
decke alles mit deinem Frieden ab.
Segne die Türen, auf dass sie sich
immer offen für Freude und Liebe erweisen.
Segne die strahlend hellen Fenster,
die das himmlische Licht hereinlassen.
Segne die Erde, die dort lodert
mit Rauch, der wie ein Gebet aufsteigt.
Segne die Menschen, die hier leben.
Halte sie rein und frei von Sünde.
Segne uns alle, damit wir eines Tages
bereit sein werden, o Herr, bei dir zu wohnen.

---

46 http://islandireland.com/Pages/folk/sets/bless.html

Tag 172
Ein Segen für die körperliche Liebe

Für Menschen, die alles im Leben als ein Geschenk des Schicksals betrachten und die sich als den Ausdruck göttlicher Liebe ansehen, ist das Segnen der körperlichen Liebe – die eine der heiligsten, oft ekstatischen und tiefgründigen Erfahrungen sein kann – völlig normal. Also teilen Sie diese fröhliche Segnung mit uns, vor allem, wenn Sie der älteren Generation angehören, der häufig beigebracht wurde, sie zu verachten oder sogar ein schlechtes Gewissen für das zu haben, was eine so verzauberte Erfahrung sein kann.

Möge unser Liebesakt ein vollkommener Ausdruck deiner Liebe zu uns sein, ein Erlebnis ekstatischer Schönheit und Tiefe.

Mögen wir die Lust unseres Partners über unsere eigene stellen und für ihre stillen Wünsche und verborgenen Sehnsüchte empfänglich sein.

Mögen unsere Körper Instrumente werden, die dir zu Ehren Musik spielen, und mögen unsere Herzen mit der Musik der Seele erfüllt sein.

Mögen wir in der Hetze des Alltags Erfrischung für unsere Seelen, ein Aufseufzen friedlicher Ruhe für unsere Körper und einen besonderen Augenblick der grünen Weiden für unser tieferes Wesen finden.

Möge sie unsere Beziehung auf die einzigartige Weise zementieren, wie wahre Liebe Körper und Seele erneuert, während sie zugleich ein weicher Spielplatz für das Kind in uns ist.

Und möge sie vor allem unser gegenseitiges Treueversprechen stärken – im Wissen, dass wir beide der Hüter des anderen sind und Hüter unserer ausgesprochenen und unausgesprochenen Schwüre.

Tag 173
Eine heilende Segnung auf dem Arbeitsamt (Ein Bericht)

Wir werden nie müde zu wiederholen, dass Segnen jederzeit und in allen Situationen wirkt (siehe Bericht unten). Mit der Zeit wird es so einfach und selbstverständlich wie das Atmen. Ich freue mich über die folgende Segnung von Ophélie aus Genf, die ich per E-Mail erhalten habe. Sie ist so schlicht und zeigt dennoch, dass Segnen jederzeit und an jedem Ort ganz spontan und natürlich angewendet werden kann.

»Ich möchte Ihnen von einem kleinen Funken erzählen, der mein Leben erhellt hat. Als ich Anfang Oktober das Arbeitsamt aufsuchte, um mich arbeitslos zu melden, erblickte ich zum ersten Mal die große Halle, in der wir alle nur kleine rote Nummern sind, die schweigend warten, bis sie an eines der vielen kleinen Fenster gegenüber gerufen werden. Mir war irgendwie unbehaglich und ich überlegte, ob ich mich in ein Buch vertiefen sollte, um mich abzulenken, als ich plötzlich in einer E-Mail einer Freundin den Link zu Ihrem Blog über das Segnen entdeckte.

Ganz unerwartet hat das meine Erfahrung auf dem Amt verändert. Eine ganze Weile lang segnete ich nur alle Leute im Raum: ihre innere und äußere Sicherheit, ihr Selbstwertgefühl, ihren Glauben, ihre Arbeitssuche, ihre Gesundheit ... Ich empfand ein so tiefes Gefühl des Friedens, dass ich gar nicht mehr aufhören konnte! Dann fing ich eine Unterhaltung mit meiner rechten Sitznachbarin an und wir tauschten offen Erfahrungen aus. Ich fühlte mich geehrt, weil sie mir ihre Lebensprüfungen und Hoffnungen anvertraute ... Ich werde nie aufhören zu staunen, wie unser innerer Zustand die Realität verändert.«

Tag 174
Segnung, gütig zu mir selbst zu sein

Trotz vieler gegenteiliger Behauptungen leben wir in einem sanften Universum, das von einer Quelle der wunderbarsten Liebe regiert wird. Sie will unser Bestes sogar noch mehr, als wir es uns selbst wünschen könnten. Der sanfte Umgang mit uns selbst ist daher unser Grundrecht und keine fragliche Einstellung.

Ich segne mich für die Fähigkeit, grenzenlose Güte mir selbst und anderen gegenüber zu zeigen.

Möge ich mit mir sanft umgehen, wenn ich kleine oder sogar große Fehler mache, wie ernst diese auch sein mögen.

Möge ich mich immer daran erinnern, dass das Universum grenzenlos gut ist und seine gesamte Schöpfung liebt, dass es nie anklagt, ermahnt oder gar straft, sondern immer mit einem »Das nächste Mal kannst du es noch besser machen« ermutigt.

Möge ich so weise sein, mich nicht bis an meine Grenzen oder sogar darüber hinaus zu bringen, in dem Wissen, dass nicht ich, sondern die grenzenlose Liebe die Ursache von allem ist – unabhängig von meinen Bemühungen auf der menschlichen Ebene.

Und möge ich von der Askese der Selbstaufopferung zur schlichten Freude gelangen, weil ich immer mein Bestes gebe und nicht vergesse, dass beständige Aufrichtigkeit in allen Situationen zum Erfolg führt, weil die göttliche Liebe dafür sorgen wird.

Tag 175
Für ein Leben mit Gelegenheiten zum Segnen

Ich liebe das jüdische Konzept des Segnens von Kerry Olitzky und Daniel Judson[47]. »Im Judentum gibt es für fast alles einen Segen. Es gibt einen Segen für das Aufstehen, das Schlafengehen, das Essen, wenn man etwas Wunderschönes sieht, etwas Neues erlebt, wenn einem Gutes – oder auch Schlechtes – widerfährt, wenn man vom Tod eines anderen Menschen erfährt, wenn man jemanden wiedertrifft, den man lange nicht mehr gesehen hat, wenn man aufs Klo geht, in der Thora liest, auf eine Reise geht, so gut wie jedes religiöse Gebot erfüllt und auch für so ziemlich alles andere im Leben.«

Ich segne mein Leben (wir segnen unser Leben) für den grenzenlosen Überfluss an Gutem, das jeder Tag, jeder Augenblick, jede Ecke und jeder Winkel denen beschert, die es erkennen können.

Ich segne die 16 Stunden oder mehr (fast tausend Minuten oder 60 000 Sekunden) am Tag, die ich wach bin, um für alles Dankbarkeit zu zeigen, es zu segnen und vor allem mit den Augen der Liebe zu sehen.

Ich segne mein herrliches Leben für den grenzenlosen Überfluss in deiner Gegenwart, die jeden Augenblick und Raum erfüllt.

Ich segne diesen Tag für jeden, dem ich heute begegne und den ich segnen darf, statt gleichgültig an ihm vorbeizugehen.

Ich segne den Überfluss an Gutem, mit dem du mich ständig überschüttest - in Form von Nahrung, einem Zuhause und Einkommen, Natur und Schönheit in tausend verschiedenen Formen, Frieden und stillen Momenten, dem sanften Murmeln deiner Stimme in mir, dem Engel, den du mir schickst, um all meine Schritte zu lenken. Wie unglaublich gesegnet sind doch die, die Augen haben, es zu sehen!

---

[47] Kerry Olitzky und Daniel Judson: Jewish Ritual

Tag 176
Segen für den Besucher eines Gefängnisses

Achtzehn Jahre lang habe ich als ehrenamtlicher Besucher des Gefängnisses von Genf gearbeitet. Häufig ist außer dem Vollzugspersonal der einzige Mensch, den ein Häftling zu sehen bekommt, der Gefängnisbesucher, der dadurch in seinen Augen noch wichtiger wird. Es gab Gelegenheiten, bei denen ich zutiefst berührende und sogar verzauberte Kontakte zu Gefangenen hatte, wie bei dem jungen Albaner, der mir sagte: »Es hat sich gelohnt, in den Knast zu gehen, weil ich dadurch Sie kennengelernt habe.«

Wir segnen ehrenamtliche Gefängnisbesucher für ihre Bemühungen, den von der Gesellschaft abgelehnten Menschen Freundlichkeit entgegenzubringen.

Wir segnen sie für ihr übersprudelndes Mitgefühl, damit sie denen, die sie besuchen, ihr Bestes geben, den Verzweifelten einen Hoffnungsschimmer schicken, den Einsamen die Wärme eines Bruders oder einer Schwester spüren lassen, denen, deren Herz verschlossen ist, ein offenes Herz entgegenbringen und den Gefangenen, die vielleicht noch nie echte Zuneigung erlebt haben, Liebe schenken.

Wir segnen sie für ihr Vertrauen in den guten Kern der Häftlinge, die sie besuchen – sei es ein kleiner Dieb oder der skrupelloseste Kriminelle oder Mörder, ein Ersttäter oder ein Dauergast im Knast. Wir segnen sie für ihre Wahrnehmungsfähigkeit und Weisheit, damit sie die Maschen der Gefangenen, die sie austricksen oder ihre Gutmütigkeit ausbeuten wollen, meiden.

Und schließlich segnen wir sie dafür, dass sie trotz der Finsternis, leisen Verzweiflung und hässlichen Dinge, auf die sie treffen werden, ihre selbstlose Hilfsbereitschaft behalten, die sie mitbringen – die innere Flamme, die sie nährt; den reinen guten Willen, der sie antreibt.

Tag 177
Segen für die Heilung von Groll

Wussten Sie, dass Groll zu den grausamsten Formen von Leid gehört, die man ... sich selbst zufügen kann? Groll frisst Sie buchstäblich auf – ungefähr so wie ein Nagetier, das an Ihren Innereien nagt. Auch sendet er extrem negative Energie in Ihr Umfeld, das zweifellos lieber freundlichere Schwingungen von Ihnen empfangen würde (ganz zu schweigen von Ihrem Immunsystem, das Sie dem brutalen Angriff des Grolls aussetzen: Unser Immunsystem reagiert äußerst empfindlich auf Stimmungs- und Gefühlsschwankungen).

Ich segne mich für das tiefe Verlangen und die Fähigkeit, jeden Groll gegen ... (Person oder Situation) ein für alle Mal aufzugeben.

Ich segne mich für meine Offenheit gegenüber dem sanften Flüstern der Liebe, die mich auffordert, einfach loszulassen und FREI zu sein. (Halten Sie an diesem Punkt inne, um kurz hinzuhören und es zu fühlen.)

Ich segne mich für meine Sehnsucht, das Leben in der herrlichen Freiheit der völligen Vergebung gegenüber allen – angefangen bei mir selbst – zu genießen.

Möge ich mich selbst genügend lieben, um mich nicht länger von Groll – und schon gar nicht von dem ernsthaften Schaden, den ich meiner Gesundheit damit zufüge – quälen zu lassen.

Möge ich meinen Nächsten und meine Gemeinde genügend lieben, um keine negativen Schwingungen auszusenden, die Ressentiments verursachen, sondern um die sanfte, heilende Energie eines Bewusstseins des Verzeihens, das alle aufmuntert und segnet, auszustrahlen.

Tag 178
Meditation für unterwegs[48]

Die heutige Segnung nennt sich »Der segnende Gang«. Da es sich um eine Meditation für unterwegs handelt, können Sie sie mit Ihrem Spaziergang verbinden. So haben Sie Bewegung und verbessern gleichzeitig Ihr spirituelles Bewusstsein.

Die Methode ist simpel: Nehmen Sie beim Spaziergang jedes Detail der Natur um sich herum bewusst auf – Steine, Pflanzen, Vögel, den Himmel. Senden Sie allem, was Sie um sich herum sehen, das Gefühl starker Liebe und Anteilnahme. Stellen Sie sich goldenes Licht vor, das sich von Ihren Füßen ausbreitet, während sie den Boden berühren. Stellen Sie sich goldenes Licht vor, das aus Ihren Händen auf alles um Sie herum zuströmt. Hinterlassen Sie an jedem Naturdetail beim Vorbeigehen einen Segen.

Stellen Sie sich bei Ihrer Rückkehr nach Hause vor, die ganze Landschaft würde von den Segnungen, die Sie hinterlassen haben, in einem goldenen Licht leuchten. Spüren Sie, wie Liebe von überall wieder zu Ihnen zurückströmt und in Sie hineinfließt.

Durch die tägliche Anwendung einer solchen Meditation entwickeln Sie nicht nur Ihr Mitgefühl weiter, sondern sie wird Sie auch auf einer spirituellen Ebene mit der Naturwelt verbinden.

---

[48] http://pathstoknowledge.com/954/the-blessing-walk-a-walking-meditation

Tag 179
Für einsame alte Menschen

Vor ein paar Minuten rief mich eine liebe Bekannte an, die 92 ist. Sie hatte immer ein äußerst aktives Leben, in dem sie anderen diente (sie hatte auch die Gabe zu heilen und brachte einmal ein »Wunder« zustande, über das sogar ein Medizinprofessor staunte, der die göttliche Quelle anerkannte). Heute lebt sie völlig vereinsamt, obwohl sie eine große, wohlhabende Familie hat. Es gibt Millionen alte Menschen, denen es so geht wie ihr. Wir wollen sie mit unserem tiefsten Mitgefühl umarmen.

Wir segnen die Alten, die – oft nach einem Leben des ständigen Daseins für andere – ihre letzten Lebensjahre in verzweifelter Einsamkeit verbringen müssen.

Wir segnen sie für die Entdeckung oder Stärkung ihrer Beziehung zu dir.

Mögen sie wirklich fühlen, dass du ihnen immer zur Seite stehst, ihnen täglich in jeder Hinsicht den Rücken stärkst, sie umgibst, umsorgst, schätzt, beschützt und unterstützt, vor allem die Menschen, die Angst haben, allein zu sterben, ohne jemanden, der sich um sie kümmert, und in großer Einsamkeit.

Wir segnen ihre Nächsten, Verwandten, Freunde und Bekannten dafür, dass ihnen die Not der Alten bewusst ist, damit sie ihnen Gesellschaft oder, wenn nötig, praktische Hilfe leisten – und vor allem Liebe schenken.

Wir segnen unsere Politiker und Verwaltungsbeamten, auf dass sie inspiriert sind, aufregende neue Lösungen für etwas zu finden, das mit der weltweiten Überalterung der Bevölkerung zu einem ernsten sozialen Problem wird.

Und mögen wir uns immer bewusst sein, dass wir unser Nächster sind, weil wir alle eins sind – über jede Vorstellung hinaus.

Tag 180
Für die Schönheit der Schöpfung

Die atemberaubende Schönheit der Natur ist unvorstellbar. Von der Vollkommenheit eines winzigen Alpenblümchens, das niemand je sehen wird, bis hin zur Pracht einer sternenklaren Sommernacht, von der komplexen Schönheit einer Muschel bis hin zur zauberhaften Harmonie eines Spinnennetzes spielt diese grandiose Symphonie nur zu unserer Freude.

Geliebte des Universums, wir segnen dich für die unglaubliche Perfektion und Pracht des Schauspiels, das du zu unserem ständigen Entzücken erschaffen hast.

Wir segnen dich für das Wunder, von der so geheimnisvollen und allgegenwärtigen Substanz Wasser bis hin zur rauen Schönheit einer Gebirgskette, von der erstaunlichen Funktionsweise der Lebewesen und aller Formen von Lebenssystemen, die unser ganzes Wissen hinterfragt, bis hin zum sich ständig erneuernden Überfluss an Gutem, das sich in den Früchten der Erde und Meere zeigt, darunter auch die unglaubliche Vielfalt und Weisheit des Tierreichs, das wir gerade erst anfangen zu begreifen.

Staunend stehen wir vor der absoluten Vollkommenheit und Symmetrie jeder einzelnen Blume, Muschel, Pflanze und jedes Kristalls und segnen dich. Von der majestätischen jahrhundertealten Eiche, die einer winzigen Eichel entsprungen ist, bis hin zu unfassbar großen Galaxien, vom Wunder der Mikroben und aller anderen Mikroorganismen bis hin zu den stillen Kommunikationssystemen zwischen Pflanzen und zwischen Flora und Fauna segnen wir die unvorstellbare Intelligenz, die diese fantastische Show, genannt Universum, in Szene setzt, und sinken vor ihr auf die Knie.

Wir danken dir tausendfach dafür, dass du uns zu unserem reinen Vergnügen in dieses grandiose Spektakel mit einbeziehst, ohne dass wir uns den Grund dafür vorstellen können.

Und mögen wir uns schlussendlich daran erinnern, dass wir keine Zuschauer, sondern Schauspieler in dieser Vorstellung sind, die nur ein freudiger Ausdruck deiner grenzenlosen Liebe ist. Wir sind jeden Tag dein Freudentanz, deine Güte in Ekstase, dein heiliger Chor.

Tag 181
Ein Segen für Straßenkinder

Die Existenz der Straßenkinder gehört zu den größten Skandalen unserer Welt. Allein in den USA – einem hochentwickelten Land – wurde die Zahl obdachloser Kinder für das Jahr 2013 auf fast 2,5 Millionen geschätzt. Natürlich sind genaue Statistiken unmöglich, doch das ist nicht das eigentliche Problem. Jedes Straßenkind ist schon eines zu viel, vor allem, wenn es Ihr Kind wäre. In vielen Ländern sind schon Fünf- oder Sechsjährige obdachlos. In Lumpen gekleidet, ziehen sie häufig in Banden durch die Straßen, schnüffeln Klebstoff als tröstliche Betäubung, wühlen in Mülltonnen nach Essensresten, schlafen in kalten Nächten aufeinandergestapelt, um ihrem mageren Körper so etwas wie Wärme zu spenden. Lassen Sie unsere Herzen zu Meeren der Liebe werden, um unsere geliebten anderen Selbste in die Arme zu schließen.

Ich segne die Straßenkinder dieser Welt für die Fähigkeit, ihre große Not mit Mut, Menschenwürde und unerschütterlichem Stehvermögen zu meistern. Ich segne sie für die Fähigkeit, sich von allen abzuwenden, die versuchen, einen materiellen Gewinn aus ihrer Not zu schlagen, und ich segne die Erwachsenen, die dies tun, für ihre wahre gute Seite und Göttlichkeit, auf dass sie so düstere Pläne aufgeben.

Ich segne die Kinder für ihre Solidarität, damit sie einander bei ihrem täglichen Kampf ums Überleben helfen, und ich segne sie für ihre Kreativität, damit sie die kleinste Gelegenheit nutzen, um ihre Last zu mindern.

Ich segne die sozialen Verbände, die sich um sie kümmern, damit sie den Willen haben, das Problem wirklich anzugehen und neue Mittel zu finden, um die Situation – wie unkonventionell auch immer – zu ändern.

Ich segne die Politiker und Bürgermeister aller betroffenen Großstädte, damit sie ihr aufrichtiges Mitgefühl statt politischer Überlegungen sprechen lassen.

Und ich segne mich für meine tiefe Anteilnahme. Möge ich jede – finanzielle, ehrenamtliche oder meditative – Chance nutzen, damit wir uns als vereinte Menschheit erheben, um dieses inakzeptable Übel ein für alle Mal auszurotten.

Tag 182
Das Segnen verkürzt eine Haftstrafe
(Ein Bericht)

Emmanuel (Name verändert) war ein sanfter Mann, der wegen Drogen im Gefängnis von Genf saß.

In seinem Heimatland Ghana war er ein kleiner Händler gewesen. Seine Mutter war ernsthaft erkrankt und ihre medizinische Versorgung war unbezahlbar. Freunde sagten ihm, er könnte als Händler viel verdienen, wenn er nach China ginge. Also steckte er seine ganzen Ersparnisse in die Reise. Doch sein Vorhaben verlief nicht nach Plan und er verlor in China sein ganzes Geld. Völlig mittellos kehrte er in seine Heimat zurück – und war verzweifelt, weil er seiner Mutter, deren Gesundheitszustand sich rapide verschlechterte, nicht helfen konnte.

Ein Bekannter erzählte ihm, er könnte als Drogenkurier nach Genf schnelles Geld verdienen (damals gab es Direktflüge). Törichterweise erklärte er sich dazu bereit und wurde bei seiner Einreise von den Zollbeamten festgenommen. Er kam ins Gefängnis, wo wir uns dann kennenlernten.

Wir kamen rasch auf das Thema des Segnens zu sprechen. Er verschlang mein Buch „Segnen heilt“ und begann, buchstäblich jeden zu segnen: die Gefängniswärter und andere Strafvollzugsbeamte, seine Anwälte, den Staatsanwalt und den Richter, den er kennenlernte und der die Verhandlung führen würde ... einfach jeden, der irgendwas mit seiner Situation zu tun hatte, und natürlich auch seine Mithäftlinge. Emmanuel segnete und segnete.

In einem Fall wie seinem beträgt die Strafdauer normalerweise 7-8 Jahre Haft. Er wurde zu anderthalb Jahren verurteilt. Keiner im Gefängnis glaubte ihm, als er von der Urteilsverkündung zurückkam. Da er schon über ein Jahr in U-Haft abgesessen hatte, blieben ihm nur noch ein paar Monate Gefängnisstrafe.

Ich habe Emmanuel seitdem zwar nicht mehr gesehen, aber ich glaube, er segnet die Menschen immer noch.

Pierre Pradervand, Schweiz

Tag 183
Mit dem Glauben an Dualismus umgehen

Dualismus – der Glaube an Trennung in allen Bereichen – könnte zu den größten spirituellen Herausforderungen unserer Zeit gehören. Dieser Irrglaube wird aufhören, wenn den Menschen klar wird, dass ALLES die grenzenlose Liebe ist, die sich auf tausenderlei Weise manifestiert, und dass sich hinter dem Anschein nur Liebe verbirgt, die bestätigt und anerkannt werden will – angefangen bei den Straßenkindern des vorherigen Segens.

Ich segne die Menschheit dafür, dass sie sich von der Starre, dem Leid und Gefühl der Trennung, die aus dem Glauben an Dualismus entstehen, erhebt. Ich segne sie für ihre tiefere, freudige Erkenntnis, dass wir alle eins sind - einschließlich der Natur, Pflanzen und Tiere.

Ich segne mich für die revolutionäre Einsicht, dass mein Nächster - der Betrunkene auf der Straße, der Wirtschaftskriminelle, der unerträgliche Fundamentalist auf meinem Stockwerk - ICH bin, egal, wie widersprüchlich das auch aussehen mag.

Ich segne uns für unsere Offenheit gegenüber den kosmischen Energien, die auf der Erde strömen, um uns auf die nächste Stufe der Entwicklung unseres Planeten zu verhelfen, während wir allmählich die Dimension des Materialismus, der Konflikte und Trennung verlassen, um höhere Dimensionen der Harmonie und des Einswerdens zu erklimmen.

Ich segne mich, während wir uns alle vom geliebten Dogma des Dualismus – der Überzeugung, es würde Mangel herrschen – auf die Erkenntnis des grenzenlosen Überflusses für alle, der die grundsätzliche Wahrheit des Non-Dualismus oder der Einheit ist, zubewegen.

Und mögen wir uns als menschliche Rasse mutig den enormen Herausforderungen und bedrohlichen Gefahren stellen, die vor uns liegen, während die alten Kräfte des Konservatismus bei ihrem erfolglosen Versuch, die Geburt der Neuen Welt der Einheit und Harmonie hinauszuzögern, ihre letzten Reserven sammeln.

2. Halbjahr

Nun haben wir das erste Halbjahr hinter uns. Sicher haben viele Leser jeden Tag treu gesegnet. Und zweifellos fragen sich viele von Ihnen manchmal: Aber welche Wirkung haben meine Segen auf die Welt?

Bevor wir weitermachen, möchte ich daher den inspirierenden Text der Französin Alyna Rouelle[49] zitieren. Sie ist eine spirituelle Lehrerin, die, als sie noch jung war, eine erstaunliche Offenbarung hatte, die die Wirkung ihrer Meditation zeigt. Ich bekam das Privileg, an einem ihrer Workshops teilzunehmen und eine Einzel-Session mit dieser sehr außergewöhnlichen und besonderen erleuchteten Seele zu haben, die nur von Licht oder Prana lebt.

Nach fast 30 Jahren Segnen gab dieser Text mir neuen Auftrieb, der heute noch anhält. Sicher wird er auch Sie inspirieren.

»Ich sah, wie ein Kind in einer gefährlichen Großstadt dem Tod entkam.

Ich sah, wie ein bewaffneter Mann, der kurz davor war zu töten, innehielt und es sich anders überlegte.

Ich sah, wie eine verzweifelte junge Frau, die kurz vor dem Selbstmord stand, plötzlich eine Erleuchtung hatte und sich dem Leben öffnete.

Ich sah eine Gruppe von Tieren, die von einer Gruppe junger Männer vor der Tierquälerei und dem scheinbar sicheren Tod gerettet wurde.

Ich sah, wie ein Kind einem alten Obdachlosen, der am Erfrieren und Verhungern war, ein Stück Brot gab.

Ich sah Gesichter voller Freudentränen, Hände, die sich in Bruderschaft hielten.

---

[49] http://alynarouelle.wix.com/lumieredevie Blogeintrag vom 28. November 2015.

Ich sah Menschen, die genügend Kraft schöpften, um zu heilen, wieder aufzustehen und sich für das Leben zu entscheiden.

Ich sah manipulierte Leute, die Terror säen sollten und die durch Mitgefühl dazu gebracht wurden, Reue zu empfinden und die Seiten zu wechseln.

Nach meiner festen Überzeugung hat jede einzelne aufrichtige Segnung, Meditation und jedes ehrlich gemeinte Gebet, wenn es mit Überzeugung und Ausdauer betrieben wird, eine Wirkung, wie bescheiden sie auch immer sein mag. Das ist sehr ermutigend, vor allem in unserer ziemlich chaotischen Welt, weil so viele Leute nicht glauben, sie könnten tatsächlich etwas bewirken.

Seien Sie daher sicher, dass Ihre Segnungen eine heilende Wirkung haben können, wenn sie von Herzen kommen und von tiefem Mitgefühl gelenkt werden. Wie das Saatkorn, das vom Wind getragen wird, werden Sie vielleicht nicht erfahren, auf welchen Boden sie fallen, aber sie werden Früchte tragen, Erhellung und Hilfe bringen.

Tag 184
Für Kinder in Pflegefamilien überall auf der Welt

Kinder in Pflegefamilien kommen häufig aus stark zerrütteten Familien. Und nur allzu oft erfüllen ihre Pflegeeltern nicht den hohen Standard der elterlichen Fürsorge, den man von ihnen erwarten würde. Aus diesem Grund ist die Zahl der Schulabbrüche, Probleme bei der Anpassung an die Gesellschaft und Straftaten unter diesen Kindern weitaus höher als unter Gleichaltrigen aus intakten Familien.

Ich segne die Kinder in Pflegeeinrichtungen, damit die Probleme in ihrer Vergangenheit sich nicht zu stark auf ihre Zukunft auswirken. Ich segne die Pflegefamilien, damit sie ihr Pflegekind mit Herzenswärme, tiefem Mitgefühl, echter Fürsorge und Verständnis für seine besonderen Bedürfnisse aufnehmen.

Ich segne die Kinder für ihren Mut, ihre Offenheit und ihr großes Vertrauen. Und ich schicke Segen an ihre Klassenkameraden und gleichaltrige Nachbarskinder für ihre Freundlichkeit und Bereitschaft, ihnen beim Einleben zu helfen. Auch segne ich die betroffenen Jugendämter für ihre Toleranz und Geduld, ihr innovatives Denken und ihre Weitsicht.

Ich segne die Schulen und ihre Lehrer für ihr Verständnis für die Probleme dieser Kinder und ihre kreative Hilfe bei der Anpassung an ihre neue Umgebung.

Und schließlich segne ich unsere Gesellschaft generell für die Erkenntnis der Bürger und Behörden, dass die Art und Weise, wie wir die schwächeren Mitglieder der Gesellschaft behandeln, ein Maßstab unserer Werte und der Umsetzung unserer Worte ist.

Tag 185
Ein Segen für die Beendigung von Rassismus

Ein guter Freund von mir, der in St. Louis (USA) lebt und mir ein echter Bruder geworden ist, lud mich ein, einer Gerichtsverhandlung beizuwohnen, an der ein afroamerikanisches Mitglied seiner Kirchengemeinde beteiligt war. Sein Bekannter war von einem weißen Nachbarn beleidigt und bedroht worden. Ich habe in meinem ganzen Leben noch nie so viel Hass erlebt wie bei den Schimpftiraden dieses Nachbarn. Während ich im Gerichtssaal saß, verfasste ich diesen Segen.

Wir segnen alle, die von rassistischen Gefühlen heimgesucht werden, auf dass ihre unterdrückte Angst vor Verschiedenheit völlig verschwindet.

Wir segnen sie, damit ihre Gefühle von Rückweisung, Intoleranz oder Hass durch Staunen über die grenzenlose körperliche und kulturelle Vielfalt der menschlichen Rasse und ehrliche Wertschätzung der menschlichen Verschiedenheit ersetzt werden.

Mögen sie aus dem geistigen Gefängnis befreit werden, in das sie sich unbewusst selbst gebracht haben, weil sie Herz und Verstand vor der göttlichen Schönheit eines jeden Menschen verschließen, der von der bedingungslosen Liebe, die alles Leben im Universum lenkt, erschaffen wurde.

Wir segnen auch die, die unter den Auswirkungen des Rassismus leiden – in gesellschaftlicher, wirtschaftlicher oder kultureller Hinsicht, in menschlichen Beziehungen, am Arbeitsplatz und in vielen anderen Bereichen. Damit sie den Mut und die Klugheit aufbringen, sich mit Liebe, ruhiger Kraft und – warum nicht – Humor gewaltfrei zu verteidigen.

Und wir segnen die gesamte Menschheit bei ihrem Marsch hin zu dem wachsenden Verständnis, dass wir eine Familie sind und das unglaubliche Privileg genießen, unseren Nächsten wie uns selbst zu lieben, weil wir unser Nächster SIND.

Tag 186
Indianischer Segen[50]

Mögen die Sterne deine Traurigkeit davontragen,
mögen die Blumen dein Herz mit Schönheit erfüllen,
möge Hoffnung deine Tränen für immer wegwischen,
und möge vor allem die Stille dich stark machen.

---

[50] www.goodreads.com/quotes/72132-may-the-stars-carry-your-sadness-away-may-the-flowers

Tag 187
Segen gegen Kinderarbeit

Laut der Organisation ILO (International Labor Office) arbeiten heutzutage weltweit rund 215 Millionen Kinder, viele von ihnen in Vollzeit. Sie gehen nicht zur Schule und haben nur wenig oder gar keine Zeit zum Spielen. Viele von ihnen werden weder richtig ernährt noch versorgt. Ihnen wird die Möglichkeit genommen, Kind zu sein. Mehr als die Hälfte von ihnen sind den schlimmsten Formen der Kinderarbeit ausgesetzt, wie beispielsweise der Arbeit in gesundheitsgefährdender Umgebung, Sklaverei oder sonstigen Formen der Zwangsarbeit, illegaler Aktivitäten – einschließlich der Tätigkeit als Drogenkuriere oder der Prostitution – sowie der Beteiligung an Waffenkonflikten, zum Beispiel als Kindersoldaten. Vergessen Sie beim Segnen dieser Kinder bitte nicht, dass der Segen nur dann eine heilende Kraft entfaltet, wenn Sie ihn ***in Ihrem Herzen fühlen.*** *Worte allein haben keinerlei Heilkräfte.*

Aus tiefstem Herzen segnen wir die Millionen von Kindern auf der ganzen Welt, die unter Bedingungen leben, welche oft an Sklaverei grenzen – wenn sie nicht sogar tatsächlich versklavt werden.

Wir segnen sie für ihren Mut, ihre Charakterstärke und ihren starken Willen, damit sie sich eine bessere Zukunft vorstellen können und diese Träume nie aufgeben.

Wir segnen sie für ihre Gesundheit und Kraft, damit sie ihre schockierenden Arbeitsbedingungen und unmenschlichen Arbeitszeiten überleben.

Vor allem segnen wir die kleinen Mädchen und Jungen, die mit acht oder zehn Jahren in Bordellen für Einheimische oder reiche Touristen arbeiten müssen, damit der inakzeptable Missbrauch, den sie erleiden, ihre Sicht der Menschheit nicht verzerrt oder ihr Selbstbewusstsein zerstört.

Wir segnen all diese Kinder, auf dass die göttliche Liebe einen wundersamen Weg findet, um sie und alle anderen aus dem

Loch der Extremausbeutung herauszuholen, und ihnen den Weg hin zu einem würdigeren Leben ermöglicht.

Wir segnen die Geschäftsleute, die diese Kinder ausbeuten, die Beamten und Politiker, die diese Art der Ausbeutung tolerieren, damit die göttliche Gnade sie aus ihrem Loch der Gleichgültigkeit oder des kalten Herzens herausholt und sie dazu bringt, deutliche Schritte zu unternehmen, um solche Zustände ein für alle Mal zu unterbinden.

Und schließlich segnen wir die westlichen Ladenketten und uns als Konsumenten, die häufig wissentlich von solchen Bedingungen profitieren, damit wir uns alle unserer großen Verantwortung bewusst werden – der Verantwortung, eine Welt zu erschaffen, die allen – angefangen bei diesen Kindern – ein würdiges Leben ermöglicht.

Tag 188
Statt Beschränkungen unbegrenzte Gedanken hegen

Wieder einmal entleihe ich dem wundervollen Buch von Marianne Williamson[51] ein Gebet. Ich habe nur hier und da ein »möge ich« eingefügt, um es in einen Segen umzuschreiben. Es eignet sich ganz besonders als Segnung nach dem obigen Segen gegen Kinderarbeit.

Auch wenn sich die Welt ändert, ändert sich doch die Wahrheit nicht. Möge ich mich nicht vom Drama dieser Welt dazu hinreißen lassen, den ewigen Frieden Gottes zu vergessen. Möge ich trotz allem, was die Welt sagt, an der Wahrheit darüber, wer ich wirklich bin und wie der Lauf des Universums ist, festhalten.

Möge ich mich in einem Universum, in dem nur Liebe regiert, nicht vom Anschein der Angst ablenken lassen. Möge ich da, wo in der materiellen Welt Mangel herrscht, den grenzenlosen

Überfluss des spirituellen Universums verkünden. Möge ich da, wo auf der materiellen Ebene Streit oder Konflikt besteht, die Liebe verkünden, die uns alle vereint.

Möge ich heute statt Grenzen Gedanken an unbegrenzte Möglichkeiten setzen. Möge ich mich bei allem daran erinnern, dass Wunder möglich sind, ganz egal, wie die Umstände sind. Möge ich das Wunder verkünden, möge ich für das Wunder beten und möge ich über das Wunder jubeln.

Tag 189
Mein göttliches Selbst anerkennen

Einer der wichtigsten spirituellen Schritte eines jeden Menschen ist, die eigene göttliche Essenz (das Selbst) durch die Erkenntnis des Allseins der Liebe anzunehmen und zu fühlen. Mangel an Selbstliebe ist eines der grundsätzlichen Probleme, die mir in den fünfundzwanzig Jahren der Leitung von Workshops begegnet sind. Deswegen ist es für ein sinnvolles Leben so wichtig, den Mangel zu beseitigen.

Ich segne mich von ganzem Herzen für das wunderschöne, völlig göttliche Wesen, das ich BIN.

Ich segne mich für meine strahlende Güte, die das Knochenmark meines Wesens ist.

Ich segne die vollkommene, unbefleckte Integrität meines Herzens und meiner Seele.

Ich segne mich für die sich ständig erneuernde Vitalität und Energie, die das Leben mir schenkt, damit ich anderen mit Freude dienen kann.

Ich segne mich für die klare Vision, die mich auf alle Wunder vorbereitet, die mich erwarten, da ich für sie offen bin und auf sie vertraue, so dass sie sich in meinem Leben manifestieren können.

---

51 Marianne Williamson, Ein Jahr in Wundern

Ich segne die perfekte Gesundheit, die schon im Kern meines Wesens steckt, damit sie sich mit aller Kraft zeigt – trotz aller materiellen Widerrufe.

Ich segne mich für meine bedingungslose Liebe und Fähigkeit zu verzeihen, die das Fundament meines Wesens ausmachen.

Ich segne mich für meine noch schlummernden Begabungen, die nur darauf warten, sich in mir zu entfalten.

Ich segne mich für meine grenzenlose Widerstandsfähigkeit und mein Stehvermögen, die mich durch jede Prüfung tragen können.

Und abschließend segne ich mich für die Fähigkeit, alles durch die Augen der Liebe zu sehen, die *niemals* verurteilt oder verdammt, sondern immer sanft akzeptiert, ermutigt und erhellt.

Tag 190
Segnung bei Krankheit

Die Einstellung zu Krankheiten hat sich in den letzten Jahren stark verändert. Wir fangen an, die Komplexität der Beziehung zwischen Verstand, Seele und Körper zu begreifen. Manche Ärzte und Heilpraktiker nennen eine Krankheit mittlerweile einen geliebten Freund unserer Weiterentwicklung: Das heißt, um Krebs zu heilen, muss man erst einen tiefsitzenden Groll loswerden; um Stress zu heilen, muss man seine Wut oder Angst auflösen; um die Verschlechterung der Sehkraft zu reduzieren, muss man lernen, alles mit Liebe zu betrachten, statt das papageienhaft dahergeleierte Mantra des unvermeidbaren Alterns zu akzeptieren. Unsere Zukunft liegt in unseren Händen (und noch mehr in unserer Gegenwart!).

Ich segne diese Krankheit für ihre liebevolle Intention, meine innere Entwicklung hin zu einem gesünderen Zustand des Seins und einem besseren Lebensstil zu fördern.

Ich segne und danke dieser Krankheit für ihr Ziel, mich dazu zu bringen, meinen ungesunden Lebensstil, schlechte Essgewohnheiten oder ungesunde Denkweisen oder sonstige Eigenschaften, die ich bisher ignoriert habe, anzugehen.

Ich segne diese Krankheit für die Herausforderung, zu akzeptieren, dass das Universum mit jeder einzelnen Lebenserfahrung mein ultimatives Glück plant.

Ich segne mich dafür, dass ich darauf achte, was mein Körper mir sagen will, dass ich voller Dankbarkeit und Weisheit in mich hineinhöre, statt mit Angst zu reagieren.

Ich segne mich für meine sofortige Bewusstwerdung der negativen Gedankenmuster, die meine Energielevels dämpfen können, und für meinen Mut, mich lange unterdrückten Vorfällen in der Vergangenheit zu stellen, damit sie dem heilenden Balsam der Vergebung, Selbstvergebung und Liebe ausgesetzt werden.

Und letztendlich segne ich mich für meine Fähigkeit, mir verdrängte negative Emotionen, die die harmonischen Funktionen meines Immunsystems stören, ins Bewusstsein zu bringen und durch eine tiefe Zufriedenheit zu ersetzen, die mein ganzes Wesen anregt und nährt.

Tag 191
Segen für einen Tag voller Dankbarkeit

In den letzten Jahren wurde viel über die Macht der Dankbarkeit geschrieben. Daher scheint es unnötig, sich diesen Punkt vorzunehmen. Auch nur die geringste Negativität und gleichzeitig Dankbarkeit zu empfinden ist unmöglich – ich wiederhole: unmöglich. Sie können nicht nebeneinander bestehen, und wir haben immer die Wahl.

Möge dieser Tag von jetzt an bis heute Nacht ein ständiger Lobgesang der Dankbarkeit sein.

Möge ich jedes negative Ereignis mit Dankbarkeit für das innere Wachstum, das es mir beschert, begrüßen.

Möge ich für jede Begegnung dankbar sein, weil sie die Umsetzung der göttlichen Liebe fördert. Möge ich jedes mürrische, deprimierte, wütende oder traurige Gesicht voller Dankbarkeit begrüßen, weil meine Segnungen die Stimmung heben und helfen können, sie zu verbessern.

Möge ich meine Mahlzeiten voller Dankbarkeit für alle, die daran beteiligt waren, verzehren.

Möge ich meine Arbeit mit der Erkenntnis tun, dass Danksagungen sie tieflegend verändern können, egal wie öde, unwichtig oder langweilig sie mir auch erscheint.

Und möge ich vor allem verstehen, dass ich in jedem Moment meines Lebens die Wahl zwischen Jammern, Gleichgültigkeit und Dankbarkeit habe.

Tag 192
Die Trinksucht überwinden

Alkoholismus gehört zu den größten Geißeln der Welt. Laut der WHO sterben weit über drei Millionen Menschen im Jahr an ihrer Trinksucht. Ganz zu schweigen von den Millionen von Ehen und Familien, die von Alkoholismus zerstört werden, der hohen Zahl an Unfällen und Straftaten, die er verursacht, dem Selbstvertrauen von Millionen Menschen, das er unterwandert – die traurige Liste würde eine ganze Seite füllen. Wir wollen die Menschen von ganzem Herzen segnen, die – seelisch und körperlich – von den stärksten Formen der Selbstzerstörung und Depression geplagt werden.

Wir segnen die, die unter der schweren Last der Trinksucht leiden. Wir segnen sie für ihre aufrichtige Sehnsucht, diese Last ein für alle Mal abzuschütteln.

Wir segnen sie für die Fähigkeit, die selbstzerstörerische Sucht entschlossen loszuwerden und an ihrer Entscheidung festzuhalten, egal, wie hoch der Preis und wie groß die Herausforderung auch ist.

Möge die unsichtbare Präsenz der göttlichen Gnade ihre Bemühung, an ihrer Entscheidung mit allen Mitteln festzuhalten, aufrechterhalten, wenn ihr Körper oder Gehirn nach einem Drink schreit. Und mögen sie weitergehen, wenn sie durch die Hölle gehen.

Mögen sie von ihrer Familie, ihren Freunden oder einer kompetenten Organisation genau die Unterstützung bekommen, die sie brauchen.

Und mögen sie jede Selbstverdammnis überwinden und lernen, auf ihrer wahren göttlichen Ebene zu bleiben – unbefleckt von den Problemen unseres materiellen Aufenthalts hier auf Erden.

Tag 193
Segen zur Heilung von Schlafstörungen

Tempo und Stress des modernen Lebens in Verbindung mit zahlreichen anderen Faktoren haben Schlafstörungen zu einem ernsten Gesundheitsproblem gemacht, ganz zu schweigen von den Auswirkungen auf die Lebensqualität. Lassen Sie uns die Menschen, die unter Schlafstörung leiden, mit zärtlicher Liebe segnen. Wichtig zu wissen ist auch, dass es keinen wissenschaftlichen Beweis für die Behauptung gibt, man bräuchte eine bestimmte Anzahl von Stunden Schlaf. Manche Menschen führen ein ganz normales Leben, obwohl sie nur eine Stunde pro Nacht schlafen, und viele berühmte Leute kommen mit 4–5 Stunden Schlaf aus. (Napoleon brauchte nur drei Stunden Schlaf.)

Wir segnen alle, die sich jede Nacht stundenlang im Bett wälzen und oft deswegen verzweifeln.

Wir segnen sie für ihre Bemühung herauszufinden, was die Ursache ihrer Schlafstörungen sein könnte oder was sie verstärken könnte, und dafür, dass sie einfache Techniken anwenden, die sie bei der Überwindung der Schlaflosigkeit unterstützen.

Wir segnen sie für die Suche nach therapeutischer oder anderer Hilfe, die notwendig oder verfügbar ist.

Wir segnen sie auch dafür, dass sie sich von völlig unwissenschaftlichen Behauptungen und kulturellen Überzeugungen, jeder »bräuchte« eine bestimmte Schlafdauer, befreien.

Mögen sie der Versuchung der Selbstverdammnis widerstehen und lernen, darauf zu vertrauen, dass die grenzenlose Lebenskraft, die das Universum vom kleinsten Organismus bis hin zum unendlich weiten Himmel regiert, sie genau dahin lenken wird, wo sie das bekommen, was sie brauchen.

Tag 194
Ein Häftling, der wegen Mordes im Gefängnis sitzt, wendet die sanfte Kunst des Segnens an (Ein Bericht)

Im Gefängnis von Genf, das ich viele Jahre lang als Gefängnisbesucher aufsuchte, bat man mich, einen jungen Mann zu besuchen, der mein Buch Messages of Life from Death Row über Roger W. McGowen gelesen hatte. Roger spricht ausführlich über die starke Wirkung, die das Segnen während der schrecklichsten 25 Jahre seines Lebens hatte, als er im Todestrakt saß. Er hatte das Buch über Roger drei Mal gelesen und dabei viel geweint.

Im November 2005 schrieb mir der junge Mann: »Pierre, Ihr Buch ist ein Juwel. (Er meint das Buch über Roger, das nur über Amazon zu beziehen ist.) Es öffnet mir über so vieles die Augen, bringt viel Freude in meinen Alltag und hilft mir. Seit ich Ihr Buch lese, segne ich pausenlos alles und jeden. Ich habe den Eindruck, es trägt Früchte, und das macht mich echt glücklich.

Ich werde einen Weg finden, wie ich die Einführung zum Buch ›Segnen heilt‹ fotokopieren kann, und werde sie an so viele Mithäftlinge wie nur möglich verteilen, denn wenn alle das tun, was der Text aussagt, würde sich die Welt schnell ändern.«

(Dieser junge Häftling hat jahrelang mit dem Todeskandidaten Roger korrespondiert.)

Tag 195
Zur völligen Transparenz zum Göttlichen

In vielen weit verbreiteten spirituellen Traditionen ist das ultimative Ziel, die völlige Auslöschung des Egos und seinen recht hochtrabenden und lächerlichen Anspruch auf die Wichtigkeit des Selbst zu erreichen. Den folgenden kurzen Segen finden viele Menschen bei ihrem Streben nach Transparenz hilfreich. Sie können ihn als Mantra verwenden und tagsüber immer wieder beten.

Ich danke dir dafür, dass du in meiner Gestalt leuchtest, grenzenlose Liebe, und möge ich so sehr du sein, dass alle, denen ich begegne, mich als deine strahlende Präsenz, deine bedingungslose Liebe und Vergebung erleben.

Mögen sie nicht länger mich sehen, sondern nur, nur, NUR DICH.

Tag 196
Eine Segnung dem inneren Zuhören

Wie manche große spirituelle Seher sagen, sollte Stille die Grundlage des spirituellen Lebens und Gebets sein. Wir sollten nicht ständig mit der göttlichen Liebe sprechen, sondern zuhören, was die Liebe uns zu sagen hat. Das ist unser Thema für heute.

Ich segne mich für die Fähigkeit, mich in die Stille zu begeben und den Worten der bedingungslosen Liebe und Ermutigung zu lauschen, die der Heilige Geist zu mir spricht.

Ich segne mich für die Fähigkeit, das ständige, schrille Geschnatter des Verstands verstummen zu lassen und am Teich der inneren Zufriedenheit auszuruhen, der tief in meinem Inneren ist und auf mich wartet.

Ich segne mich für die Fähigkeit, den Suggestionen meines Verstands, dass nichts passiert oder dass ich das Flüstern des Geistes nicht hören kann, zu widerstehen, denn wenn nichts passiert, kann ich zuhören.

Ich segne mich für meine Fähigkeit, nur still dazusitzen und ohne Widerstand zu sehen, ob starke Gefühle oder Ängste hochsteigen – und sie einfach geschehen zu lassen und zu beobachten, ohne sie zu beurteilen.

Ich segne mich für die Fähigkeit, meinen Alltag umzustellen und die kostbare Praktik des Zuhörens zu einem täglichen Geschenk an mich selbst zu machen.

Tag 197
Den Glauben an unheilbare Krankheiten kurieren

Eine Krankheit als »unheilbar« zu deklarieren ist zwar völlig unwissenschaftlich, doch diese Diagnose tötet Menschen buchstäblich oder kürzt zumindest die Lebenserwartung vieler Patienten, deren Arzt sie ihnen ins Gesicht geschleudert hat (siehe die bemerkenswerten Studien von Norman Cousins auf diesem Gebiet der Medizin). Unter diesen Umständen kann man nur sagen, dass die Wissenschaft noch keine Heilmethode für diese und jene Krankheit entwickelt hat.

Wir segnen die Patienten, die beschränkte, unwissenschaftliche menschliche Überzeugungen als »unheilbar« eingestuft haben.

Wir segnen sie für ihre Erkenntnis, dass – trotz gegenteiliger sehr beschränkter, materieller oder verzerrter Ansichten der Realität – »für Gott alles möglich ist«.

Mögen sie ihr Leben keinen beschränkten, kurzzeitigen, materiellen Meinungen unterwerfen, sondern sich von den wundersamen Heilungen praktisch jeder bekannten Krankheit, die täglich überall auf der Welt stattfinden, inspirieren lassen – sei es durch alternative Medizin oder Gesundheitsvorsorge oder durch gut fundierte spirituelle Methoden, die sich schon sehr häufig als wirksam erwiesen haben.

Mögen sie ein für alle Mal alle veralteten, überholten theologischen Thesen über Bestrafung oder negatives Karma, von denen sie unbewusst beeinflusst werden, über Bord werfen.

Mögen sie den Mut aufbringen, aus den ausgeleierten Fesseln konventioneller Weisheiten, der »Opferkrankheit« oder Todesangst auszubrechen und neue Ansätze zu wagen, die Hoffnungsträger sind.

Und mögen sie die ultimative Verantwortung für ihr Wohlbefinden in die eigenen Hände nehmen, statt sie an eine außenstehende Autorität abzugeben, wie gut gemeint deren Hilfe auch sein mag.

Tag 198
Über Wunder

Was für den Menschen ein »Wunder« ist, ist nur das normale Funktionieren der Wirklichkeit auf einer höheren Ebene ihrer Manifestierung, das heißt im Reich der göttlichen Liebe. Ich selbst erlebte auf dem Rückflug von Afrika die sofortige Heilung von Ruhr-Symptomen, als ich eine plötzliche, unglaublich starke Vision der Allmacht der grenzenlosen Liebe hatte und vor allem diese Liebe mit jeder Faser meines Seins ***spürte****.*

Mögen wir offen dafür sein, sogenannte Wunder als Lächeln Gottes auf die Erde anzunehmen.

Mögen wir unseren analytischen, rationalen Verstand sanft beiseiteschieben, damit wir mit anderen Augen sehen können.

Mögen wir unser Herz für den unerwarteten und wundersamen Lauf der Dinge als das normale Leben hinter dem sehr begrenzten Schleier der materiellen Wahrnehmungen öffnen.

Mögen wir akzeptieren, dass die Präsenz der Gnade das karmische Gesetz aufhebt, wenn wir die Augenbinde einer engen materiellen Sicht der Dinge abnehmen. Möge die Tunnelsicht des Materialismus sich in der freudigen Erleuchtung auflösen, wenn unsere Seele plötzlich mit dem grenzenlosen Überfluss der spirituellen Ebene – dem Königreich des Himmels, das uns erwartet – im Einklang steht.

Tag 199
Ein Segen dafür, dass ich den inneren Zufluchtsort meines Herzens aufsuche

Ich segne mich für die Fähigkeit, die heilige Zufluchtsstätte der Liebe zu erkennen, die schon in meinem Herzen ist.

Möge ich mir die pure Freude erlauben, mich viele Male am Tag dorthin zurückzuziehen.

Möge ich mich daran erfreuen, dass ich jederzeit in der heiligen Gegenwart ruhen kann und ausgeruht, erfrischt und erneuert wieder aus ihr herauskomme.

Tag 200
Segen für den Einzug in ein neues Zuhause

Ich (wir) segne(n) diesen neuen Ort, den die göttliche Liebe für mich (uns) als Wohnung aufgetan hat.

Ich segne dieses Haus, damit es ein Rückzugsort der Liebe für alle wird, die es betreten oder darin wohnen.

Möge dieser Ort allen tiefe Entspannung und stille Freude bringen. Mögen sie den unbeschreiblichen Frieden und die Ruhe deiner Gegenwart spüren.

Mögen sie von der Energie dieses Zuhauses reich gesegnet werden und es fröhlicher und bereichert verlassen.

Möge es im Stress, der Hektik und dem Konsum einer Welt, die sich verzweifelt an veralteten Lebensmodellen festklammert, für mich ein Hafen sein. Möge ich wahre Erfrischung für meine Seele darin finden, und möge es ein willkommener Urquell der Erneuerung sein, so dass ich mit Begeisterung in meinen Alltag zurückkehren kann, um noch mehr zu dienen, zu teilen und zu lieben.

Mögen diejenigen, die eine schwere Last tragen oder unter Depressionen leiden, in meinem Zuhause einen Ort der Heilung finden, an dem ihre Lasten sich in nichts auflösen.

Und möge seine sanfte Aura die Nachbarhäuser und die Menschen, die an seiner Tür vorbeikommen, mit einhüllen.

Tag 201
Bei Naturkatastrophen

Naturkatastrophen – von denen viele auf das Konto der Menschen gehen – betreffen jedes Jahr zahllose Menschen, machen sie zu Obdachlosen und zerstören ihr oft bescheidenes Hab und Gut.

Wir segnen die Menschen, die die extremen Auswirkungen einer ernsten Naturkatastrophe erlitten haben, sei es durch eine Überschwemmung, einen Flächenbrand, einen Sturm, ein Erdbeben oder eine sonstige Ursache.

Wir segnen sie für ihre Widerstandsfähigkeit und Kraft im Angesicht des sofortigen Verlusts und der unmittelbaren Notlage.

Wir segnen sie für ihren Mut beim Umgang mit der oft totalen Zerstörung ihrer Existenz und für ihre Kreativität und Fantasie beim Organisieren von innovativen Wegen, mit denen sie sich eine neue Existenz aufbauen.

Wir segnen die Behörden ihrer Region dafür, dass sie die notwendigen Mittel aufwenden, um die dringenden Bedürfnisse der betroffenen Bevölkerung zu befriedigen, um an breiter Front Hilfe zu leisten und Chaos bei den verschiedenen Formen der Hilfe zu vermeiden.

Wir segnen die betroffenen lokalen und überregionalen Behörden, damit sie klug und ohne Zeit zu verschwenden handeln, und die internationale Gemeinschaft für ihr Mitgefühl und ihre Unterstützung, wenn sie nötig ist.

Und wir segnen die Konsumenten und Geschäftsleute überall auf der Welt für ihre Bewusstwerdung, dass übermäßiger Konsum zu schweren Naturkatastrophen führt, damit sie ihren Lebensstil oder ihre Herstellungsprozesse ändern, um die Bedürfnisse unseres großzügigen Planeten zu erfüllen. Die Erde verfügt zwar über üppige Ressourcen, mit denen sie all unsere echten Bedürfnisse befriedigen kann – aber nicht all unsere überflüssigen Wünsche.

Tag 202
Wahren Frieden finden

Ich habe diesen Text des spirituellen Führers und Indianerhäuptlings Black Elk der Oglala Sioux (1863–1950)[52] leicht verändert, um ihn in eine Segnung umzuschreiben.

Möge ich den ersten Frieden finden, den wichtigsten, der, der in die Seelen der Menschen einzieht, wenn ihnen ihre Beziehung, ihr Einssein mit dem Universum und all seinen Kräften, klar wird und wenn ihnen bewusst wird, dass Wakan-Taka (der Große Geist) in der Mitte des Universums lebt und dass diese Mitte im Grunde überall ist; sie ist in uns allen.

Das ist der wahre Frieden, und die anderen sind nur seine Spiegelungen.

Und möge ich auch den zweiten Frieden finden, der zwischen zwei Menschen geschlossen wird, und den dritten, der zwischen zwei Völkern geschlossen wird.

---

52 www.sapphyr.net/natam/quotes-nativeamerican.htm

Doch möge ich vor allem verstehen, dass es keinen Frieden zwischen Völkern geben kann, bevor sie den wahren Frieden kennen, der, wie ich schon oft gesagt habe, in den Seelen der Menschen zu finden ist.

Tag 203
Ein Segen für Ärzte

Mit dem Einzug der modernen Medizin, insbesondere in der Nachkriegszeit, hat die Öffentlichkeit Ärzte zu Göttern in Weiß ernannt – eine gefährliche Position, die viele von ihnen gerne angenommen haben. Doch durch die zahlreichen Formen alternativer Heilmethoden und die wachsende Erkenntnis vieler, dass letztendlich kein anderer als die Person selbst die Verantwortung für seine Gesundheit tragen kann (außer unter besonderen Umständen, wie beispielsweise Kinder, die mit körperlichen Behinderungen geboren werden, und in einigen anderen Situationen), müssen Ärzte sich rasch an die Veränderungen anpassen. Gleichzeitig hat es in den letzten Jahren äußerst positive Entwicklungen in den Studienplänen der medizinischen Fakultäten gegeben, die ihre Fähigkeit beweisen, sich an neue Trends anzupassen.

Wir segnen die Ärzte für ihre Fähigkeit, ihre Aufgabe vor allem als eine Form des öffentlichen Dienstes zu sehen statt als bequeme Einkommensquelle.

Wir segnen sie für die Fähigkeit, die Forderung einer wachsenden Zahl von Patienten nach der Eigenverantwortung für ihre Gesundheit nicht nur zu akzeptieren, sondern auch zu fördern.

Mögen sie lernen, dem ständigen Versuch der Pharmaindustrie, den Ärzten die neuesten Wundermittel aufzudrängen, zu widerstehen, weil sie verstanden haben, dass nicht Medikamente, sondern hauptsächlich Lebensstil, Denkweise und Umwelt die Gesundheit fördern.

Mögen sie dazu gebracht werden, sich die Zeit zu nehmen, jedem Patienten mit tiefem und echtem Interesse und Mitgefühl zuzuhören, und zu realisieren, dass die Heilung der Ursache eines Symptoms mehr als nur das Ausfüllen eines Rezeptes erfordern kann.

Und mögen alle Ärzte mit Demut und Dankbarkeit das erkennen, was eine wachsende Zahl ihrer Kollegen schon erkannt hat: Nämlich dass sie in ihrem Heilberuf nur ein Instrument des Lebens sind und eine Transparenz seiner erstaunlichen Fähigkeit, alle Formen von Disharmonie zu heilen.

Tag 204
Noch ein Segen über die Nutzung der Zeit

Hast und Eile sind für so viele Menschen zur Lebensform geworden – trotz der Tatsache, dass beides unserer Gesundheit und Lebensfreude schadet! Der folgende Segen handelt von der Entschleunigung. Mein Vorschlag ist, ihn in die erste Person Singular zu setzen.

Heute:

Mögen Sie sich Zeit für Andacht und Reflexion nehmen.

Mögen Sie sich Zeit für Freunde nehmen – sie sind eine Quelle des Glücks.

Mögen Sie sich Zeit zum Lachen und Singen nehmen – beides macht die Bürden des Lebens leichter.

Mögen Sie sich Zeit zum Träumen nehmen und um Ihre Seele an den Sternen baumeln zu lassen.

Mögen Sie sich Zeit zum Spielen nehmen, es ist das Geheimnis ewiger Jugend.

Mögen Sie sich Zeit zum Lesen nehmen, es ist die Grundlage der Weisheit.

Mögen Sie sich die Zeit nehmen, eine(n) Fremde(n) anzulächeln, denn SIE sind er oder sie.

Mögen Sie sich ein wenig Zeit für Stille nehmen – sie erfrischt und regeneriert Ihre Seele.

Und mögen Sie sich die Zeit nehmen, dankbar zu sein und zu zählen, wie oft Sie gesegnet werden![53]

Tag 205
Die zehn Gebote der Indianer

Ich habe diese tollen Gebote in einen Segen umgewandelt.

Möge ich die Erde und alles, was auf ihr lebt, mit Hochachtung behandeln.

Möge ich dem Großen Geist immer nahe bleiben.

Möge ich meine Mitgeschöpfe mit Respekt behandeln.

Möge ich mit anderen zum Nutzen der ganzen Menschheit zusammenarbeiten.

Möge ich Hilfe leisten und Güte zeigen, wo es nötig ist.

Möge ich tun, was du für richtig hältst.

Möge ich für das Wohlbefinden von Geist und Körper sorgen.

Möge ich einen Teil meiner Arbeit dem größeren Gott widmen.

Möge ich immer aufrichtig und ehrlich sein.

Möge ich die ganze Verantwortung für mein Handeln übernehmen.

Tag 206
Das Segnen in Bus und Bahn

Wenn man sich wirklich mit den Tiefen des Segnens befasst, wird es zu einem solchen Vergnügen, dass man es überall macht! Ich liebe es, in öffentlichen Verkehrsmitteln (ich besitze kein Auto) zu segnen. Statt meinen Gedanken ziellos nachzuhängen, macht es viel mehr Spaß zu glauben, anderen helfen zu können, ohne dass sie überhaupt wissen,

---

[53] Anonymes Gedicht aus The Treasure Chest, Charles L. Wallis

woher der Sonnenstrahl kommt, der durch die Wolken ihrer Trauer oder Angst dringt.

Möge das Herz der Liebe mir klarmachen, was für ein großes Geschenk es ist, überall Leute zu segnen.

Möge ich mich über das Privileg freuen, anonym Licht und Freude säen zu können, in dem Wissen, dass die Menschen durch meine stummen Segen Trost und Kraft erhalten, ohne dass ich es mitbekomme.

Möge ich mir ständig darüber klar sein, dass die Chance, den Menschen vor mir zu segnen, meist nie wiederkommt, und möge ich daher diese Gelegenheit nicht versäumen.

Mögen meine Segen immer voller Freude und Licht sein und nie aus dem Pflichtgefühl heraus erfolgen, was ihre Heilkraft sofort zunichtemachen würde.

Und möge ich mir immer der Tatsache bewusst sein, dass sich – wie schockierend oder traurig der materielle Anschein vor meinen Augen auch sein mag – auf der Ebene des Ungesehenen das göttliche Leben in all seiner Vollkommenheit und Ganzheit manifestiert.

Tag 207
Die Heilung einer extremen Entfremdung
(Ein Bericht)

Mahfoud und Idriss waren Brüder, die in der Nähe der Stadt Mopti (Mali, Westafrika) lebten. Mahfoud war der Ältere – und für die afrikanische Tradition bedeutet das, dass seine Geschwister ihm besonderen Respekt und Gehorsam zollen mussten. Bei seiner dritten Hochzeit bat er Idriss um zwei Säcke Reis für die Hochzeitsfeier. Idriss weigerte sich, die Bitte zu erfüllen. An dem Tag zerstritten sich die Brüder. Die Situation eskalierte so sehr, dass die Dorfältesten Idriss aufforderten, das Dorf zu verlassen.

Idriss ließ sich in der Stadt Mopti nieder. Sein älterer Bruder, der immer noch vor Wut kochte, fand ihn auf seinem Hof und schoss auf

Idriss, während er zu Abend aß. Mahfouds Schuss verfehlte sein Ziel und er wurde festgenommen. Um seinen Bruder zu besänftigen, übergab Idriss der Polizei seinen Fernseher als Pfand, damit Mahfoud auf Kaution freigelassen wurde. Beim Verlassen des Gefängnisses schwor er, den jüngeren Bruder das nächste Mal nicht zu verfehlen.

Mein Freund Mamadou begegnete dem verzweifelten Idriss auf der Straße, wo dieser ihm die Geschichte erzählte. Mamadou riet ihm, seinen Bruder ununterbrochen zu segnen, womit Idriss sofort begann. Ein paar Wochen später suchte eine Delegation der Dorfältesten Idriss auf, überbrachte ihm die Entschuldigung seines Bruders und bat ihn, wieder ins Dorf zurückzukehren. Sobald er sich dort wieder niedergelassen hätte, würde Mahfoud alles tun, was in seiner Macht stand, um ihn zu unterstützen. Als Mamadou von einer Reise nach Europa zurückkam, suchte Idriss ihn um ein Uhr nachts auf, weil er es kaum erwarten konnte, Mamadou von den neuen Entwicklungen zu berichten.

Segnen heilt – selbst in Extremsituationen.

Tag 208
Für einen entlassenen Strafgefangenen, der nirgendwo hingehen kann

Es hat mich schon immer erstaunt, dass Gefangene – wie mein Freund Ibrahima von der Elfenbeinküste – oft entlassen werden, ohne dass jemand sich Gedanken darüber macht, ob sie eine Unterkunft, einen möglichen Job, etwas Geld oder auch nur einen sozialen Kontakt haben (vor allem in einem Gefängnis wie der Haftanstalt von Genf, in der im Dezember 2015 rund 90 % ausländische Häftlinge waren).

Wir segnen alle Häftlinge weltweit, die sich nach dem Trauma der Gefangenschaft dem Problem stellen müssen, in eine Welt zurückzukehren, in der ihnen meistens alle Türen verschlossen bleiben.

Wir segnen sie für ihr Vertrauen darauf, dass allem Anschein zum Trotz ein grenzenlos mitfühlendes Schicksal sich um sie kümmert und, ja, sie sogar hegt und pflegt.

Wir umarmen sie in dem Raum, in dem die grenzenlose Liebe unablässig für jedes einzelne ihrer Lebewesen Gutes plant und wo »Wunder« als die natürliche Entfaltung des göttlichen Gesetzes und seines Reservoirs der unbegrenzten Möglichkeiten in allen Bereichen geschehen.

Wir segnen sie für ihre Gesundheit, ihre Stärke, ihre grenzenlose Kreativität, ihre positive Sichtweise, ihr Durchhaltevermögen und ihre Fähigkeit, allen Formen der Entmutigung, Angst oder Versuchung, auf Straftaten zurückzugreifen, zu widerstehen.

Und wir segnen sie für die völlig unerwarteten Chancen auf ein neues Leben, die schon auf sie warten – egal, was die sozialen Statistiken auch aussagen mögen – und öffnen uns für jede Gelegenheit, ihnen zu helfen.

Tag 209
Den Sinn des Lebens finden

Es ist erstaunlich, dass manche Leute sich in ihrem ganzen Leben nicht einmal fragen, warum sie eigentlich hier sind. Andere wiederum glauben, sie seien hier, um Spaß zu haben – oder um zu leiden! Doch die Wirklichkeit ist eine ganz andere. Dieser Segen lässt sich in der ersten Person Singular oder Plural (ich, wir oder »für Menschen, die auf der Suche nach ihrem Lebenssinn sind«) anwenden. Man kann gar nicht genug wiederholen, dass ein Segen, den Sie in Brooklyn, Caracas oder London aussenden, jemandem in Timbuktu, Shanghai, Lima, Werchojansk oder Jakutsk in Sibirien (den kältesten Städten der Erde) hilft.

Ich segne alle, die auf der Suche nach dem Sinn ihres Lebens sind.

Ich segne sie für die Erkenntnis, dass jeder von uns seine eigene, einzigartige Lebensaufgabe hat, da jeder Mensch in der Zeit und Geschichte einzigartig ist.

Mögen sie erkennen, dass sie eine Aufgabe haben, die kein anderer so ausführen kann wie sie. Und möge ihnen klar werden, dass sie ganz besondere Begabungen haben, die von niemandem in genau der Weise, wie sie sie nutzen, nachgemacht werden können.

Mögen sie begreifen, dass sie – wie bescheiden ihre Talente oder Chancen auch sein mögen – aufgrund ihrer einzigartigen Lebensgeschichte diese Talente auf eine Weise nutzen können wie niemand sonst.

Möge den Schwerbehinderten, die von anderen völlig abhängig sind, ihre eigene einzigartige Rolle bewusst werden – nämlich ihre Pfleger zu ermutigen, mehr Geduld, Freundlichkeit, Ruhe, Liebe und die vielen anderen Eigenschaften, die sie für ihre Aufgabe brauchen, an den Tag zu legen.

Und mögen wir alle verstehen, dass mehr als alles andere die Liebe, mit der wir unsere Aufgaben und Handlungen durchführen, unser Leben mit dem tiefsten Sinn und der wichtigsten Bedeutung von allen bereichert.

Tag 210
Segen für die unendliche Liebe

Auf Edi Weinsteins Blog beliefnet.com fand ich diesen wunderschönen Text des Rabbiners Rami Shapiro. Der Titel lautet »Eine unendliche Liebe«. Ich habe »Mögen wir ...« hinzugefügt, um einen Segen daraus zu machen.

Mögen wir von einer unendlichen Liebe geliebt werden.

Mögen wir von Armen, die uns finden, wenn wir uns sogar vor uns selber verstecken, umarmt werden.

Mögen wir von Fingern berührt werden, die uns sogar dann streicheln, wenn wir zu viel Stolz haben, um uns trösten zu lassen.

Mögen wir von Stimmen beraten werden, die uns leiten, selbst wenn wir zu verbittert sind, um sie zu hören.

Mögen wir von einer unendlichen Liebe geliebt werden.

Mögen wir von Händen, die uns sogar mitten im Fall festhalten, getragen werden.

Mögen wir von Blicken angespornt werden, die uns begegnen, selbst wenn wir zu schwach sind, sie zu sehen.

Mögen wir von einer unendlichen Liebe geliebt, umarmt, berührt, getröstet und beraten werden.

Die Arme, die Finger, die Stimmen sind unsere eigenen;

die Hände, die Augen, die Lächeln sind unsere eigenen;

wir werden von einer unendlichen Liebe geliebt.

Tag 211
Ein weiterer Segen zur Aufgabe eines Kontrollzwanges

Die Neigung, alles unter Kontrolle haben zu wollen – woher der Ausdruck »Kontrollfreak« kommt –, ist in unserer Gesellschaft weit verbreitet. Auf der unbewussten Ebene ist es der Ausdruck einer tiefen Angst, dass einem alles aus den Händen gleiten und die Stabilität der eigenen Existenz bedroht sein könnte und dass die eigenen Lebenspläne – oder was auch immer – durcheinandergeraten könnten. Wie ich glaube, ist die Frage »Ist das Universum uns freundlich gesonnen?« möglicherweise die grundlegende Frage, auf die jeder die Antwort selbst finden muss. Manche spirituellen Wege lehren uns, dass das Universum ein unendlich freundlicher Ort ist. Wenn das wahr ist, warum nicht einfach loslassen und Gott es richten lassen?

Möge ich mir das kostbare Geschenk geben, zu lernen, wie ich meine Bemühungen, alles unter Kontrolle zu behalten, loslassen kann.

Möge ich darauf vertrauen, dass die wahre Kontrolle über alles in den Händen der unendlich guten und liebevollen Entität liegt, die das Universum lenkt (eine Entität, der die Menschen viele verschiedene Namen geben und die so vielfältig dargestellt wird).

Ein großer spiritueller Meister sagte einmal, selbst die Haare auf unserem Kopf seien gezählt und kein einziger Spatz würde zufällig verschwinden. Möge ich daher bedingungslos darauf vertrauen, dass mein Weg bis in jede kleinste Einzelheit vorgegeben ist.

Und könnte grenzenlose Liebe etwa weniger tun?

Mögen meine Pläne gleich Wünschen sein, bei denen ich bereitwillig zusehe, wie sie nach der Weitsicht des höheren Guten, das mein Leben lenkt, auf den Kopf gestellt werden.

Und möge ich, wenn meine sorgfältigen Pläne an einer Hürde oder gar an menschlicher Boshaftigkeit oder Hass scheitern, lernen, »danke« zu sagen, noch bevor ich die Lektion entziffert habe. Denn er/es ist immer gegenwärtig – und dient immer meinem inneren Wachstum.

Möge »Dein Wille geschehe« mein ständiges Gebet zu dem universalen Gesetz der Liebe sein, das letztendlich alles lenkt – unabhängig davon, was Chefs oder Diktatoren denken könnten.

Möge ich dieses Versprechen der Kontrolle durch die Liebe so zu schätzen lernen, dass Vertrauen zu meiner grundsätzlichen Lebenseinstellung wird. Ein Vertrauen darin, dass alles gut ist, dass alles letztendlich zu meinem Wohl geschieht – und natürlich auch zum Wohl aller Menschen und des gesamten Planeten. Ich segne mich für die Fähigkeit, dieses Vertrauen zu zeigen und mich darauf auszuruhen.

Tag 212
Den grenzenlosen Einen segnen

Wie schon erwähnt, ist Segnen auch ein Ausdruck von Dankbarkeit. Wenn wir den unsichtbaren Einen segnen, danken wir ihm für das, was er ist.

Grenzenlose Liebe, wir segnen dich für deine Unendlichkeit, die jedes Staubkorn, Atom, Molekül und Lebewesen auf dieser herrlichen Erde mit einschließt.

Wir segnen dich dafür, dass du bedingungslos gibst – keinerlei Bedingungen aufstellst und kein bestimmtes Verhalten forderst, bevor du dich über uns ergießt und dich in unserem Wesen zeigst.

Wir segnen dich, weil du uns ständig und überall umgibst, umarmst und unter allen Umständen und trotz all unserer Fehler ermutigst, uns an dich zu schmiegen.

Wir segnen dich immer und immer wieder, weil du in jedem Augenblick grenzenlos, bedingungslos, vollkommen verzeihst. Kein Verbrechen, keine Sünde, keine Zurückhaltung, kein Fehler ist je zu groß für deine Vergebung, die sogar schon vor der Tat vorhanden ist! Denn du kannst immer nur die Vollkommenheit deiner Schöpfung sehen; als das Licht, das du bist, kannst du die Dunkelheit nicht erkennen, die nur wir in unserer Angst für vorhanden halten.

Wir segnen dich für deine grenzenlose Allgegenwärtigkeit. Im tiefsten Kerker, dunkelsten Abgrund, in den verzehrenden Flammen des Verrats oder Gerichts, der trostlosen Weite menschlicher Einsamkeit bist du immer da. Würden wir allein auf einem Eisberg am Nordpol ins Nichts treiben, wären wir unbekannten Gefahren oder der völligen Auslöschung ausgesetzt, selbst im Tal der Schatten des Todes wärst du bei uns, und dein Stecken und Stab trösten uns immer.

Und wir segnen deine Allmacht. Trotz aller Schreie der materiellen Sinne und den ewigen Anschuldigungen des atheistischen Materialismus ist der Triumph der grenzenlosen Liebe uns sicher.

So stark ist unser Vertrauen, o grenzenloser Einer, und mit den unsichtbaren Gastgebern, die uns zu allen Zeiten umgeben, segnen und loben wir dich.

Und mögen wir unbeachtet jedes Bedürfnisses nach Dankbarkeit oder Anerkennung dienen – im Wissen, dass unsere Belohnung nicht die Anerkennung von außen, sondern die tiefe, stille innere Freude ist, die aus einer guten Tat entsteht.

Tag 213
Den großen Kreis schließen

Der heutige Segen stammt von einer Gruppe, die sich »The Terma« nennt.

Mögen meine Füße fest auf dem Boden stehen,
möge mein Kopf den Himmel berühren,
möge ich klar sehen,
möge ich zuhören können,
möge ich ungehemmt berühren können,
mögen mein Herz und Verstand offen sein,
mögen meine Hände leer sein, um Bedürfnisse zu erfüllen,
mögen meine Arme offen für andere sein,
mögen mir meine Begabungen eröffnet werden,
damit ich das, was mir gegeben wird, zurückgeben kann.

Tag 214
Noch ein Segen für Journalisten

Als jemand, der mehrere Jahre lang als Journalist gearbeitet hat, weiß ich, dass Journalisten eine der wichtigsten Aufgaben in der Gesellschaft haben: in einem großen Maß die öffentliche Meinungsbildung (auch wenn das Internet und die sozialen Medien dies langsam ändern). Doch aufgrund der wachsenden Konzentrierung der Medien in den Händen einiger weniger mächtiger Mediengruppen oder -moguls ist dies sehr schwierig, und wirklich unabhängiger Journalismus ist zu einem Luxus geworden. Daher sind unsere Segnungen dieser Berufsgruppe so wichtig.

Wir segnen die Journalisten für ihre schwere Aufgabe in einem äußerst umkämpften Bereich, in dem ständig neue Kommunikationsarten entstehen. Wir segnen sie vor allem für ihre starke Integrität, damit sie immer ihren höchsten Sinn für Wahrheit und Loyalität gegenüber einer strengen Pflichtethik über beruflichen Druck stellen, wie stark der Druck auch sein mag, der sie für das berufliche Überleben oder den Aufstieg – der auf Kompromissen, Zweckmäßigkeit und Profit aufbaut – empfänglich macht.

Wir segnen sie für die Fähigkeit, Schlechtes nur aufzudecken, um es zu korrigieren. Wir segnen sie für ihre absolute Ehrlichkeit, die sie jede schmierige Sensationslüsternheit oder ungesunde Neugier auf das Privatleben anderer vermeiden lässt.

Wir segnen sie für ihre Fähigkeit, sich in der erzieherischen Rolle wiederzuerkennen, die sie annehmen können, statt sich als Vermittler von billiger Unterhaltung zu sehen. Wir segnen sie für die Fähigkeit, die Verzerrung der Wahrheit um des Abgabetermins willen abzulehnen, wie auch die Versuchung, billige oder anzügliche Informationen zu nutzen, um die angebliche Nachfrage der Öffentlichkeit zu erfüllen.

Und vor allem segnen wir sie für den Mut, Whistleblower zu werden, wenn das je notwendig wird, egal, ob es sie ihre Karriere kostet, und ihr höchstes Pflichtgefühl über die persönliche Sicherheit oder die Bewunderung ihrer Kollegen oder Chefs zu stellen.

Tag 215
Ein Segen für die Integrität

Uns selbst treu zu bleiben, wie Shakespeare uns ermahnt, ist etwas, wonach wir vor allem streben sollten. Jemand, der sich treu bleibt, steht so fest auf dem Boden wie eine jahrhundertealte Eiche, während jemand, der dieser grundsätzlichen Aufrichtigkeit entbehrt, wie ein Schilfhalm ist, der sich immer in die Richtung verbiegt, aus der gerade der Wind weht.

Möge ich immer meinem höchsten Gefühl für das, was richtig ist, folgen, unabhängig davon, wie hoch der Preis, wie einsam der Weg oder wie laut der Spott der Pharisäer auch ist.

Möge ich die Integrität haben, den Mächtigen immer die Wahrheit zu sagen, wenn Schweigen eher in meinem Interesse wäre, und im Sturm fest verwurzelt bleiben, wenn andere sich in die unterirdischen Katakomben ihrer Unsicherheit und Ängste verkriechen.

Möge ich immer die aufrichtige Ehrlichkeit zu mir selbst haben, die sich weigert, mich selbst zu belügen und zu betrügen oder mich in den Schatten der Halbwahrheiten zurückzuziehen. Denn wir können zwar andere anlügen und auf Vergebung hoffen, aber wer kann uns verzeihen, wenn wir uns selbst betrügen? Möge ich deshalb nie dumm genug sein, mir selbstbetrügerisches Verhalten zu gestatten.

Möge ich dieser Integrität, die der Kern meines Wesens, das Mark meiner Identität ist, immer treu bleiben. Und wenn die Winde der Lebensprüfungen heulen oder wenn die Versuchung flüstert: »Komm schon, zum Überleben brauchst du einen Kompromiss« und versucht, mich dazu zu bringen, die notwendigen Prüfungen zu umgehen – möge ich dann dem inneren Brunnen meiner Integrität um jeden Preis treu bleiben, weil darin das wahre Leben steckt.

Tag 216
Ein Segen für die Beharrlichkeit

Nur wenige wertvolle Ziele im Leben lassen sich ohne eine große Portion Beharrlichkeit erreichen. Das erklärt den zweiten Segen zu diesem Thema. Sei es der Musiker, der Perfektion anstrebt und dafür acht bis zehn Stunden oder mehr täglich übt, sei es die Mutter, die ihr Kind nicht aufgibt, wenn es immer wieder dieselben Fehler macht, sei es der Arbeitslose, der seine 66. Bewerbung schreibt, die Person, die gegen ihre chronische Depression ankämpft, der Bauer, der zum x-ten Mal eine schwierige Veredelung seiner Pflanzen versucht, der Heiler, der sich weigert, seinen Patienten aufzugeben, den die Medizin als unheilbar verdammt hat ... in fast allen Lebensbereichen ist Beharrlichkeit ein Schlüsselelement zum Erfolg.

Ich segne mich für die Fähigkeit, dranzubleiben, wie schwer es auch sein mag.

Möge ich nie, nie aufgeben, nie, nie nachgeben, egal wie schwer die Prüfung oder die Aufgabe auch sein mag. Möge ich mich, wenn die widrigen Umstände zu hoch scheinen, wenn ich mit meiner Weisheit am Ende bin und womöglich ganz allein gegen Windmühlen kämpfe, an die Legionen unbesungener Helden erinnern, die den Weg vor mir gegangen sind und letztendlich gewonnen haben.

Möge ich die inneren Ressourcen finden, noch ein bisschen länger, mehr, von Tag zu Tag ein bisschen mehr auszuhalten, wenn der gute Wille von Freunden, meine Erschöpfung nach vielen anstrengenden Stunden oder auch nur die endlosen, erfolglosen Bemühungen mir suggerieren, ich solle das Ganze einfach hinschmeißen (»Du wirst es später sicher noch einmal versuchen« oder »Unter anderen Umständen ...«).

Und möge ich vor allem niemals vergessen, dass ich – entgegen allem Anschein – tatsächlich nie allein bin, wie einsam mein Weg durch die trostlose Wüste auch sein mag. Möge ich mich daran erinnern, dass deine zärtliche Präsenz mir immer zur Verfügung steht und dass deine Arme mich immer festhalten. So groß ist mein Vertrauen in dich.

Tag 217
Ein Segen von Barbara de Angelis[54]

Ich segne die Erde, meine Heimat, während ich in diesem Körper lebe, mit dieser Segnung.

Möge die (göttliche) Gnade jetzt auf die Welt herabregnen und den Frieden wiederherstellen.

Mögen alle, die leiden, jetzt getröstet und geheilt werden.

Mögen alle, die sich im Vergessen verloren haben, jetzt aus dem großen Schlaf aufwachen und sich wieder der Erinnerung zuwenden.

Mögen alle Lebewesen jetzt miteinander in vollkommener Harmonie leben.

Mögen alle Seelen sich jetzt mit ihrem Höchsten/ihrer höchsten Macht in Einklang bringen.

Mögen alle Seelen jetzt den Weg zurück zur Liebe finden, und möge diese Liebe alles sein, was es gibt.

Möge das eine vollkommene Licht jetzt über alle Finsternis in allen Menschen und allen gesehenen und ungesehenen Orten triumphieren/siegen.

Und möge das eine vollkommene Licht für immer siegen/leuchten.

Möge es Frieden geben. Möge es Frieden geben. Möge es Frieden geben.

---

54 Soul Shifts ©2015 Barbara De Angelis Enterprises. Alle Rechte vorbehalten: barbaradeangelis.com

Tag 218
Ein Segen bei sogenanntem »Scheitern«

Jedes sogenannte Scheitern ist ein Geschenk des Lebens, das etwas enthält, was wir lernen müssen, oder etwas Gelerntes, was wir aufgeben müssen.

Möge ich, wenn ich mich sogenanntem Scheitern oder einem schweren Fehler stellen muss, gnädig mit mir umgehen und möge ich mich, statt mich hart zu schelten, sanft dem Flüstern und der höheren Weisheit der Liebe öffnen.

Möge ich akzeptieren, dass in diesem phänomenalen, unglaublichen Universum alles nach Plan verläuft oder aus einem bestimmten Grund geschieht. Jeder Sturz birgt einen Trainer, der auf meine Zustimmung zur Weiterentwicklung wartet, und wenn jedes Haar auf meinem Kopf gezählt ist, dann ist jede Prüfung sicherlich ein Segen, der nur darauf wartet, entdeckt zu werden. Daher ist das, was ich mit meiner sehr beschränkten Sicht der Dinge als »Scheitern« bezeichnen mag, das Springbrett zu höherer Verwirklichung und könnte sich eines Tages als echter Erfolg herausstellen.

Möge jedes Erlebnis mir helfen, aus mir einen schlichten Beobachter von Ereignissen zu machen, die ich nicht wie ein harter Richter als gut oder als schlecht beurteile, egal, ob es mich selbst oder andere betrifft.

Und möge ich verstehen, dass der Mut, den man für das Risiko des sogenannten Scheiterns braucht, oder um einfach weiterzumachen – was auch immer die Folgen sein mögen – sicher besser ist als einschläfernde Unbeweglichkeit und die Weigerung, Risiken einzugehen.

Tag 219
Die Rückgabe eines gestohlenen Rucksacks
(Ein Bericht)

Auf dem Weg zu einem Freund, der in der Nähe von Lausanne (Schweiz) lebt, stieg ich an einem Samstag in Genf in den Zug und ließ meinen kleinen Rucksack auf dem Sitz nahe der Waggontür liegen, während ich auf die Toilette ging, die nur ein paar Schritte entfernt war. Zwei Minuten später kam ich zurück – doch mein Rucksack war weg! Er hatte sich in Luft aufgelöst.

Ich fing sofort an, den Dieb zu segnen – für seine Integrität, seinen Überfluss (denn wenn man etwas stiehlt, leidet man offensichtlich unter der Überzeugung, nicht genug zu haben), seine Anständigkeit und Ehrlichkeit – alle Eigenschaften, die seine Tat scheinbar Lügen strafte. Das tat ich, bis ich ruhig und gelassen wurde.

Am Montag beschloss ich, mir einen neuen Rucksack zu kaufen, da ich ihn täglich brauche, und meinen uralten elektrischen Rasierapparat zu ersetzen, den ich schon vor Jahren hätte gegen einen neuen austauschen sollen, da sogar sein Gitter kaputt war und ich mir jedes Mal die Haut zerkratzte! Obwohl ich in drei große Geschäfte ging, fand ich keinen geeigneten Rucksack, aber ich kaufte wenigstens einen neuen Rasierer. Am Montagabend rief mich der Inhaber eines kleinen Ladens am Bahnhof an und sagte mir, er habe meinen Rucksack in einem Mülleimer gefunden. Er war sogar so nett, vorbeizukommen und mir den Rucksack zu bringen – und dabei wohne ich ziemlich weit außerhalb von Genf. Das Einzige, was fehlte, waren meine Zahnbürste und Zahnpasta!

Noch Monate nach dem Vorfall segnete ich den Dieb, während ich mich mit meinem tollen neuen elektrischen Rasierapparat rasierte, der so sanft ist, dass es sich beinahe so anfühlt, als würde meine Frau mein Gesicht streicheln!

Pierre, Schweiz

Tag 220
Für unsere Schwestern, die Prostituierten

Weltweit verdienen Millionen von Frauen (möglicherweise sogar noch mehr und mittlerweile auch immer mehr Männer) ihren Lebensunterhalt, indem sie ihren Körper verkaufen. Die meisten von ihnen werden von der Armut dazu getrieben, manche seit früher Kindheit. Trotz so mancher peinlicher Versuche, diese Tätigkeit als »glamourös« darzustellen, bleibt sie doch eine der düstersten Winkel unserer Gesellschaft.

Unser Herz schlägt in tiefem Mitgefühl für unsere Schwestern, die oft durch tragische Lebensumstände dazu gebracht werden.

Mögen die häufig erniedrigende Sprache, Einstellung und Handlungen, denen sie sich aussetzen müssen, ihr Selbstwertgefühl nicht zerstören.

Wir segnen sie dafür, dass sie trotz widrigster Umstände wie durch ein Wunder Zugang zum Bewusstsein über ihre göttliche Identität, ihr Einssein mit ihrer göttlichen Quelle und ihre völlige Unschuld als vollkommene Spiegelungen der Gottheit bekommen.

Mögen sie den Raum reiner Vergebung finden, in dem sie die Umstände verzeihen können, die sie auf diesen Weg gebracht haben (in manchen Fällen sie selbst), und auch denen, die sie ausbeuten, seien es mafiöse Strukturen, Zuhälter oder Kunden.

Wir segnen sie für die Fähigkeit, das schöne Kind Gottes zu lieben, das trotz der Unzucht, zu der sie häufig gezwungen werden und die sie ihres letzten Restes an Selbstwert und Würde rauben kann, immer in ihrem Inneren bleibt.

Mögen sie spüren, dass sie trotz allem, was sie getan oder auch nicht getan haben, immer bedingungslos geliebt und geschätzt werden. Und mögen wir, falls sich die Chance ergibt, ihnen die tiefe Fürsorge des Universums in menschlicher Gestalt zeigen.

Tag 221
Für Kinder, die dazu verdammt sind, ihr ganzes Leben im Gefängnis zu verbringen[55]

Heute segnen wir die Opfer einer der schrecklichsten Situationen, die ich mir vorstellen kann: Kinder, die zu lebenslanger Haft verurteilt werden. Dies geschieht hauptsächlich in den USA, wo fast 3 000 Kinder zu diesem Schicksal verdammt wurden (die Zahlen von 2015), darunter sogar Dreizehnjährige. Vor 2005 wurden manche von ihnen sogar hingerichtet. Wir wollen sie tief in unser Herz schließen und diesen Segen mit besonders viel Mitgefühl aussprechen.

Ich segne die vielen Kinder, die dazu verdammt sind, ihr ganzes Leben im Gefängnis zu verbringen. Ich segne sie für den Mut, niemals aufzugeben, und für die Hoffnung, dass das Unmögliche wahr wird und sie doch noch freigelassen werden. Ich segne ihre Familien dafür, dass sie durch dick und dünn zu ihnen halten. Mögen die Gefängniswärter ihnen besondere Wünsche erfüllen und sie wie ihre eigenen Kinder behandeln.

Ich segne die Gesetzgeber und Politiker, die am Justizvollzug beteiligt sind – von den örtlichen Gerichten bis hin zum Obersten Gerichtshof oder dem Bundesgerichtshof. Mögen sie es zu ihrer Herzensangelegenheit machen, neue Gesetze zu verabschieden, die diese grausame und unnatürliche Form der Bestrafung illegal machen. Und möge die amerikanische Öffentlichkeit auf die Reform dieser nicht hinnehmbaren Situation drängen.

Und ich segne mich für die Fähigkeit, über meine notwendige Empörung hinauszuwachsen und zu verstehen, dass sogar hinter diesem Horror ein größerer Plan steckt, der sich hin zu

---

55 www.eji.org/children-prison

einer Welt der universalen Verbrüderung, Empathie und echter Gerechtigkeit entfaltet.

Tag 222
Für die stummen Diener des Guten

Überall auf der Welt dienen Millionen von Menschen anderen still, tun Gutes, säen die Saat der Liebe und des Mitgefühls. Sie werden nicht gefeiert und sind trotz ihrer Leistungen überaus bescheiden. Und sie sind der Klebstoff, der unsere Gesellschaft zusammenhält.

Wir segnen jeden auf der Welt, der still seine Mission des Dienstes an anderen, des Mitgefühls und der Gnade ausführt, ohne sich um Anerkennung oder Beifall zu scheren.

Wir segnen diese Menschen für ihr Bewusstsein, dass die göttliche Liebe durch sie auf die Welt hinablächelt und die Kraft Jesu sich stillschweigend in allen menschlichen Bereichen zeigt und sie zum Guten wendet.

Wir segnen sie für ihre stille Freude darüber, dass sie das, was sie für den ärmsten ihrer Mitmenschen getan haben, auch für den universalen Christus getan haben. Das geht über sämtliche Bezeichnungen (einschließlich »christlich«), Glaubensbekenntnisse und Theologien hinaus.

Wir segnen sie für ihre feine Einfühlsamkeit für das Leid dieser Welt und all seiner Lebewesen – Tiere, Pflanzen und Menschen. Mögen sie sich nie davon herunterziehen lassen, sondern sich im Gegenteil davon stimulieren lassen, noch mehr Liebe und Fürsorge auszustrahlen, auch sich selbst gegenüber als deine demütige, aber leuchtende Reflexion.

Tag 223
Segen von Häuptling Tecumseh (Crouching Tiger) des Stammes Shawnee Nation (1768–1813)[56]

Ich habe diesen Mahnruf in einen Segen umformuliert und in die erste Person Singular gesetzt.

Möge ich mein Leben so leben, dass die Angst vor dem Tod nie in mein Herz dringt.

Möge ich niemanden wegen seiner Religion verunsichern; möge ich die Sicht anderer respektieren und von ihnen fordern, meine zu respektieren.

Möge ich mein Leben lieben, mein Leben vervollkommnen, alles in meinem Leben verschönern.

Möge ich versuchen, lange zu leben, und es mir zur Lebensaufgabe machen, meinem Volk zu dienen.

Möge ich für den Tag, an dem ich über den großen Teich gehe, ein würdiges Totenlied vorbereiten.

Möge ich immer ein Wort oder Zeichen des Grußes geben, wenn ich an einem Freund vorbeikomme

und auch, wenn ich an einem einsamen Ort einem Fremden begegne.

Möge ich allen Menschen meinen Respekt zollen und vor niemandem kriechen.

Möge ich, wenn ich morgens aufstehe, für das Essen und die Freude zu leben Danke sagen.

Und wenn ich keinen Grund sehe, wofür ich mich bedanken könnte, liegt der Fehler nur bei mir selbst.

---

56 http://www.indigenouspeople.net/tecumseh.htm

Möge ich niemanden und nichts missbrauchen, denn Missbrauch und Misshandlung macht aus Weisen Narren und beraubt den Geist seiner Vision.

Möge ich, wenn meine Zeit zu sterben gekommen ist, nicht sein wie die, deren Herzen von Todesangst erfüllt sind, so dass sie, wenn ihre Zeit gekommen ist, weinen und um etwas mehr Zeit betteln, damit sie ihr Leben noch einmal anders leben können.

Möge ich mein Totenlied singen und wie ein Held, der nach Hause geht, sterben.

Tag 224
Für die Überwindung von Ängsten

Seine Ängste loszulassen ist eine Herausforderung, die die meisten von uns wahrscheinlich bis ans Ende unserer Tage beschäftigen wird. Es ist nicht leicht zu lernen, sich vollkommen auf das Schicksal zu verlassen – aber es ist möglich.

Geist der Wahrheit und Liebe, ich segne mich für die Fähigkeit, meine Ängste zu benennen und mich ihnen zu stellen, statt vor ihnen davonzulaufen.

Möge ich lernen, sie als der äußere Beobachter zu sehen, der ich in meiner wahren Identität bin, statt an ihnen festzuhalten, als würden sie zu mir gehören.

Möge ich damit aufhören, Begriffe für sie zu verwenden, die ihnen Macht verleihen (z. B. »tief«, »alt«, »beharrlich«, »aggressiv«), und möge ich mir nicht länger *in der Gegenwart* Angst für etwas machen, das *in der Zukunft* eintreten könnte (aber wahrscheinlich nicht eintreten wird).

Möge ich mich daran erinnern, dass es keinen Ort gibt, an dem die göttliche Liebe nicht schon vor mir war, und keine Zeit, in der ihre starken und sanften Arme mich nicht halten.

Möge ich mich gemeinsam mit dem Psalmisten daran erinnern, dass du bei mir bist und dein Stecken und Stab mich trösten, »ob ich schon wanderte im finsteren Tal«.

Möge ich über die Bestätigung, dass die göttliche Liebe schon immer jedes menschliche Bedürfnis erfüllt hat und immer erfüllen wird, glücklich sein. Das bezieht auch mein Bedürfnis nach hundertprozentigem Vertrauen und die Tatsache mit ein, dass die Manifestierung dieser grenzenlose Liebe in meinem Leben nicht ungeschehen gemacht werden kann, egal, wie finster die Schatten auch sind.

Und möge ich friedlich in der stillen Zusicherung ruhen, dass die Dunkelheit von tausend Höhlen die simple Kerze meines Lebens nicht auslöschen kann.

Tag 225
Für das Geschenk der Vergebung

Vergebung ist vor allem ein Geschenk, das wir uns selbst machen: das Geschenk der himmlischen Freiheit, uns so vollkommen verziehen zu haben, dass wir nicht den leisesten Groll auf andere hegen können.[57] Versuchen Sie es und sehen Sie, ob Sie nicht anfangen, vor Freude zu tanzen!

Ich segne mich für die Fähigkeit, mich so zu sehen, wie die göttliche Liebe mich sieht: völlig unschuldig und frei von der Last jeden Grolls.

Ich segne mich für meine Fähigkeit, mir – und damit auch allen anderen – für Fehler, Schwächen, mangelnde Fürsorge oder Mitgefühl, Gleichgültigkeit oder was auch immer ich sonst getan habe, vollkommen zu vergeben, im Wissen, dass ich damals auf meiner höchsten Bewusstseinsstufe stand – und dass das auch für alle meine Mitmenschen, einschließlich Diktatoren und sogenannte menschliche »Monster«, zutrifft.

---

[57] Der verlorene Sohn: siehe das Evangelium nach Lukas, Kapitel 15·

Möge ich lernen, dem Leben alle gefühlten Ungerechtigkeiten zu verzeihen, die mir widerfahren sind, im Wissen, dass ich sie nur beurteilen könnte, wenn ich die *Bedeutung* eines jeden Schrittes verstehen würde, den ich Zeit meines Lebens (und vielleicht schon davor) gemacht habe. Und wer könnte je behaupten, sie zu verstehen?

Möge ich lernen, allen Menschen für das, was sie mir vielleicht angetan haben, zu vergeben, während mir auch bewusst ist, dass das harte und grausame Netz meines Grolls mich mehr gefangen hält als meinen Nächsten, so wie der sanfte, liebevolle Mantel der Vergebung mich genauso sicher einhüllt wie alle anderen auch.

Und mögen wir uns alle in der tiefen Erkenntnis sonnen, dass die göttliche Liebe ihre Lebewesen nur als vollkommen Unschuldige sieht, weil der verlorene Sohn oder die verlorene Tochter, die von zu Hause weggehen, dies nur im Traum der Trennung von ihrer Quelle tun, so wie die heimkehrenden verlorenen Kinder, die das Gewand der Unschuld und den Ring des Einsseins anziehen, wieder in ihren wahren Zustand zurückkehren, den sie in den Augen ihrer Eltern nie verloren haben.

Tag 226
Ein Segen zur Manifestierung von Stärke

Wer muss nicht manchmal stark sein? Stärke ist notwendig, um ein glückliches Leben zu führen, und wird vor allem in Zeiten der harten Prüfungen gebraucht, die wir alle irgendwann durchmachen. Sie befähigt uns immens, die völlige Verantwortung für unser Leben zu übernehmen, was der wichtigste Schritt zu echter Reife ist.

Ich segne mich für die Fähigkeit, immer die nötige Stärke zu zeigen, vor allem in schwierigen Situationen jeder Art.

Möge ich in einer bedrohlichen Situation so fest mit beiden Beinen auf der Erde stehen wie der sprichwörtliche jahrhundertealte Zedernbaum, der den wildesten Stürmen mit gelassener, ruhiger Standhaftigkeit trotzt.

Möge ich bei Spott, Hass, Wut oder Gefühlsausbrüchen die Gelassenheit ausstrahlen, die man hat, wenn man in seiner wahren göttlichen Identität ruht, und die segnen, die solch unkontrollierte Emotionen zeigen, weil sie damit nur ihre innere Unruhe oder Traurigkeit zum Ausdruck bringen.

Möge ich bei Krankheiten oder dem Tod, denen ich mich oder andere sich stellen müssen, in der stillen Erkenntnis ruhen, dass das einzige wahre Leben niemals von irgendwelchen materiellen Belangen berührt werden kann.

Möge ich mich, wenn äußerlich und vielleicht sogar innerlich alles auseinanderbricht, daran erinnern, dass die göttliche Liebe jeden meiner Schritte bewacht und dass mir keine Prüfungen auferlegt werden, die ich nicht meistern könnte oder denen ich mich mangels Mut und Stärke nicht mit Ruhe und Gelassenheit stellen könnte, wie auch immer sie aussehen mögen.

Tag 227
Ein neuer Tag

Dieses Gedicht wurde von einem Text des Swami Chidananda inspiriert. Ich habe es zu einer Segnung umformuliert.

Dieser Tag ist ein neuer Tag.

Es gab ihn noch nie und es wird ihn nie wieder geben.

Mögen wir aus diesem Tag eine Leiter machen,

auf der wir noch höhere Höhen erklimmen.

Mögen wir nicht zulassen, dass wir bei Sonnenuntergang

dieselben sind, die wir bei Sonnenaufgang waren.

Mögen wir diesen Tag zu etwas Einzigartigem machen.

Bereichert diesen Tag.

Und bereichert dadurch euch selbst.

Dieser Tag ist ein Geschenk Gottes.

Er ist nichts Außergewöhnliches und kein Zufall,

nichts Selbstverständliches.

Er wird uns dargeboten.

Mögen wir ihn mit Eifer in die Hand nehmen

und ihn verschönert an seinen Schöpfer zurückgeben.

Tag 228
Ein Segen dem Zuhause

Ist unser Zuhause nicht ein ganz besonderer Ort? Daher entnehmen wir den Segen unseres Zuhauses dem Buch[58] *von William John Fitzgerald.*

Gott, segne dieses Haus.

Mache es zu einem sicheren Ort, einem Ort der Wärme, einem Ort der Leichtigkeit, einem Ort des Komforts, einem Ort der Ruhe und Entspannung, der angenehmen Farben, einem Ort der Stabilität, einem Ort der Erinnerungen, einem Ort der Träume, einem Ort zum Reden, einem Ort der Gastfreundschaft, einem Ort der Akzeptanz, einem Ort, der uns willkommen heißt, einem Ort zum Lachen, einem Ort zum Heilen, einem Ort der Schönheit, einem Ort der Romantik und körperlichen Liebe, einem Ort der angenehmen Düfte, einem Ort der Kraft und Geborgenheit, einem Ort bedingungsloser Liebe, einem Ort, an dem wir uns so geben können, wie wir sind, einem Zufluchtsort vor der Hektik. An so einem heiligen Ort verweilen Engel.

---

[58] William John Fitzgerald, Blessings for the Fast Paced and Cyberspaced

Tag 229
Unsere Segnungen gehen um die ganze Welt

Die Tatsache, dass ein ehrlich gemeinter Segen den fernsten Winkel des Globus erreichen kann, sollte uns ermutigen.

Mögen wir von der Erkenntnis gesegnet sein, dass jeder aufrichtig gefühlte Segen wie ein Vogel ist, der sich aufschwingt und seine Botschaft der Liebe nah und fern – ja, sogar bis ans Ende der Welt – trägt.

Mögen wir verstehen, dass wir mit Millionen von anderen, die still auf der Suche nach Spiritualität sind, verbunden sind und dass wir die Welt auf unseren Segnungen und Gebeten tragen.

Mögen wir auf die Wirkung unserer Segen, weltweit Heilung zu bringen, vertrauen – sei es der Migrantenfamilie in unserer Straße oder den Ureinwohnern am Amazonas, die für ihre Grundrechte kämpfen, dem Menschenrechtsaktivisten, der im Nahen Osten gefoltert wird, oder der Mutter, die in einer Barackenstadt der Dritten Welt von ihrem Mann verlassen wurde und verzweifelt versucht, ihre kleinen Kinder durchzubringen, dem Multimillionär, der sich umbringen will, weil sein Leben ihm sinnlos vorkommt, oder der Jugendlichen, deren strenggläubige Eltern sie vor die Tür setzen, wenn sie herausfinden, dass sie schwanger ist.

Und möge unsere Sicht klar genug sein, damit wir eines Tages erkennen, dass hinter der notwendigen Heilung, die unsere Segnungen auf der menschlichen Ebene bewirken, ein Reich des Lichts und ein Ort des Bewusstseins besteht, in das kein Fehler eindringen kann und in dem keine Heilung erforderlich ist, weil dort alles immer gut ist.

Tag 230
Karma und Gnade

Das Universum unterliegt zwei verschiedenen Gesetzen: dem Gesetz des Karmas (wir ernten, was wir säen) und dem Gesetz göttlicher Gnade, das sämtliches Karma völlig auslöscht und als völlig kostenloses Geschenk der göttlichen Liebe agiert. Unser heutiger Segen bezieht sich auf beides.

Ich segne meine Vergangenheit, auf dass sie zu Weisheit und nicht zu Karma werde. Ich segne meine Gegenwart, auf dass sie das üppige Leben umsetzen möge, das ein großer Meister uns vor über 2 000 Jahren versprochen hat. Ich segne meine Zukunft, auf dass sie zu einer völlig neuen Schöpfung werde statt nur zur Projektion meiner Vergangenheit.

Ich segne meinen Körper, damit er der starke, gehorsame und gesunde Partner wird, den ich im Leben zum Arbeiten, Dienen und Spielen brauche – frei vom Karma medizinischer oder kultureller Meinungen der Zerbrechlichkeit oder Behinderungen, des Glaubens an Krankheiten, die angeblich unheilbar sind, und sonstigen mentalen Lasten.

Ich segne meine Tage; mögen sie unendliche Instrumente des ständigen Lernens und Räume des freudigen Gebens werden. Ich segne alle, denen ich heute begegne; mögen sie über das Göttliche staunen, das sich in ihren Herzen verbirgt, so dass die göttliche Liebe die unverdiente Gnade hineinströmen lässt, die das Erbe eines jeden Kindes Gottes ist.

Tag 231
Dem Glück der Menschheit

Aufrichtige, tiefe Glücksgefühle gehören sicher zu den wünschenswertesten Zielen der meisten Menschen. Doch wie viele sind glücklich? Da die meisten Menschen ihr Glück außerhalb ihrer selbst suchen, finden nur wenige es. Dieser kurze Segen geht einen anderen Weg.

Ich segne alle, denen ich begegne, für ihr tiefes Glück – dem festen und unveränderlichen Glücksgefühl, das sich einstellt, wenn man im Einklang mit dem göttlichen Gesetz lebt, das das Universum und die Wirklichkeit lenkt.

Ich segne sie für das Glücksgefühl, das entsteht, wenn einem klar wird, dass der Nächste man **selbst** ist.

Ich segne sie für das Glücksgefühl, das durch die bedingungslose Vergebung ihrer selbst entsteht, wodurch sie auch allen anderen oder allen schmerzhaften Dingen und leidvollen Erlebnissen, die ihnen je zugestoßen sind, vergeben.

Ich segne sie für das Glück, das durch ein Leben der selbstlosen Liebe und des freudigen Dienstes am anderen entsteht.

Ich segne sie für das Glück und den Frieden, die sich durch die Erkenntnis einstellen, dass ihr Leben – bis ins kleinste Detail – von der göttlichen Liebe gelenkt und geführt wird. »Siehe, ich sende einen Engel vor dir her, der dich behüte auf dem Wege und dich bringe an den Ort, den ich bestimmt habe.«[59]

Was für ein Segen steckt in diesem Versprechen!

Und ich segne mich selbst für das Verständnis dieser Gesetze, aus denen ich ruhige Zufriedenheit und unfehlbares Glück schöpfe.

---

[59] 2. Buch Mose 23:30

Tag 232
Auflösung einer unerträglichen Arbeitssituation (Ein Bericht)

Der folgende Bericht ist besonders interessant, denn er zeigt ganz deutlich die drei grundsätzlichen Eigenschaften, die man für ein spirituelles Ziel braucht: einen festen Willen, Aufrichtigkeit und Beharrlichkeit.

»Ich hatte eine Menge Probleme auf der Arbeit. Jeden Tag ging ich ins Büro und fing an zu weinen. Ich weinte auf der Straße, zu Hause – überall. Meine Vorgesetzten waren grausam zu mir und rächten sich ständig an mir, weil sie mich missbraucht hatten und mir sogar körperliche Gewalt angetan hatten, und weil ich sie deshalb verklagt hatte. Sie behandelten mich wie Dreck. Sie hatten dasselbe auch anderen Mitarbeiterinnen angetan, und ich war der festen Überzeugung, etwas dagegen unternehmen zu müssen.

Eines Tages ging ich wieder einmal weinend in der Mittagspause durch die Straßen von Washington. Mein Leid wurde unerträglich. Ich hatte gebetet, habe mir bei modernen Weisen Rat geholt, hatte stundenlang meditiert. Nichts hatte geholfen. Meine Lage war hoffnungslos. Jeden Schritt, den ich unternommen hatte, um das Problem im Guten zu lösen, war umsonst. Die Zivilklage würde sich mehrere Jahre hinziehen. Ich war völlig entmutigt. Und in der Zwischenzeit wollte die Geschäftsleitung mich entweder in den Selbstmord oder die Kündigung drängen. Die Geschäftsführer wussten: Sie waren die Manager und hatten die Macht. In einem anderen Fall hatten sie eine Kollegin in meinem Gebäude tatsächlich in den Selbstmord getrieben.

Doch an diesem Tag kam mir mitten auf der Straße plötzlich eine Idee: ›Gott, ob ich gewinne oder verliere, ist mir egal. Ich will nur in Frieden leben. Ich will sie nur noch segnen.‹ Und von diesem Tag an war ich fest entschlossen, genau das zu tun. Ich stellte die Küchenuhr auf eine Stunde ein, nahm meine Mala aus 105 Perlen zur Hand (um mich zu erden und besser zu konzentrieren) und segnete jeden der Geschäftsführer, der mich schlecht behandelte, mit Namen.

Es dauerte nicht lange (und das Problem ist auch noch nicht gelöst), da geschah ein Wunder. Ich hatte schon fast zwei Jahre unter der Situation gelitten, doch in der Zeit hatte sich nichts geändert. Doch nachdem ich angefangen hatte, sie alle und die ganze Agentur zu segnen, wurde unerwartet der Assistent meines Abteilungsleiters, der das Ganze eingefädelt hatte, zu seinem Chef gemacht. Jetzt ist der Abteilungsleiter der Untergebene seines früheren Assistenten. Das war natürlich eine öffentliche Ohrfeige für ihn. Die Mitarbeiter waren geschockt und begannen, mich mit anderen Augen zu sehen. Das größte Wunder ist, dass ich jetzt mit allem fertigwerde, seit ich sie alle segne.

Die Angelegenheit ist noch lange nicht vorüber. Sie versuchen immer noch, sich an mir zu rächen und mir zu schaden, aber ich gehe jedes Problem ruhig an und segne sie ständig, während ich meine Zivilklage vorantreibe. Es gibt zwar immer noch Zeiten, in denen ich nachts nicht schlafen kann und unter Panikattacken leide, doch ich kann jetzt mit allem besser umgehen – solange ich nicht aufhöre, sie zu segnen.

Durch Lilou Macé auf Sie zu stoßen war die Antwort auf all meine Gebete: auf verwandte Seelen zu treffen, ein unterstützendes Netzwerk für die spirituelle Richtung, die ich meinem Leben geben will. Ich bete, dass diese Praxis eines Tages weit verbreitet sein wird und dass die Menschen die Macht des Segnens für sich entdecken. Ich habe das Gefühl, meine Berufung gefunden zu haben: Ich möchte mich dafür engagieren, anderen das Segnen beizubringen. Aber natürlich erst, wenn ich es selber gemeistert habe.« (MF, USA)

(Lilou Macé ist freiberufliche Interviewerin mit einer eigenen Webseite im Internet, auf der sie mehrere hundert Interviews in Englisch und Französisch veröffentlicht hat. Sie interviewte mich über das Segnen.)[60]

Tag 233
Segen für Wunder

Zum Glück funktioniert das Universum nicht nach dem kartesischen Verständnis eines materiellen Universums der materiellen Ursachen und Wirkungen, sondern gemäß der grenzenlosen, sanften Großzügigkeit der göttlichen Gnade.

Ich segne mich für meine Erkenntnis, wie Gnade funktioniert.

Möge ich verstehen, dass immer, wenn die materialistische Denkweise »unmöglich« sagt, meine höhere Weisheit mir zuflüstert: »Was für eine prächtige Öffnung für eine neue Vision, wie das Universum operiert.«

Möge ich den Mut haben, den Chor der Angst verstummen zu lassen, der das Mantra »Nicht genug, nicht genug, nicht genug« murmelt, und ihn durch die Hymne der Liebe – »Du bist immer bei mir, und ALLES, was mein ist, ist auch dein. *Grenzenloser* Überfluss ist meine Art und Weise zu operieren« – ersetzen.

Möge ich erkennen, dass immer, wenn die sterbliche Mentalität eine dauerhafte und wachsende Trennung sieht, der göttliche Geist die jetzige Einheit und Harmonie unter all seinen Kindern sieht.

Möge ich immer, wenn rationales Ursache-und-Wirkung-Denken behauptet, dem menschlichen Leben wären Grenzen gesetzt, die Allgegenwart der unbegrenzten Möglichkeiten erkennen, die überall und jederzeit bestehen.

---

60 http://gentleartofblessing.org/interviews-with-pierre/316-video-interview-with-lilou-mace

Tag 234
Indianischer Segen

Hier ist noch ein kurzer indianischer Segen aus unbekannter Quelle, in seiner ganz besonderen Sprache und Sanftheit.

Mögest du die Kraft der Adlerflügel haben,
den Glauben und Mut, neue Höhen zu erklimmen,
und die Weisheit des Universums,
die dich dort hinträgt.

Tag 235
Ein Segen für meinen eigenen Weg

Die stereotype Erziehungsform jeder Kultur oder Gesellschaft neigt zu stereotypen Denkschemen und Verhaltensformen. Das ist der Kern des Prozesses, den wir »Sozialisierung« nennen. Er zielt darauf ab, die Menschen mit bestimmten Verhaltensweisen und Traditionen konform zu machen – darunter auch der Weg, den sie im Leben gehen sollten. Dieser Segen gilt denen, die sich zu anderem berufen fühlen.

Ich segne mich für die Vision, Fähigkeit und den Mut, meinen eigenen Weg zu gehen, wie steinig er auch sein mag.

Möge ich meinem tiefsten Selbst, meinem göttlichen Selbst, das mich immer auf den richtigen Weg führt, treu bleiben. Und möge ich es ohne Aggressivität, Abwehrhaltung oder die Angst tun, etwas Gutes zu verlieren, wenn ich die breiten Straßen der Konventionen, Gewohnheiten, Traditionen der Familie und Religion verlasse.

Möge ich wirklich begreifen, dass ein Weg geformt wird, indem man ihn geht, unabhängig davon, wie kurvig er ist und wie weit er mich von den hell beleuchteten ausgetretenen Wegen wegführt. Und möge ich, wenn der Zweifel versucht, sich seinen Weg in mein Herz zu bahnen, die Einsamkeit und rauen Winde der unerforschten Ebenen den überfüllten Straßen der gesellschaftlichen Normen und der Sicherheit vorziehen.

Denn die göttliche Liebe hat meinen Weg zu dem wunderbaren Ort, der auf mich wartet, *längst* eingezeichnet.

Tag 236
Ein Segen für die Demut

Demut ist eine häufig missverstandene Eigenschaft. Sie bedeutet weder, vor anderen zu kriechen und sich klein oder unwichtig zu machen, noch, gegen sein Ich anzukämpfen oder es im Keller zu verstecken. Sie ist eher die Transparenz des göttlichen Handelns durch uns und vor allem in unserer Gestalt. Rabindranath Tagore beschrieb einst auf wunderschöne Weise, wie man zu einer schlichten Schilfflöte wird, die das Göttliche mit seiner Musik füllen/zum Klingen bringen kann.

Ich segne mich im Privileg, in deinen Händen zu Ton zu werden, o grenzenlose Liebe: ein Lied auf deinen Lippen, ein Fensterglas, das so durchsichtig ist, dass es langsam schwindet, um dein Licht durchscheinen zu lassen.

Möge ich in der guten Tat, die unbemerkt und unbesungen vollbracht wird, Freude finden, im anonymen Geschenk, das ein Herz aufheitert, dem vor Angst vor Mangel bange ist, die Hilfe geben, die ohne einen Gedanken an irgendeine Wiedergutmachung geleistet wird.

Möge mein Herz singen, während ich im Dunkeln arbeite – zufrieden, dein Instrument zu sein.

Und möge ich eines Tages so sehr eins mit dir sein, dass selbst das Verlangen, demütig zu dienen, vergeht, weil mir klargeworden ist, dass du ich bist und ich du bin.

Tag 237
Ein keltischer Segen

Möge der Segen des Lichts, des inneren und des äußeren Lichts, auf dich fallen.

Möge der gesegnete Sonnenschein auf dich fallen

und dein Herz erwärmen, bis es wie ein starkes Torffeuer glüht.

Tag 238
Ein irischer Segen

Uralte Segnungen enthalten die Weisheit von Jahrhunderten. Aus diesem Grund sprechen sie uns heute noch an.

Alter irischer Segen

Mögen Liebe und Gelächter deine Tage erhellen

und dein Herz und Heim erwärmen.

Mögest du gute und treue Freunde haben,

wohin du auch immer gehst.

Mögen Friede und Überfluss deine Welt

mit Freude segnen, die lange währt.

Mögen alle vorübergehenden Jahreszeiten des Lebens

dir und den deinen das Beste bringen.[61]

Tag 239
Für den Schutz der Liebe

Es gibt keinen Ort, den wir aufsuchen könnten, an dem die göttliche Liebe nicht schon vor uns war, und keine Prüfung, die uns auferlegt werden könnte, bei der die Liebe nicht schon etwas zu lernen, eine Chance zu wachsen und einen Ausweg geplant hätte.

---

[61] islandireland.com/Pages/folk/sets/bless.html

Wir segnen uns für unser Verständnis, dass die schützende Gegenwart der göttlichen Liebe sich durch keinen Fehler jemals narren oder ablenken lässt.

Mögen wir darauf vertrauen, dass in der finstersten Höhle oder dem tiefsten Abgrund die treu umsorgende Zärtlichkeit und unfehlbare Macht der Liebe uns immer festhalten wird.

Mögen wir, selbst wenn wir uns scheinbar auf dem Weg ins Nirgendwo befinden, in der Sackgasse, auf dem unbegehbaren, gefährlichen Pfad, wissen und darauf vertrauen, dass der Plan der Liebe uns immer an unser vom Göttlichen vorbestimmtes Ziel führen wird.

Möge die leise Versicherung der Liebe unsere Herzen stützen, uns zu unserer grünen Weide zurückbringen und unsere Ängste in ihr Nichts auflösen, wenn die Verkünder des Materialismus schreien, wenn alle Sirenen aufheulen: »Es gibt keinen Gott, es gibt keine Hoffnung, du bist verloren, alles bricht auseinander.«

Mögen wir uns beim Überqueren des Tals der Schatten des Todes an der ruhigen Erkenntnis festhalten, dass Stecken und Stab der Liebe uns trösten und halten.

Mögen wir, wenn wir düstere Täuschung und den größten Verrat erleben, uns still daran erfreuen, dass das Wahrheitsschild der Liebe die Unschuld des Verräters und das Vertrauen des Verratenen wiederherstellen wird.

Und mögen wir, wenn wir mit unserer Weisheit am Ende sind, vom Leben überwältigt werden und das Gefühl haben, als würden einfach zu viele Probleme gleichzeitig auf uns einprasseln, Trost in der Zusicherung der Liebe finden, dass die Prüfungen nie über unsere Fähigkeit, der Herausforderung entgegenzutreten, hinausgehen.

Tag 240
Ein Segen für Sie, mein Freund

Ein Freund von mir schickte mir den heutigen Segen von Ralph Waldo Emerson, den ich leicht umgeschrieben habe. Dieser Segen ist extra für Sie!

Dies ist mein Segen für Sie.

Mögen Sie an schweren Tagen Trost finden, und ein Lächeln, wenn sich Traurigkeit einstellt. Mögen Regenbogen auf Ihre Wolken folgen und möge Lachen Ihre Lippen küssen. Mögen Sonnenuntergänge Ihr Herz wärmen, und mögen andere Sie umarmen, wenn Sie betrübt sind.

Möge sich Ihren Augen Schönes zeigen, und mögen Freundschaften Sie aufheitern. Möge Vertrauen im Überfluss vorhanden sein, damit Sie die Wahrheit glauben können, und mögen Sie Sicherheit bekommen, wenn Sie zweifeln.

Und mögen Sie den Mut haben, sich selbst zu kennen, die Geduld, die Wahrheit zu akzeptieren, und die Liebe, um Ihr Leben in Ruhe vollenden zu können.

Tag 241
Segen für das Vertrauen auf die göttliche Liebe

Wie Jesus uns gesagt hat, werden wir nicht in das »Königreich« eingelassen, wenn wir nicht zu kleinen Kindern werden. Das Königreich ist natürlich kein Ort, sondern ein Bewusstseinszustand der bedingungslosen Liebe und grenzenlosen Zufriedenheit. Kinder haben von Natur aus ein Grundvertrauen. Wir wollen daher von ihnen lernen, wie man vertraut. Er sagte auch, wir sollten keine Angst haben, da der himmlische Vater das Königreich von Herzen gerne für uns öffnet.

Mögen wir erkennen, dass wir es uns nicht durch ein tugendhaftes Leben, gute Taten oder strenge Disziplin verdienen müssen. Mögen wir uns auf der Erkenntnis ausruhen, dass wir dieses Geschenk umsonst bekommen. So wie der Hirte nicht von seinen Schafen verlangt, gute Wolle zu produzieren, bevor er sie auf die grünen Weiden führt, können wir uns auch völlig in der Erkenntnis entspannen, dass das Königreich unser göttliches Geburtsrecht ist – weil wir es schon in uns tragen. Wir brauchen bloß loszulassen und Gott zuzulassen.

Mögen wir auf das Versprechen ständiger Führung vertrauen, weil die göttliche Liebe uns zuflüstert: »Ich (die grenzenlose Liebe) werde euch an der Hand halten und festhalten.«

Mögen wir nie um unser täglich Brot fürchten, sondern auf das Versprechen des grenzenlosen Überflusses vertrauen, der von der Quelle des Guten bereitgestellt wird und uns sagt, dass genügend Raum sein wird, um den Segen zu empfangen, wenn sie die Fenster des Himmels öffnet und ihn über uns ausschüttet.

Mögen wir in der Sicherheit des ständigen Schutzes ruhen, der durch das Versprechen erfolgt, dass die allmächtige Liebe uns von hinten und von vorne beschützt und schützend die Hand auf uns legt.

Mögen wir, wenn wir mit voller Wucht vom Sturm, von einer Prüfung oder einem Tsunami gebeutelt werden, wissen, dass wir keine Angst zu haben brauchen, denn du hast uns von oben herabgeschickt, an die Hand genommen und an einen großen Ort gebracht, weil du an mir Freude hattest.

Und mögen wir uns, wenn die schwerste innere Prüfung uns in den Kerker der Verzweiflung und Zweifel stößt, daran erinnern, dass alles (jede einzelne Prüfung) letztendlich zu einem Segen wird.

Mögen wir auf die göttliche Einsicht des Meisters vertrauen, der uns gesagt hat, dass sogar jedes unserer Kopfhaare gezählt ist, d. h. dass eine grenzenlose Intelligenz über jedes Begreifen hinaus absolut alles lenkt, vom kleinsten mentalen

Molekül bis hin zu den riesigen Galaxien – was auch uns irgendwo dazwischen mit einschließt!

Tag 242
Ein Segen für die Bestätigung der göttlichen Führung unseres Lebens

Im Rückblick wird vielen bewusst, dass sie von einer unsichtbaren Hand geführt wurden – mitunter in den gefährlichsten Situationen – oder dass eine scheinbar unbedeutende Entscheidung ein ganzes Leben verändert hat. Es ist sehr tröstlich, wirklich zu spüren, dass wir nicht allein sind, dass eine unglaublich liebevolle Intelligenz trotz des gegenteiligen Anscheins das Leben lenkt.

Mögen wir in der gelassenen Gewissheit ruhen, dass ein vollkommener Plan immer unser Leben lenkt, egal, wie es uns erscheinen mag.

Mögen wir in einem gigantischen Chaos, aus dem wir keinen Ausweg sehen, oder wenn wir von bösen Mächten umzingelt sind, die uns zu erdrücken scheinen, verstehen, dass die Präsenz der Liebe schon unseren Heimweg eingezeichnet hat.

Mögen wir, wenn wir glauben, einen Fehler gemacht zu haben, der nicht rückgängig gemacht werden kann – den größten unverzeihlichen Fauxpas (unseres Lebens) –, dahin geführt werden zu erkennen, dass der göttliche Geist sich still daran erfreut, dass wir nur nützliche Lektionen daraus ziehen.

Ja, wir segnen uns bei den schwierigsten Entscheidungen im Wissen, dass sich letztendlich für die, die auf ihren höchsten Wahrheitssinn hören, alles zum Guten wendet.

Wir segnen uns – an einer Kreuzung ohne Schilder, die uns die Richtung weisen – für unsere Fähigkeit, in uns hineinzuhorchen und ein Schild zu finden, das schon im Herzen auf uns wartet.

Und schließlich segnen wir dich, grenzenlose Liebe, dafür, dass du uns auf der Reise von unserer gefühlten materiellen Existenz zu unserem ultimativen spirituellen Ziel – vom Gefühl zur Seele – führst.

Tag 243
Für die Kinder getrennter Eltern und die, deren Vater oder Mutter verschwunden ist

Scheidungen sind so häufig geworden, dass sie fast unbemerkt bleiben – in meiner Heimatstadt Genf werden mehr als 60 Prozent aller Ehen wieder geschieden. Und in vielen Fällen verschwindet ein Elternteil einfach (oft mit einem neuen Partner) und lässt sich nie wieder blicken. Für die Kinder, vor allem für kleine Kinder, kann dies zutiefst traumatische Auswirkungen haben. Wir wollen sie fest ans Herz drücken, während wir diesen Segen aussprechen.

Wir fühlen von Herzen mit den Kindern, deren Familien auseinandergerissen wurden oder denen eine Scheidung oder plötzliche Trennung schwer zu schaffen macht.

Mögen sie in sich den Mut finden, ruhig und stark mit der Situation umzugehen.

Mögen sie sich die Weisheit aneignen, die sie befähigt, keinem der Elternteile Schuldgefühle zu machen oder ihm Vorwürfe zu machen. Und mögen sie vor allem nie das Gefühl bekommen, sie seien in irgendeiner Weise schuld an der Situation.

Mögen sie im Gegenteil ihren Eltern und Geschwistern Heilung vermitteln, indem sie durch die Gnade selbst innere Heilung erleben.

Mögen sie, wenn sie zwischen den Fronten hin- und hergerissen werden, sich entmutigt oder sogar verlassen fühlen, verstehen, dass sie und ihre Eltern stets von einer bedingungslosen, liebevollen göttlichen Präsenz umgeben sind, die sie immer lenkt und beschützt.

Und möge die innere Weiterentwicklung, die sie durch diese Herausforderung erfahren, sie befähigen, Mitgefühl zu entwickeln, damit sie Freunden helfen können, die ähnliches durchmachen.

Tag 244
Gott sei ich

Der folgende Segen stammt von Pfarrer Jim Cotter.[62]

Gott sei

Gott sei in meinem Kopf und meinem Verstehen,

Gott sei in meinen Augen und meinem Sehen,

Gott sei in meinem Mund und meinem Sprechen,

Gott sei in meiner Zunge und in meinem Schmecken,

Gott sei in meinen Lippen und in meinen Grüßen,

Gott sei in meiner Nase und in meinem Riechen/Einatmen,

Gott sei in meinen Ohren und in meinem Hören,

Gott sei in meinem Nacken und in meiner Demut,

Gott sei in meinen Schultern und in meiner Haltung,

Gott sei in meinem Rücken und in meinem Stehen,

Gott sei in meinen Armen und in meinem Greifen/Empfangen,

Gott sei in meinen Händen und in meiner Arbeit,

Gott sei in meinen Beinen und in meinem Gehen,

Gott sei in meinen Füßen und in meiner Erdverbundenheit,

Gott sei in meinen Gelenken und in meinen Bindungen,

Gott sei in meinem Bauch und in meinen Gefühlen,

Gott sei in meinen Lenden und in meinen Schwingungen,

---

62 Jim Cotter: Prayer at Night. Auch im Vorwort Geistkörper-Anatomie: Die sieben Zentren von Kraft und Heilung, Delfi bei Droemer Knaur, 1997 von Caroline Myss

Gott sei in meiner Lunge und in meinem Atmen,

Gott sei in meinem Herzen und in meinem Lieben,

Gott sei in meiner Haut und in meinem Berühren,

Gott sei in meinem Fleisch und in meinen Sehnsüchten,

Gott sei in meinem Blut und in meinem Leben,

Gott sei in meinen Knochen und in meinem Sterben,

Gott sei bei meinem Ende und bei meiner Wiedergeburt.

Tag 245
Die Wiederherstellung der Harmonie vor dem Konzert (Ein Bericht)

Ich organisierte zusammen mit einem Freund aus Kamerun ein Benefizkonzert zugunsten der Farmerkooperationen im Senegal. Das Konzert war im Radio und in der Lokalpresse angekündigt worden und sollte im großen Hörsaal eines Colleges, der uns kostenlos zur Verfügung gestellt wurde, stattfinden.

Doch der Techniker und Hausmeister des Colleges wollte mit unserem Konzert nichts zu tun haben. Wie der Universitätsleiter uns mitteilte, konnte er den Techniker nicht zwingen, nach Feierabend Überstunden zu machen! Daher mussten wir den Techniker eines anderen Colleges um Hilfe bitten.

Zwei Stunden vor dem Konzert trafen mein Freund aus Kamerun und ich am College ein, um zu sehen, ob alles nach Plan lief. Als wir auf die Bühne gingen, stellten wir betroffen fest, dass nur noch zwei Mikrophone vorhanden waren. Wir suchten den Hausmeister, der uns gegenüber sehr feindselig war.

Zuerst war ich wütend, doch eine leise innere Stimme sagte mir: »Pierre, mit Wut kannst du dieses Problem nicht lösen. Segne ihn einfach.« Während der Hausmeister in aggressivem Tonfall mit meinem Freund redete, fing ich also an, ihn stumm mit Segen zu überschütten.

Plötzlich erhellte sich sein Gesicht mitten im Satz. Er strahlte, ging in sein Labor, kam mit einem ganzen Stapel Mikros zurück und wünschte uns einen Superabend. So löste sich das Problem auf – dank der Kunst des Segnens!

Pierre, Schweiz

Tag 246
Ein Segen von Laurel Burch

Laurel Burch ist eine Malerin und Künstlerin in Kalifornien, die sich das Malen selbst beigebracht hat. Sie kehrte im Alter von vierzehn Jahren ihrem Elternhaus den Rücken und nahm nur eine Papiertüte voller Klamotten und ihre ernste Knochenkrankheit (Osteoporose) mit. Als Jugendliche begann sie, so originellen Modeschmuck anzufertigen, dass die Leute sie auf der Straße ansprachen und fragten, wo sie ihre Ketten gekauft hatte. Das war der Karrierestart einer bemerkenswerten Frau, die einmal sagte: »Ich weigere mich, irgendwas in meinem Leben zu haben, aus dem ich nicht etwas Verzaubertes und Schönes machen kann.« Wir können es ihr gleichtun, und Segnen ist ein äußerst geeignetes Instrument, um alles in etwas Schönes zu verwandeln – egal, wie es nach außen hin erscheinen mag.

Mögen wir das Leben wie einen heiligen Tanz leben
und möge unsere Wahrheit aus unserem Herzen sprechen
und mögen wir unseren Mut in unserer Seele finden.
Mögen wir mit beiden Beinen fest auf dem Boden stehen,
mögen wir fliegen, weil wir an uns selbst und aneinander glauben.

Tag 247
Den Tag mit frischen Augen sehen

Die Iren haben einen reichen Schatz an Segen für alle Situationen hervorgebracht. Hier ist noch einer:

Mögest du die Welt jeden Tag mit frischen Augen sehen.

Mögest du immer Tag und Nacht, Wahrheit von Unwahrheit, Weisheit von Bequemlichkeit unterscheiden können.

Möge jeder deiner Schritte auf festem Boden sein.

Mögest du durch die Illusion hindurch die Wirklichkeit sehen.

Mögest du allen, die dir begegnen, Glück und Freude bringen.

Mögest du immer wissen, wie es ist, in Freiheit zu leben.

Mögest du denen, die gefallen sind, eine Hilfe sein, und denen, die herumirren, ein Wegweiser sein, der sie auf den richtigen Weg zurückführt.

Mögen deine Bedürfnisse erfüllt werden.

Mögest du aus deiner Gemeinschaft Kraft schöpfen.

Mögest du Teil des Glanzes sein, der Israel krönt.

Mögest du nie vergessen, in wessen Bildnis du erschaffen wurdest.

Mögest du dich selbst in Zeiten der Fesseln an das Glück der Freiheit erinnern.

Mögen auf dem Weg deines Lebens Körper, Geist und Seele nie kraftlos werden.[63]

---

63 http://islandireland.com/Pages/folk/sets/bless.html

Tag 248
Die Lebensregeln der Dakota-Indianer[64]

Ich habe die ersten vier Abschnitte dieser wundervollen Regeln der Dakota-Indianer nur leicht verändert. Sie zeigen, wie weit uns die Ureinwohner der Vereinigten Staaten schon vor Jahrhunderten voraus waren, wenn es darum geht, die Verbindung zwischen allem zu erkennen.

Mein Freund, mögest du es auf diese Weise tun – das heißt,
was immer du im Leben auch tust,
mögest du dein Bestes geben
mit Herz und Verstand.
Und wenn du es auf diese Weise tust,
wird die Macht des Universums
dir zu Hilfe kommen,
wenn dein Herz und Verstand eins sind.
Wenn man im Kreis der Menschen sitzt,
muss man verantwortungsbewusst handeln,
denn die ganze Schöpfung ist miteinander verbunden.
Und die Wunde des einen ist die Wunde aller,
und die Ehre des einen ist die Ehre aller.
Und was immer wir auch tun, wirkt sich auf alles im Universum aus.
Wenn du es auf diese Weise tust – das heißt,
wenn du Herz und Verstand wirklich
vereinst – dann wird das,
worum du auch immer bittest, sein.

---

64 www.sapphyr.net/natam/quotes-nativeamerican.htm Überliefert von White Buffalo Calf Woman

Tag 249
Ein Segen für die Heiler der Erde

Traditionelle Kulturen hatten schon (fast) immer Hochachtung für die Erde und ihre Ressourcen. Doch heutzutage breitet sich sogar im Westen eine neue Gattung der Erdheiler aus – hoffentlich noch rechtzeitig, um Mutter Erde vor tödlichen Wunden zu bewahren, denen wir als Erste zum Opfer fallen würden. Wir wollen sie mit unseren Segnungen unterstützen.

Wir danken allen, die im Leben dazu bewegt werden, die Erde im Kleinen und im Großen zu heilen und zu schützen.

Gesegnet seien die Komposthersteller, die Gärtner, die Wurm- und Pilzzüchter, die, die dafür sorgen, dass sich der Erdboden wieder erholt, die, die die Gewässer säubern und die Luft reinigen, alle, die den Müll anderer wieder beseitigen.

Gesegnet seien die, die Bäume verteidigen und Bäume pflanzen, die die Wälder beschützen und die Wälder erneuern.

Gesegnet seien die, die lernen, die Steppen zu heilen

und die Flüsse zu erneuern, alle, die Erosion verhindern, die Lachse und Fische wieder gedeihen lassen, die Heilkräuter hegen und das überlieferte Wissen über Wildpflanzen hüten.

Gesegnet seien die, die die Städte heilen und sie mit Begeisterung, Kreativität und Liebe wieder zum Leben erwecken.

Dank und Segen all denen, die gegen Gier aufstehen, die bereit sind, sich zu opfern, die geblutet haben und verwundet wurden, und diejenigen, die ihr Leben im Dienste der Erde lassen mussten.[65]

---

[65] Auszug aus The Earth Path: Grounding Your Spirit in the Rhythms of Nature by Starhawk [Der Weg der Erde: Den Geist im Rhythmus der Natur erden, von Starhawk] zu finden auf www.blessingfiles.wordpress.com

Tag 250
Ein franziskanischer Segen

Wie Henri Nouwen sagte, »ist das Segnen mehr als nur ein Wort des Lobes oder der Wertschätzung; es ist mehr, als auf Begabungen oder eine gute Tat hinzuweisen; es ist mehr, als den Scheinwerfer auf jemanden zu richten. Zu segnen bedeutet, die Tatsache, dass jemand geliebt wird, zu bejahen«. Hier ist ein Segen aus dem reichhaltigen spirituellen Schatz der Franziskanermönche.

Möge Gott dich mit Unbehagen über einfache Antworten, Halbwahrheiten und oberflächliche Beziehungen segnen, damit du tief in deinem Herzen leben kannst.

Möge Gott dich mit Wut über Ungerechtigkeit, Unterdrückung und Ausbeutung der Menschen segnen, damit du für Gerechtigkeit, Freiheit und Frieden eintreten kannst.

Möge Gott dich mit Tränen des Mitgefühls für die, die Schmerz, Zurückweisung, Hunger und Krieg erleiden, segnen,

damit du die Hand ausstrecken kannst, um sie zu trösten und um ihren Schmerz in Freude zu verwandeln.

Möge Gott dich mit Dummheit segnen, so dass du glaubst, du könntest auf der Welt etwas bewirken, damit du tun kannst, was andere als unmöglich abtun, um für Gerechtigkeit und Güte gegenüber all unseren Kindern und Armen zu sorgen.[66]

Tag 251
Segen als Instrument der heilenden Berührung der Liebe

Dr. Joe Dispenza gehört zu den Schlüsselfiguren der neuen Medizin, die die tiefgreifende Transformation der Erdenbewohner voranbringt. In einer seiner Sammel-E-Mails von Anfang Januar 2016 befindet

---

[66] http://blessingfiles.wordpress.com

sich ein Link zu einem aufregenden kurzen Video über Elsa Saks, einer estländischen Abenteurerin des Lebens und des Geistes, die mit dem Fahrrad durch sieben Länder Mittelamerikas reiste und nur Dankbarkeit als Währung im Gepäck hatte. Es ist ein unglaublicher Tribut der Macht der Liebe, die, wie Elsa sagt, all ihre Bedürfnisse erfüllte. Der heutige Segen wurde davon inspiriert.

Wir segnen uns für die Fähigkeit, die Liebe zu sehen, die die ganze Realität untermauert, wie gegenteilig der Anschein auch immer sein mag.

Wir segnen uns für die Fähigkeit, alles mit den Augen der Liebe zu betrachten: Heilige oder Sünder, Engel oder Verbrecher.

Wir segnen uns für die Erkenntnis, die jede einzelne Begegnung, Herausforderung, Angst und jeden scheinbaren Mangel als Chance sieht, unsere Liebe wachsen zu lassen.

Mögen wir auf jede verletzte Seele mit dem Öl des Mitgefühls zugehen, das aufheitert, tröstet und den Heilbalsam der Liebe auf jede Wunde und jeden Groll, jeden Hass und jede Verletzung träufelt.

Mögen wir jedem gebrochenen oder einsamen Herzen mit der sanften Gesellschaft der Liebe begegnen, damit die Betroffenen das tiefe Mitgefühl spüren können, das aus dieser Fürsorge entsteht.

Möge die Liebe unsere ständige Inspiration und Energie sein – und möge sie jeden unserer Gedanken, Worte, Taten oder Gefühle formen, damit jeder, der uns begegnet, uns als die Präsenz des Göttlichen in seinem strahlenden Glanz erlebt.

Tag 252
Für alle, die voller Wut, Hass oder Groll sind

Nur wenige Gefühle sind schädlicher für die, die sie empfinden, als die drei obengenannten – ganz zu schweigen von ihrer Umwelt. Man kann nur das tiefste Mitgefühl für Menschen haben, die vor allem von Ressentiments aufgefressen werden – was sich ungefähr so anfühlt, wie wenn eine Ratte an Ihren Innereien nagen würde (was Groll auch mit Ihrem Immunsystem macht!). Wir wollen dieses Mitgefühl regelrecht in unserem Herzen aufleben lassen, während wir sie segnen.

Ich fühle von Herzen mit denen mit, die von allen möglichen düsteren Gefühlen wie Groll oder Hass aufgefressen werden.

Ich segne sie dafür, dass sie sich des Schadens bewusst werden, den sie sich selbst zufügen, indem sie diese zweifelhaften Genossen in ihrem Herzen wohnen lassen, ganz zu schweigen vom Schaden, den sie damit ihrer Umwelt zufügen.

Mögen sie alle Versuche aufgeben, ihre Einstellung durch Ungerechtigkeit, Verlust oder Schaden, die sie womöglich erlitten haben, zu rechtfertigen, indem sie begreifen, dass das Beharren auf dem widerfahrenen Unrecht sie nur noch tiefer in die Grube fallen lässt, die sie sich selbst gegraben haben.

Möge die göttliche Essenz, die in ihrer Seele verborgen ist, das tiefe Verlangen wecken, sich von diesen schweren Ketten und dem ständigen Unrat zu befreien, die sie im Leben mitschleppen.

Und mögen sie dem Flüstern der Liebe lauschen, die sie sanft aufrüttelt, damit sie aus ihrem zombiehaften Zustand aufwachen und sich nach der herrlichen Freiheit und den grünen Weiden der Vergebung sehnen.

Tag 253
Ein Segen für jeden Tag

Ich möchte diesen wunderschönen Segen von Debbie Ford[67] *» schlicht und einfach »Segen für jeden Tag« nennen, da er zum Ausdruck bringt, was so viele Menschen gerne umsetzen würden.*

Lieber Gott,

an diesem Tag bitte ich dich, mir dieses Anliegen zu erfüllen.

Möge ich jeden Augenblick eines jeden Tages wissen, wer ich bin und was ich bin.

Möge ich ein Katalysator des Lichts und der Liebe sein und die, in deren Augen ich blicke, inspirieren.

Möge ich die Stärke haben, im Angesicht eines Konflikts aufrecht zu stehen, und den Mut, meine Meinung zu sagen, selbst wenn ich Angst habe.

Möge ich die Demut haben, meinem Herzen zu folgen, und die Leidenschaft, die Wünsche meiner Seele zu leben.

Möge ich nach der höchsten Wahrheit suchen und dem Ziehen meines niedrigen Selbst nach unten nicht nachgeben.

Möge ich die Ganzheit meines Selbst, meine Dunkelheit und mein Licht annehmen und lieben.

Möge ich mutig genug sein, auf mein Herz zu hören.

Es weicher werden lassen, so dass ich den Glauben der Angst vorziehe.

Heute ist der Tag, an dem ich alles, was zwischen der Heiligkeit meiner Menschlichkeit und meiner Göttlichkeit steht, aufgebe.

---

[67] Drenched in Holiness: Prayer for a New Year« (»In Heiligkeit getränkt: Gebet für ein neues Jahr«)

Möge ich in Heiligkeit getränkt werden und von deiner Liebe umhüllt.

Möge alles andere wegschmelzen.

Und so soll es sein.

Tag 254
Für Kinder, die Wutanfälle bekommen

Vor ein paar Minuten saß ich im Bus, als eine Mutter mit ihrem Kind einstieg. Das Kind bekam im Bus einen heftigen Wutanfall. Ich hatte mein Notizbuch dabei, da ich ein paar Segen verfassen wollte, und hier war die goldene Gelegenheit, ihn erst einmal umzusetzen. Das Kind beruhigte sich nach wenigen Minuten, und ich schrieb diesen Segen:

Ich segne diese tolle Mutter und ihre Schwestern, andere Mütter überall auf der Welt für ihre grenzenlose Geduld.

Ich segne sie für ihre Erkenntnis, dass genau da, wo anscheinend ein trotziges, schreiendes Kind zu sein scheint, gleich hinter dem Schleier die Präsenz Gottes, des Lebens, der Liebe ist, die sie anlächelt und lehrt, ihren Blick hinauf auf die wahre spirituelle Wirklichkeit zu richten.

Ich segne ihr Kind dafür, dass es die grenzenlose Güte der Seele spürt, die sich in seinem Herzen rührt und es dazu bringt, sanfter und mit mehr Beherrschung zu reagieren.

Ich segne alle Eltern, die ihre Kinder in der enorm komplexen Umgebung einer miteinander verbundenen Welt und den riesigen Herausforderungen für alle, die mit Kindern arbeiten, aufziehen. Ich segne sie für ihre Erkenntnis, dass das Erwachsenwerden für manche Kinder ein echter Kraftakt sein kann.

Und wieder segne ich alle Eltern, die mit häufigen Wutausbrüchen und ähnlichen Problemen umgehen müssen, für ihre unfehlbare Selbstkontrolle und Ruhe.

Tag 255
Ein Segen für das Bewusstsein der göttlichen Präsenz

Für viele Mystiker und Menschen auf der Suche nach Spiritualität ist das Spüren der göttlichen Präsenz eine wichtige spirituelle Praxis. Doch um, wie Rumi, die Liebe zu umschreiben, können wir zwar versuchen, die göttliche Präsenz zu beschreiben, aber wenn wir sie wirklich erleben, macht sie uns sprachlos. Deshalb wollen wir zu diesem Thema zurückkehren, das für viele die Grundlage der Umsetzung von Spiritualität ist.

Möge die Wärme der Liebespräsenz den ganzen Tag über zu spüren sein. Mögen wir uns daran erfreuen, dass kein Umstand uns von dieser tröstlichen Gesellschaft des Göttlichen trennen kann.

Möge ich mir hinter den Augen eines jeden, dem ich begegne, deiner ständigen Gegenwart bewusst werden. Und mögen die Wunder der Natur diejenigen, deren Herz sehen kann, überall an die Schönheit deines strahlenden Gesichts erinnern.

Möge ich in deiner sanften, immer vorhandenen Präsenz Zuflucht und meinen Frieden finden – vom unaufhörlichen oder kreischenden Tumult der Großstadt oder meines Arbeitsplatzes bis hin zum ängstlichen Warten auf einen gefürchteten Ausgang oder eine negative Entscheidung.

Möge ich auf den verdorrten Ebenen tiefer Zweifel oder im Chaos der Schlacht, wenn ich nach dir rufe und keine Antwort höre, wenn meine Freunde mich verlassen und alle Mauern des Lebens einzustürzen scheinen, in das verborgene Kloster meines Herzens hinabsteigen und feststellen, dass du mich nie verlassen hast.

Möge ich vor allem lernen, die Sanftheit und stille Kraft dieser Präsenz, die mich auf allen Seiten umgibt, die über mir schwebt und die der Boden unter meinen Füßen ist, zu genießen und wirklich zu schätzen – denn sie ist wahrlich ein Paradies, das mir niemand nehmen kann, das die Jahre nicht zerstören können, das Leid oder Unrecht nicht beflecken können. *Das* ist mein ewiges Zuhause.

Tag 256
Ein Segen für Freunde

Wir entleihen dieses Freundschaftsgebet bei Marianne Williamson[68].

Mögen Engel ihre Nächte füllen und ihre Tage segnen.

Mögen sie Frieden und Freude, Glück und Harmonie finden.

Möge ich eine Quelle des Glücks in ihrem Leben sein.

Möge das Band unserer Freundschaft stark sein und auf Wahrheit beruhen.

Mögen sie immer wissen, dass sie von mir Unterstützung finden.

Möge ich ein Leben leben, das dieses Gebet bestärkt.

Unter Freunden

Wir übergeben dir diese Freundschaft.

Möge sie deinen Zwecken dienen und immer von dir gesegnet sein.

Erfülle unseren Geist mit deinen Gedanken.

Mögen wir immer zur höchsten Vision voneinander geführt werden. Entferne alles, was unserer höchsten Liebe den Weg versperrt.

Mögen wir Freude und Frieden und Harmonie finden.

---

68 Marianne Williamson, Illuminata: Gedanken und Meditationen für eine Rückkehr zur Liebe, Goldmann, 1996 (»Rückkehr zum Gebet«, der Teil, der sich mit Freundschaften befasst).

Tag 257
Ein Segen der Freude

In einem spirituellen Leben ohne Freude fehlt eine wesentliche Zutat. Als einer der größten spirituellen Führer auf diesem Planeten, Jesus, seine Vision mit seinen Jüngern teilte, deutete er an, dass diese Vision, wenn sie verstanden wird, vollkommene Freude mit sich bringt. Aber man strebt nicht nach Freude der Freude halber – sie stellt sich oft ein, wenn man sein Selbst einem höheren Sinn widmet.

Ich segne dich, grenzenloses Eine, dafür, dass du FREUDE erschaffen hast!

Denn was wäre ein Leben ohne Freude, was wäre Honig ohne Süße oder ein Vogel ohne Flügel!

Ich segne mich dafür, dass ich diese Freude aus der Tiefe meines Inneren, wo sie schon immer war und immer sein wird, hochkommen lasse.

Ich segne mich dafür, dass ich für die unerwartete Freude offen bin, die plötzlich unser Herz erfüllt wie die Sonne, die durch die Wolken bricht und alles mit ihren Strahlen wärmt – ein herrliches Geschenk der Gnade.

Möge mein Leben ein Loblied der Freude für die Verzweifelten, Menschen mit gebrochenem Herzen und Häftlinge, die sich durch ihre Taten ins Gefängnis gebracht haben, sein.

Möge ich in der stillen Zuflucht des echten Zuhörens alle inneren Geräusche und das endlose Wandern der Gedanken zum Verstummen bringen, bis ich die tiefe innere Stille höre, aus der spirituelle Freude entsteht.

Und möge mein Leben zu dem besonderen Raum werden, in dem der Springquell deiner Freude in die Unendlichkeit fließt.

Tag 258
Segnen bringt nach einem Diebstahl tiefe Ruhe (Ein Bericht)

Kürzlich fuhr ich mit dem Zug und war damit beschäftigt, Handynummern in meinem iPhone zu speichern. Mein Laptop befand sich in einer schwarzen Tasche, die meinen Oberschenkel berührte. Irgendwann schaute ich nach meinem Laptop ... aber da war kein Laptop. Jemand hatte ihn gestohlen, ohne dass ich oder die Leute auf den Nachbarsitzen es mitbekommen hatten.

Noch in derselben Sekunde, in der ich den Diebstahl bemerkte, begann ich, den Dieb eine ganze Weile für seine Integrität und seinen Überfluss zu segnen (denn wer etwas stiehlt, muss unter dem tiefsitzenden Gefühl des Mangels leiden), für seinen guten Charakter und Frieden. Sofort überkam mich die Art von Frieden, die »über jedes Verständnis hinausgeht«, ein Gefühl des Friedens, wie ich es schon lange nicht mehr erlebt hatte. Darauf folgte aufrichtiges Mitgefühl für den Betreffenden. Ich fühlte ehrlich mit ihm. Können Sie sich vorstellen, wie es sein muss, andere zu bestehlen? Deine eigenen Brüder und Schwestern? In was für einem Gemütszustand muss sich dieser Mensch befinden! Selbst jetzt noch, während ich diese Geschichte aufschreibe, empfinde ich das tiefe Verlangen, dass diese Person ihr Verhalten ändert, zu ihrem EIGENEN Nutzen (ganz zu schweigen von dem ihrer Umwelt), wenn sie das nicht schon getan hat.

Segnen ist der stärkste Heilbalsam und der größte Schutz vor so vielen Formen des Bösen. In der Rüstung der Liebe kann menschlicher Hass uns nichts antun (und das Segnen gehört zu den höchsten und reinsten Formen der Liebe).

Pierre, Schweiz

Tag 259
Ein Segen, um Gott überall zu sehen

Hafiz war einer der größten Dichter der Sufi-Orden[69]. In der Übersetzung seiner Gedichte von Daniel Ladinsky findet sich ein Gedicht mit dem schlichten Titel »Überall«. In diesem Gedicht beschreibt der Dichter eine Reihe völlig verrückter Handlungen – er bindet beispielsweise all sein Hab und Gut an einen Stock und zündet ihn an. Das Gedicht endet mit diesen Worten:

Was kann Hafiz heute Abend schon feiern
außer den Wahn, die Freude, überall Gott zu sehen.

Ich segne mich für die Fähigkeit, Gott überall zu sehen – in einem kleinen Mooskissen auf einem Stück Baumrinde ebenso wie in den endlosen Wäldern von Sibirien und dem Amazonas,

im kleinen Bergbach ebenso wie in der Weite der Weltmeere, im geistigen Molekül ebenso wie in den riesigen Galaxien des Himmels.

Möge ich dich in den Augen der Sünder wie auch der Heiligen sehen – sei es der Mörder, den ich im Gefängnis besuche, oder der Mystiker, der in Ekstase auf einem Berggipfel sitzt.

Gott, Gott, überall nur Gott.

Im sauren Geschmack einer frisch ausgepressten Zitrone und im süßesten Wildhonig, den ich in einem Baumstamm entdecke,

in der Prüfung, die mich auf den Boden des Abgrunds, umgeben von hohen Felsen, wirft, wo ich in tiefstem Schmerz wandere, ebenso wie auf den saftigen grünen Weiden, wo deine Gnade mich schon erwartet,

in der berauschenden Stille unter dem funkelnden Sternenhimmel im Tal ebenso wie im Rauschen der Großstadtstraße,

---

69. In der Übersetzung seiner Gedichte von Daniel Ladinsky (The Gift/Das Geschenk)

in den Pilgern, die voller Freude zum heiligen Schrein wandern, und den Flüchtlingen, die in Todesangst vor einem mitleidlosen Feind fliehen,

Gott, Gott, nur Gott, überall und immer.

Tag 260
Lernen, richtig zu lieben

Man könnte Jack Kornfield[70] einen der echten modernen amerikanischen Weisen nennen. Ich habe sein Gebet in einen Segen umgewandelt.

Möge ich lernen, alles gut zu lieben.

Möge ich lernen, die sich ständig ändernden Jahreszeiten des Lebens mit einem großen Herzen des Mitgefühls zu bereichern.

Möge ich mit dem Frieden und der Gerechtigkeit leben, die ich der Erde wünsche.

Möge ich lernen, voll und ganz mitzufühlen und anmutig loszulassen.

Möge ich den Überfluss der Erde genießen.

Möge ich allem, was lebt, durch mein eigenes Leben, meine Gedanken, Worte und Taten Nutzen bringen, damit mein Herz und die Herzen aller Lebewesen lernen, sich zu befreien.

Tag 261
Ein Segen, um die Unschuld aller zu erkennen

Vor vielen Jahren hatte ich ein unglaublich starkes mystisches Erlebnis. Damals fuhr ich in der Straßenbahn in Genf zu einer Besprechung. Plötzlich sah ich nicht nur, sondern spürte auch die strahlen-

---

70 http://www.onespiritinterfaith.org/2013/09/september-2-2013-jack-kornfield/

de Unschuld aller anderen in meinem Abteil. Als ich ausstieg, setzte sich dieser Zustand auf der Straße fort, und ich hätte am liebsten die Arme ausgebreitet und laut geschrien: »Ihr seid unschuldig, ihr seid unschuldig ...« Aber da sie mich dann wahrscheinlich in die Klapse gesteckt hätten, hielt ich lieber den Mund!

Ich segne mich dafür, dass ich die strahlende Unschuld jedes deiner Kinder erkenne.

Möge ich von hochrangigen Generälen bis hin zu Mafiabossen, von herzlosen Spekulanten oder Zuhältern bis hin zu geldgierigen Geschäftsleuten oder pädophilen Priestern - alle Kategorien, die die Gesellschaft als unmoralisch, kriminell oder noch Schlimmeres verdammt und ablehnt - sehen, was du siehst: das völlig unschuldige Wesen eines jeden Lebewesens deiner Schöpfung.

Möge ich, wie laut die Gesellschaft auch schreien und die Schuld von Mitmenschen verdammen möge, darauf beharren, zu sehen, was du so deutlich siehst, das Einzige, was du siehst: unschuldige Wesen.

Möge ich auch erkennen, dass diese Vision nichts mit dem zu tun hat, was das materielle Auge sieht und die Gesellschaft oder die Medien beschreiben, sondern mit der Vision, die die Seele in mein Herz eingepflanzt hat.

Möge mein Mitgefühl so stark sein, dass ich die Gesellschaft der Gnade vorziehe, um die Unschuld der Menschen zu erkennen, statt auf den Wagen der Gesellschaft aufzuspringen, um in der Gesellschaft von Spott und Empörung zu sein.

Und möge ich sie standfest mit den Augen der Liebe ansehen und dadurch den Tag des Erwachens schneller herbeiführen, der für sie eines Tages so sicher wie der tägliche Sonnenaufgang kommen wird.

Tag 262
Ein Segen für Kindersoldaten[71]

»Kindersoldaten sind alle Kinder unter 18 Jahren, die von einer staatlichen oder nichtstaatlichen Armeetruppe rekrutiert und als Kämpfer, Köche, Selbstmordattentäter, menschliche Schutzschilde, Boten, Spione oder sexuell missbraucht werden. In den letzten 15 Jahren hat sich der Missbrauch von Kindersoldaten auf fast jedes Gebiet auf der Welt und jeden bewaffneten Konflikt ausgebreitet. Auch wenn keine genauen Zahlen genannt werden können, dienen doch Tausende von Kindersoldaten illegal in bewaffneten Konflikten rund um die Welt. Manche von ihnen werden mit unter 10 Jahren zum Waffendienst gezwungen.«

Wir segnen Kinder, die entführt und gezwungen werden, in bewaffneten Konflikten zu dienen, aus tiefstem Herzen.

Wir segnen sie für ihre Unschuld, auf dass das Bewusstsein ihrer Unschuld trotz der schwierigen und mitunter dramatischen Lage, in der sie stecken, tief in ihrem Inneren wach bleiben möge.

Wir segnen sie für ihre fundamentale Integrität, damit durch die schrecklichen Taten, die sie mit ansehen und häufig selbst begehen müssen, nicht ihre Sehnsucht erlischt, der menschlichen Hölle zu entkommen, in die sie hineingezwungen wurden, oder ihr Glaube an ein humaneres und normaleres Leben und die Chance, es eines Tages zu bekommen.

Wir segnen sie für ihr Bewusstsein, dass sie eins sind mit dir und ihrer vollkommenen göttlichen Identität.

Möge deine Hand sie – als Täter oder Opfer – vor allem Bösen bewahren, wenn sie durch das Tal des Todes gehen.

Möge die tröstliche Gegenwart der Gnade sie stützen und aufheitern, wenn Einsamkeit, Hunger, Verzweiflung oder der Wunsch, das Leben aufzugeben, sie grausam beutelt.

---

71 www.dosomething.org

Und schließlich segnen wir die Erwachsenen, die Kinder, die ihre eigenen sein könnten, so kaltherzig in eine solche Lage drängen, damit dein Geist ihnen ihr wahres Wesen als Kinder Gottes bewusstmacht.

Tag 263
Eine schlichte Segnung

Im folgenden Segen von Susan Larson[72] *habe ich nur »morgen« durch »heute« in der letzten Zeile ersetzt.*

Möge Gott Ihnen seine Sicht auf die Dinge geben, die Sie frustrieren.

Möge Ihr mitfühlendes Herz für die, die auf unvorstellbare Weise leiden, wachsen.

Mögen Sie so leidenschaftlich für sie beten, wie Sie es für sich selbst tun.

Möge Gott Sie vor kleinlichen, selbstsüchtigen Gedanken bewahren.

Möge er Sie mit Dankbarkeit für und Freude über die Freiheiten, die Sie genießen, erfüllen!

Möge er Ihren Entschluss, eine dankbare, demütige Seele zu sein, erneuern.

Und möge er Sie heute auf Weisen nutzen, die Sie überraschen und segnen!

---

72 www.afriendofjesus2013.com

Tag 264
Segen für meine positive Wirkung auf das Leben

Uns allen wird immer klarer, dass jeder Gedanke, jedes Wort und jede Tat irgendwo auf der Welt eine Wirkung haben. Und ich bin fest davon überzeugt, dass alle aufrichtigen Segen, Gebete oder Meditationen sich – wie bescheiden auch immer – auswirken. Das ist sehr ermutigend, vor allem in der ziemlich wilden Welt, in der wir leben, weil zu viele Leute denken, sie könnten sowieso nichts bewirken. Wenn Sie je geglaubt haben, Sie seien zu unwichtig, um etwas Wichtiges auf der Welt zu bewirken, dann erinnern Sie sich an die Aussage, die dem Dalai Lama zugeschrieben wird: »Wenn du glaubst, du seist zu klein, um etwas zu verändern, dann versuche mal, mit einer Mücke im Zimmer zu schlafen.« Sie wiegt weniger als ein 25-Millionstel Ihres Gewichts (nämlich nur 2,5 mg), doch ihre Wirkung ist enorm) …

Ich segne mich dafür, dass ich jeden Gedanken, jedes Wort und jede Tat der göttlichen Liebe übergebe, die das Universum lenkt.

Mögen all meine Gedanken wie eine sanfte Frühlingsbrise ausströmen und all deine Kinder auf der ganzen Welt segnen, wo immer sie auch sein mögen, angefangen bei meinen Nachbarn bis hin zu einer Barackenstadt in Johannesburg oder einer Börsenhalle an der Wall Street.

Mögen all meine Worte alle inspirieren, aufheitern und heilen – von der gestressten Verkäuferin, die um ihren Job fürchtet, bis hin zum Bettler, der mich am Ärmel zupft, vom Universitätsprofessor, der sich so wichtig nimmt, dass er auf mich herabsieht, bis hin zur jungen Volontärin, die mit leuchtenden Augen Flyer auf der Straße verteilt.

Mögen meine Blicke, auf wen sie auch immer fallen, wie Balsam, Sonnenstrahlen, Boten der Dankbarkeit und Liebe auf alle wirken – Mensch und Tier, Baum und Busch.

Mögen all meine Taten Leiter deiner Liebe sein, die mit Achtsamkeit und Aufmerksamkeit vollbracht werden und nur das Ziel haben, meinen Nächsten zu segnen und dein Königreich auf Erden zu fördern.

Und mögen all meine Gefühle alle um mich herum berühren, so wie der unsichtbare Duft des Lavendelbuschs, der im Frühling durch die Atmosphäre strömt.

Tag 265
Ein Segen des buddhistischen Lehrmeisters Thich Nhat Hanh

Heute lassen wir uns von seinem Segen »Möge ich friedlich, glücklich und leicht an Körper und Geist sein« inspirieren.

Möge ich sicher und frei von Unfällen sein.

Möge ich frei von Wut, ungesunden Geisteszuständen, Ängsten und Sorgen sein.

Möge ich wissen, wie ich mich mit den Augen des Verständnisses und der Liebe ansehen kann.

Möge ich fähig sein, die Saat der Freude und das Glück in mir zu erkennen und zu säen.

Möge ich lernen, wie ich mich jeden Tag durch Freude nähren kann.

Möge ich fähig sein, frisch und frei zu leben und mit beiden Beinen auf dem Boden zu stehen.

Möge ich nicht in den Zustand der Gleichgültigkeit verfallen und auch nicht in Extremen und Abneigung gefangen sein.

Tag 266
Für das Glück aller Menschen

Es gibt wohl nur weniges, nach dem die Menschen mehr streben als nach Glück. Deswegen enthält dieses Buch noch einen zweiten Segen dafür. Unsere Konsumentengesellschaft nährt mit der aktiven Unterstützung von so vielen von uns den Mythos (beziehungsweise die große Lüge), das Sammeln von Besitztümern oder Geld könne das Glück vergrößern. Doch oft ist genau das Gegenteil der Fall. Ich habe in einigen der ärmsten Gegenden weltweit, in denen ich gelebt habe, Menschen kennengelernt, die zwar kaum etwas besitzen, die aber trotzdem Glückseligkeit ausstrahlen.

Ich segne alle Bewohner dieses magischen Planeten für ihr wahres Glück.

Mögen sie herausfinden, dass es vor allem ein Zustand der tiefen inneren Zufriedenheit und nicht der äußeren Anzeichen von Wohlstand ist.

Mögen sie feststellen, dass es weitaus mehr aus dem, was wir geben, kommt und nicht aus dem, was wir erhalten, dass es davon kommt, wenn man dem Leben in *allen* Situationen JA, DANKE sagt.

Ich segne uns alle für unsere klare Erkenntnis, dass das »himmlische Königreich« – der Ort tiefen inneren Friedens, der Ruhe, der strahlenden Freude, des unerschütterlichen Vertrauens, das Kennzeichen wahren Glücks ist – schon in uns IST, wie ein großer Lehrmeister uns einst gesagt hat, und dass wir nicht hinter etwas herzurennen brauchen, das wir schon haben, auch wenn es in der verstecktesten Kammer unseres Herzens schlummert.

Und möge ich mir vor allem bewusst werden, dass Glück kein zartes Pflänzchen ist, das ängstlich im Gewächshaus vor Frost und Hagel geschützt werden muss, sondern ein Geschenk, das mit allen geteilt werden sollte, ein Garten, in den alle eingeladen sind, sich auszuruhen und ihre Lieblingsblumen zu pflücken.

Tag 267
Ein Segen der Sicherheit

Wie manche Verhaltenstheoretiker annehmen, ist das Streben nach Sicherheit das grundlegendste Verlangen der Menschheit: Sicherheit in den Nahrungsressourcen, in Beziehungen, Gesundheit, Einkommen, Schutz vor Gefahren aller Art ... die Liste ist endlos (und enthält bei manchen auch die Erlösung!). Zugleich erinnern uns spirituelle Seher aller Länder und Zeiten immer wieder daran, dass echte Sicherheit vor allem im Göttlichen zu finden ist. Die spirituelle Literatur ist mit vielen Geschichten über einen überraschenden Schutz in scheinbar vollkommen unentrinnbaren Situationen gespickt, die zeigen, dass Versicherungen, Impfungen oder teure Türschlösser möglicherweise nicht das letzte Wort haben, wenn es um Sicherheit geht.

Ich segne mich (meine Familie, Gemeinde, Land ...) für meine (unsere) Erkenntnis, dass wahre Sicherheit vor allem in der Weise, wie die göttliche Liebe alles lenkt, zu finden ist.

Möge ich das Versprechen eines göttlichen Meisters annehmen, dass »ich euch Macht gegeben habe, zu treten auf Schlangen und Skorpione, und Macht über alle Gewalt des Feindes, und nichts wird euch schaden« (Lukas 10:19) – und dass die Schlangen und Skorpione des heutigen Lebens mich nicht mehr einschüchtern können.

Ich segne mich für die Einsicht, dass es ein göttliches Gesetz gibt, welches alle menschlichen Mittel und Anstrengungen übertrifft, egal, wie mutig sie auch sind und wie ernst eine materielle oder menschliche Situation auch aussehen mag.

Möge ich verstehen, dass es – wie hoffnungslos eine ärztliche Diagnose auch klingen mag – die höhere Diagnose der göttlichen Liebe gibt, die jede beschränkte menschliche Vorhersage ins Gegenteil verkehren kann, unabhängig von ihren Ansprüchen der Wissenschaftlichkeit, die immer schrecklich beschränkt und hypothetisch ist.

Möge ich, wenn die Medien eine – finanzielle oder andere – drohende Katastrophe vorhersagen und wenn der materielle Schein das Gegenteil aussagt, das stille, doch beharrliche Flüstern der Seele in meinem Inneren hören, das mir sagt: »Alles ist gut, alles ist gut, alles ist sehr, sehr gut«, denn die göttliche Liebe ist mein Hirte und mir wird es nie an irgendwas mangeln.

Tag 268
Segen für einen fortgegangenen Lebenspartner

Hier ist nur einer von zahlreichen Berichten über die Wirkung des Segnens, die ich über die Jahre erhalten habe.[73] »Mein Mann S. verliebte sich in eine andere Frau und verließ mich vor ein paar Monaten, um mit ihr zu leben. Obwohl meine erste Reaktion darauf Schock, Wut und Groll waren, auch wenn meine Grundemotion eigentlich Angst war (hauptsächlich, ohne ihn allein leben zu müssen), fing ich rasch an, beide (und natürlich auch mich!) zu segnen. Die Veränderung war beinahe sofort spürbar ... Nur wenige Tage nach unserer Trennung hatte ich das Gefühl, zwei Briefe des Verzeihens, des Danks und Segnens schreiben zu müssen: Einer war an beide adressiert, falls er entscheidet, bei ihr zu bleiben; der andere war für den Fall, dass er beschließt, zu mir und unseren Kindern zurückzukommen. Ich habe beide Briefe immer noch aufbewahrt und weiß noch nicht, ob ich jemals einen von ihnen abschicken werde, doch sie haben mir geholfen, dahin zu kommen, wo ich jetzt bin und wo ich weiß, dass es nichts zu verzeihen gibt, da ich die Situation selbst verursacht habe! Aus welchem Grund, ist mir zwar nicht ganz klar, aber ich habe in den letzten Monaten nach all den Jahren gelernt, mich selbst zu lieben.«

Karen

---

73 www.gentleartofblessing.org

Ich segne mich für meine Fähigkeit, ... (seinen oder ihren Namen) dafür, dass er/sie weggegangen ist, zu vergeben, und zu erkennen, dass er/sie zu diesem Zeitpunkt auf seiner/ihrer höchsten Bewusstseinsebene stand und noch steht.

Ich vergebe mir vollkommen für alles, was ich womöglich zu seinem/ihrem Weggang beigetragen habe.

Möge ich trotz meines Schmerzes lernen, ihn/sie und seine/ihren neue(n) Partner(in) für die Integrität ihrer Beziehung und ihr gemeinsames Glück zu segnen.

Ich segne mich selbst für die Erkenntnis, dass es hinter dieser schmerzhaften Erfahrung etwas unendlich Kostbares und Wichtiges für uns beide zu lernen gibt.

(Falls Kinder vorhanden sind:) Ich segne die Kinder, damit sie die Stärke und das Verständnis entwickeln, diese enorme Herausforderung mit Gelassenheit zu meistern – und das Vertrauen auf ihre Fähigkeit, damit umzugehen.

Und ich segne mich für meine Fähigkeit, mich dieser Prüfung mit Weisheit und Mut zu stellen und bei jedem Schritt zu lernen, auf den grenzenlosen Plan der Wendung zum Guten zu vertrauen, den das Schicksal schon für mich und die meinen aufgezeichnet hat.

Tag 269
Ein Segen für stärkeres Vertrauen

Es ist sehr schwer, im Leben zu funktionieren, wenn man in ständiger Sorge oder Angst lebt, dass irgendwas schiefgehen könnte. Manche Leute versuchen damit umzugehen, indem sie Kontrollfreaks sind. Doch das unterdrückt die Angst nur, statt sie loszuwerden. Aber ein ganz anderes Bild entsteht, wenn man an ein liebevolles Schicksal glaubt, das alles lenkt.

Ich segne mich für die Fähigkeit, einfach loszulassen und Gott machen zu lassen.

Möge ich mich daran erinnern, dass Wunder der normale Weg der göttlichen Liebe sind, wenn ich mit einem scheinbar unüberwindbaren Problem konfrontiert werde.

Möge ich mich, wenn ich wegen der Zustände auf der Welt, der Umwelt oder eines anderen großen weltweiten oder internationalen Problems zutiefst beunruhigt bin oder Angst habe, daran erinnern, dass der Orientteppich, der von unten nur wie ein Wirrwarr aus Wollsträngen aussieht, von oben betrachtet ein Bild vollkommener Harmonie, Schönheit und Farben ergibt.

Möge ich an die ruhige Macht der Liebe, das Problem gewaltfrei zu lösen, glauben, wenn ich mich glühender Wut oder offenem Hass gegenübersehe.

Möge ich auf die Macht der Vergebung, alles Unrecht zu korrigieren oder wiedergutzumachen, vertrauen, wenn ich in die Irre geführt, betrogen, getäuscht werde oder wenn mir auf irgendeine andere Weise Unrecht angetan wird, und möge ich mich zu diesem höchsten Geschenk der Vergebung für alles und jeden machen.

Möge ich darauf vertrauen, dass dein Schutzengel neben mir geht und deine tröstliche Gegenwart mich immer umgibt, wie verwirrend der Weg auch sein mag, und dass das Licht der Wahrheit die dunklen Schatten durchdringt, wie finster die Nacht auch erscheint.

Und möge ich darauf vertrauen, dass deine grenzenlose Güte alles zu einem guten Ende führt, egal, welche Fehler ich mache.

Tag 270
Ein Kind auf der Welt willkommen heißen

Wie wird die Welt morgen wohl aussehen? Manche Leute glauben, sie wird ein sehr fremder Ort mit Robotern sein, die in allen Bereichen die Arbeit der Menschen übernehmen, und vielleicht sogar die Welt in Science-Fiction-Szenarien kontrollieren, die gar nicht mehr so fern klingen, während die Umweltzerstörung Millionen von Menschen dazu zwingt, aus Küstengebieten zu fliehen ... Oder wird es die schöne neue Welt, die manche voraussagen? Zumindest heute herrscht noch Unsicherheit.

Wir segnen ... (Name des Kindes), das sich mit uns auf das wundersame und schwierige Abenteuer begibt, das die Menschheit Fortschritt nennt.

Wir segnen alle Neugeborenen für die Fähigkeit, die enormen Herausforderungen anzunehmen, die mit Sicherheit auf ihre Generation zukommen werden. Wir segnen sie für die Fähigkeit, sich ständig anzupassen, für Kreativität und Erfindergeist, wenn sie sich beunruhigenden oder seltsamen Situationen stellen müssen.

Wir segnen sie für ihre Widerstandsfähigkeit bei möglichem Druck aller Art, für Mut und Offenheit, wenn sie sich Gefahren und möglicherweise fremden Wesen von anderen Planeten gegenübersehen.

Wir segnen sie dafür, dass sie an ihrer Vision festhalten, dass sie »ihren Wagen an einen Stern ankoppeln«.

Wir segnen sie dafür, dass sie in der Liebe fest verwurzelt sind – der ultimativen Macht, die sie befähigt, zu jeder Lebenslage, alle Menschen oder Situationen, die sie ängstigen, demütigen, in Versuchung führen oder von ihrer höchsten Berufung abbringen wollen, zu akzeptieren.

Und wir segnen sie für ihre grünen Weiden, auf denen sie tanzen und sich ausruhen, ausgelassen oder kreativ sein mögen, ohne je ihre Wachsamkeit und Achtsamkeit zu verlieren.

Wir segnen sie auch für ihr unerschütterliches Vertrauen in das Schicksal, das über jeden ihrer Schritte wacht, das ihnen die Weisheit und Erkenntnis verleiht, ihren eigenen Weg zu gehen, die Widerstandsfähigkeit, Entschlossenheit und den Mut, niemals aufzugeben, den klaren Willen, der nie ins Wanken gerät, und die Vision, die eine Flamme in ihren Augen entfacht und ein Lächeln auf ihre Lippen zeichnet.

Tag 271
Segnen heilt Ressentiments und löst ein Problem (Ein Bericht)

Vor einiger Zeit brachte ich einem Schreiner eine sehr wertvolle Gartenbank, die er reparieren sollte. Seine Rechnung war astronomisch, doch ich beschloss, sie ohne Kommentar zu bezahlen, weil mir diese Bank (auf der vier Leute bequem sitzen können) so sehr am Herzen lag.

Doch kurz nachdem ich die Rechnung gleich nach Abschluss der Reparaturen bezahlt hatte, bemerkte ich zwei große, tiefe Risse im Holz. Innerlich kochte ich. Wie konnte der Mann es wagen, mir die Bank mit so deutlich erkennbaren Mängeln zurückzugeben? Ich sprang zum Telefon und rief ihn sofort an, doch mir wurde gesagt, er befände sich gerade in einer Besprechung. Da er in einem Nachbardorf ist, beschloss ich, zu seiner Werkstatt zu fahren. Eine so hohe Rechnung für einen solchen Pfusch! Ich würde ihm sagen, was ich davon hielt – und das mit mir, einem so guten Kunden!

Während ich zu ihm fuhr, sagte eine leise innere Stimme: »Wie wäre es, es mit einem Segen zu versuchen?« Also begann ich auf der Stelle damit, ihn zu segnen – für seinen Fleiß, seine Handwerkskunst, seine Integrität und so weiter. Natürlich war meine Wut dadurch sofort verraucht, und als ich an seiner Werkstatt ankam, redete ich in freundlichem und warmem Ton mit ihm. Er entschuldigte sich vielmals und kam mit, um die Bank abzuholen, die er daraufhin perfekt fertig restaurierte.« Marie Louise, Schweiz

Tag 272
Als Ausdruck unserer Größe

Für viele zählt der Sufi-Dichter und Denker Rumi zu den größten Dichtern aller Zeiten und mit Hafiz wahrscheinlich zu den größten Dichtern des Sufismus. In einem seiner großartigen non-dualen Aphorismen macht er die verblüffende Aussage: »Hört auf, euch so klein zu machen. Ihr seid das Universum in ekstatischer Bewegung.« Also:

Ich segne mich für meine grenzenlose Größe

- als Ausdruck Gott,
- als Gott, der euch und allen, denen ich begegne, zulächelt,
- als Gott, der leise jubelt, wenn er sein Spiegelbild überall und seine Vollkommenheit in allem sieht.

Ich segne mich für mein weit offenes Herz, das bereit ist, die Geknechteten und die Kranken, die Ängstlichen und die Mutlosen, die Sünder und die Heiligen, die unrühmlichsten Schurken und die fleißigen Arbeiter und alle anderen zu empfangen, die bereit sind, an meinem Tisch zu sitzen, damit ich ihnen das Essen servieren kann, das ihnen wirklich neue Kraft gibt.

Ich segne mich für die Erkenntnis, dass meine einzige Größe darin besteht, der Ausdruck deiner Größe zu sein, dass ich nur dann aufrichtig lieben kann, wenn ich die völlige Transparenz deiner Liebe bin, dass ich nur dann klug handeln kann, wenn ich den göttlichen Geist als meinen Geist annehme.

Ach ja! Ich juble und segne mich als das Universum, grenzenlose Liebe in ekstatischer Bewegung.

Tag 273
Noch ein Segen für Gefangene in Einzelhaft

Da ich seit 12 Jahren einen US-Gefangenen in der Todeszelle besuche, kann ich den Horror dieser Unterbringung in Zellen, die nur 5–6 Quadratmeter groß sind, ohne jeglichen Kontakt zu anderen Menschen, manchmal sogar ohne ein Fenster, bestätigen. Erst 2016 beendete Präsident Obama diese grausame und ungewöhnliche Form der Strafe (die von der 8. Ergänzung zur amerikanischen Verfassung verbannt sein soll) von Jugendlichen – doch nur in den Bundesgefängnissen. Langzeithäftlinge in Einzelhaft verbringen im Durchschnitt über acht Jahre in völliger Isolierung. Den traurigen Rekord hält Albert Woodfox mit 43 Jahren Einzelhaft; er wurde im Februar 2016 entlassen. Diese Methode wird immer mehr als Menschenrechtsverletzung und Form der Folter angesehen (was sie natürlich auch ist).

Wir segnen unsere Brüder und Schwestern, die auf der ganzen Welt in Einzelhaft sitzen.

Wir segnen sie für ihre Widerstandsfähigkeit, ihren unbeugsamen Mut, ihre Tapferkeit und vor allem ihr Vertrauen in ein Schicksal, das allem gegensätzlichen Anschein zum Trotz sie niemals im Stich lassen wird.

Wir segnen sie für die Fähigkeit, ihr seelisches Gleichgewicht in einer Umgebung, die meist ohne jede mentale Stimulierung ist, zu halten.

Wir segnen ihre Familien und Freunde dafür, dass sie mit ihnen trotz der Haftlänge über die Jahre Kontakt halten. Wir segnen ihre Wärter für ihr ehrliches Mitgefühl, damit sie sich immer daran erinnern, dass sie ihres Bruders Hüter sind, nicht nur physisch, sondern vor allem auch in spiritueller Hinsicht.

Wir segnen ihre Strafverteidiger, damit es ihnen nie zu viel wird, alle rechtlichen Schritte zu unternehmen, die ihre Not lindern könnten. Wir segnen die Opfer, damit ihnen klar wird, dass Groll und Rachegedanken ihnen mehr als allen anderen schaden, und wir segnen die Häftlinge für ihre Fähigkeit, sich selbst zu verzeihen.

Und wir segnen die Politiker, damit sie dazu gebracht werden, andere so zu behandeln, wie sie selbst behandelt werden wollen, und die Bürger aller Länder, damit sie alles tun, um diese Verletzung der Menschenwürde zu beenden.

Tag 274
Segen zur Heilung des weltweiten Glaubens, es würde Mangel herrschen

Ich bin überzeugt, der Glaube an Mangel ist das größte Problem auf der Welt: Mangel an Zeit, an Mitgefühl, an Jobs, an Geld, an Gesundheit, an kreativen Ideen, an Lösungen, an Toleranz, an Wohnraum, an Sicherheit, an Kunden, an Gelegenheiten, an Selbstvertrauen, an einer Zukunft ... überall herrscht angeblich Mangel. Sogar Multimilliardäre mit 20 oder 30 Milliarden auf dem Konto wollen noch mehr! Doch wir haben das biblische Versprechen schon zitiert, nämlich dass wir gesegnet sind, dass es für den ganzen vorhandenen Überfluss gar nicht genug Platz geben wird, wenn wir darauf vertrauen.

Ich segne mich für die Fähigkeit, Überfluss zu sehen, wo der menschliche Verstand Mangel sieht.

Möge ich mir des Überflusses an Liebe und möglicherweise auch praktischer Hilfe, die ich geben kann, bewusst sein, wenn ein Obdachloser auf der Straße still weint.

Möge ich, wenn die verdorrte Erde zum Himmel schreit, vor meinem geistigen Auge die schweren Regenwolken sehen, die ihre kostbare Last verschütten werden.

Möge ich mich am allgegenwärtigen göttlichen Geist erfreuen, der allen zur Verfügung steht, wenn es an frischen, neuen Ideen zu mangeln scheint.

Möge ich, wenn ich scheinbar keine Zeit habe, daran erinnert werden, dass jede Minute der göttlichen Liebe gehört, die mich bei meinen Bemühungen unterstützt, sie im Hier und Jetzt – der einzigen Zeit, die je existieren wird – zum Ausdruck zu bringen.

Möge ich mir, wenn es mir scheinbar an Geld mangelt oder ein dringender Bedarf besteht, der Tatsache bewusst werden, dass das »Königreich Gottes«, die einzige Quelle allen echten Überflusses, in mir ist.

Ich segne mich für die Fähigkeit, den Niagara-Fall deiner Gnade zu entdecken, der nur darauf wartet, sich auf mich und alle anderen zu ergießen.

Tag 275
Ein Segen zur Erhöhung des kollektiven Bewusstseins

Die oberste weltweite Priorität ist nicht die Bekämpfung von Armut und Hungern oder der Friede unter den Nationen, eine saubere Umwelt oder die Verringerung der immer stärkeren Unterschiede der Einkommen, auch wenn all diese Probleme und viele andere extrem wichtig sind. Sie ist vielmehr die Verbesserung des individuellen – und damit kollektiven – Bewusstseins. Und dabei sind wir alle Hauptakteure. Wenn Sie mögen, können Sie den Text von Alyna Rouelle über die Heilkraft der Meditation noch einmal durchlesen, bevor Sie diesen Segen lesen.

Ich segne mich für mein Verständnis der grenzenlosen Schönheit einer Welt, in der ALLES BEWUSST IST.

Möge ich erkennen, dass jeder meiner Gedanken zum Barometer unseres kollektiven Bewusstseins beiträgt und es nach oben oder unten zieht.

Ich segne mich für die Erkenntnis, dass – weil wir alle in einem grenzenlosen Geist miteinander verbunden sind – jedes Mal, wenn ich besonders auf meine Umwelt achte, ich damit allen Menschen helfe, das Gleiche zu tun, wo immer sie auch sind.

Möge ich mich daran erfreuen, dass jeder positive, liebevolle, wache Gedanke, den ich habe, ein Baustein in der neuen Welt für alle Geschöpfe ist, die wir alle gemeinsam erbauen.

Möge ich eine tiefe Bedeutung und Freude darin finden, alles Negative, das mir auffällt, umzukehren, und möge ich mir bewusst werden, dass das göttliche Verständnis das einzig wahre Verständnis ist. Es ist buchstäblich *alles*, und auf einer höheren Ebene gibt es kein anderes Bewusstsein.

Möge ich jedes einzelne Lebewesen, jedes Tier, jede Pflanze und jedes sogenannte materielle Objekt, dem ich begegne, in mein Bewusstsein mit einbeziehen und es segnen, achten und mit Liebe behandeln.

Und mögen meine Segnungen so sehr Teil meines Bewusstseins sein, dass sie keiner Worte mehr bedürfen, sondern nur noch zu einer tiefen, nicht endenden Sehnsucht nach dem Guten und dem Glück der ganzen Schöpfung, einschließlich ich selbst, werden.

Tag 276
Ein Segen zur Bar-Mizwa

Ein solches Buch wäre ohne einen traditionellen jüdischen Segen undenkbar, denn das Segnen ist ein wesentlicher Teil des jüdischen Glaubens.

Mögest du leben, um deine Welt erfüllt zu sehen,

mögest du unsere Verbindung zu zukünftigen Welten sein,

und möge deine Hoffnung alle zukünftigen Generationen mit einbeziehen.

Möge dein Herz voller Verständnis sein,

möge Weisheit über deine Lippen kommen,

und möge deine Zunge voller Freude klingen.

Möge dein Blick offen und selbstsicher sein,

deine Augen mit der Lampe der Thora leuchten,
dein Gesicht mit der Helligkeit des Himmels strahlen,
dein Mund Worte des Wissens formen
und Rechtschaffenheit in deinem inneren Selbst lebendig sein.
Und mögest du immer voller Ungeduld eilen,
um die Worte des Einen zu hören, der alle Zeiten überdauert.

Talmud Berachot 17a[74]

Tag 277
Ein Segen für unterdrückte Urvölker

Überall auf der Welt wurden und werden Urvölker unterdrückt und oft schlicht und einfach ausgelöscht (in Brasilien und anderen lateinamerikanischen Ländern, in den USA während der Kolonisierung Nordamerikas durch die Europäer, in vielen Teilen Asiens, Afrikas und Australiens). Außer ein paar wenigen Beobachtern erfährt der Rest der Welt erst seit Kurzem vom reichen Schatz an Weisheit und Wissen, den diese Völker über die Jahrhunderte angesammelt haben – den große, internationale Pharmaunternehmen nun zu ihrem eigenen Profit ausbeuten.

Wir segnen unsere Brüder und Schwestern, die wir so lange als »unzivilisiert« ansahen, dafür, dass sie die Verwalter enormer Weisheit sind, die eines Tages für unser Überleben von großer Bedeutung sein könnte.

Wir segnen sie für ihr Bewusstsein ihrer Wichtigkeit für die moderne Welt und des einzigartigen Wertes ihres Wissensschatzes über die Natur und seine Pflanzen.

Wir segnen sie für die Fähigkeit, sich den zahllosen körperlichen, chemischen, kulturellen, religiösen und anderen Aggressionen zu widersetzen – einschließlich der dreisten Besetzung

---

74 https://blessingfiles.wordpress.com/2011/

ihrer angestammten Gebiete, die über die Jahre so viele von ihnen reduziert oder ganz ausgerottet hat.

Wir segnen sie für ihre Fähigkeit, mit Sensibilität und Weisheit das Beste ihrer eigenen Traditionen und das Gute, das die moderne Zivilisation ihnen dennoch geben kann, miteinander zu verbinden.

Wir segnen uns für die Fähigkeit, diese Völker mit der tiefsten Hochachtung, zu der wir fähig sind, zu behandeln und die schon entstandenen Schäden so gut es geht wiedergutzumachen, damit wir uns gemeinsam - jeder auf unsere eigene Art - auf eine Welt zubewegen können, in der alle gut leben können.

Tag 278
Segen für ein klareres Verständnis dafür, dass Gott alles umfasst

Wie Mystiker vieler spiritueller Hintergründe, Zeitalter und Länder seit jeher sagen, existiert hinter dem Schleier des materiellen Scheins eine andere, vollkommen harmonische Realität. Und wenn wir mit der Methode segnen, die in meinem Buch „Segnen heilt“, beziehen wir uns auf diese andere »reale« Realität und wenden uns an sie. Deshalb ist es so wichtig, ihr Wesen zu verstehen.

Ich segne mich für meine Erkenntnis der wahren Realität des Seins hinter dem verzerrten Schleier des materiellen Scheins. Ich segne mich für die Fähigkeit, die Schrillheit der materiellen Sinne und des rationalen Verstands, die wirklich überzeugt sind, sie würden die wahre Realität begreifen, zum Schweigen zu bringen.

Ich segne mich für mein Verlangen, meine Gefühle verstummen zu lassen, damit ich das innere göttliche Geschehen einfach nur spüre.

Möge ich wirklich begreifen, dass die Realität deiner Gegenwart keine Widersprüche zulässt, dass - unabhängig vom Plappern und Lärmen der fünf Sinne – für die grenzenlose, immerwährende Liebe ALLES LIEBE IST und dass es für sie weder Zwietracht noch Sünde, weder Krankheit noch Tod gibt.

Möge ich wirklich fühlen, dass die göttliche Liebe die einzige Substanz, Gegenwart, Macht, Ursache und Wirkung, Intention, das einzige Bewusstsein und Wesen im Universum und des Universums ist und dass es für ein höheres Bewusstsein keine andere Macht oder Gegenwart gibt.

Tag 279
Für Immigranten, Flüchtlinge und andere, die in einem fremden Land ankommen

In den letzten Jahren mussten Millionen von Menschen aus politischen, wirtschaftlichen, sozialen und anderen Gründen, wie beispielsweise einem Bürgerkrieg, aus ihren Heimatländern flüchten. Die Herausforderung, sich an ein neues Land, eine fremde Kultur, Sprache, ein anderes Klima, andere Sitten usw. zu gewöhnen, wirkt entmutigend, wie jeder weiß, der mit Flüchtlingen arbeitet oder befreundet ist. Manchmal muss man ein Held oder eine Heldin sein, nur um zu überleben, vor allem wenn man eine Mutter mit kleinen Kindern ist. Wir wollen unser Herz für diese Brüder und Schwestern öffnen und uns wirklich in ihre Lage versetzen: Was würden wir in einer solchen Situation tun?

Wir segnen alle, die aus ihren Heimatländern flüchten mussten und versuchen, sich einer völlig fremden Umgebung anzupassen.

Wir segnen sie für ihren unerschütterlichen Mut, für ihr Rückgrat, Durchhaltevermögen und die Ausdauer, mit denen sie die enormen Hürden überwinden, die sich täglich vor ihnen auftun.

Wir segnen sie für ihre Intelligenz und Anpassungsfähigkeit im Umgang mit komplizierten Gesetzen, Regeln und gesellschaftlichen Normen, die ihnen womöglich völlig fremd, wenn nicht gar bizarr, vorkommen.

Wir segnen sie für ihre Gelassenheit und Stärke, wenn sie mit der offenen Feindseligkeit von Einheimischen konfrontiert werden, die sie aus Angst oder Unwissenheit ablehnen.

Wir segnen die Gastländer für ihr Mitgefühl und den Wunsch zu teilen, damit ihre Bürger den enormen menschlichen, geistigen und kulturellen Reichtum erkennen, den diese Neuankömmlinge ihnen zu bieten haben.

Und wir segnen alle Betroffenen für ihr Bewusstsein, dass ihre Schwestern und Brüder sie selbst sind und dass das Problem, diese Immigranten zu integrieren, in Wahrheit ein Geschenk des Universums ist, das alle dazu treibt, auf eine Welt hinzuarbeiten, die auf Zusammenarbeit und Kooperation in allen Bereichen aufbaut und die allein das Überleben der Menschheit garantiert.

Tag 280
Segnung einer bevorstehenden Reise

Diese Segnung lässt sich entweder in der ersten Person Singular oder Plural anwenden, je nachdem, ob man alleine oder als Gruppe (die aus mindestens zwei Personen besteht!) verreist.

Ich segne die Reise, die ich nach ... (Name des Ortes oder Landes) machen werde.

Ich segne mich für die Erkenntnis, dass du mich wirklich auf meinem Weg behütest und dass deine schützende Liebe mein Schutzschild ist. Ich segne mich dafür, dass ich ständig deine Gegenwart und die Zuversicht *spüre*, dass mir am inneren Zufluchtsort, der auf Frieden und Vertrauen gebaut ist, nichts passieren kann.

Ich segne mich für meine Offenheit für alle Begegnungen, die du mit liebevoller Fürsorge schon für mich eingeplant hast, für fremde Traditionen und Essen, für alles, was mich total überrascht, so dass ich Neues lerne und meine Liebe noch vertieft wird.

Ich segne mich dafür, dass ich Unbekanntes, fremde Landschaften für Herz, Verstand und Seele kaum erwarten kann und freudig annehme und bereit bin, alles aufzunehmen, um meinen inneren und äußeren Horizont zu erweitern.

Ich segne mich für meinen beständigen Humor, wenn ich Fremdem oder Bizarrem oder auch nur den kleinen Seltsamkeiten des Lebens gegenüberstehe, meine Gelassenheit, wenn unerwartete Begegnungen oder das Durcheinandergeraten meiner Pläne mich aus dem Gleichgewicht bringen könnten, meine Toleranz für alles, was nicht in meine kleinen mentalen Schubladen passt.

Und vor allem segne ich mich für die Liebe, Freude und Großzügigkeit, die ich jeder Begegnung auf der Reise entgegenbringe.

Tag 281
Indianischer Segen

Der folgende Segen drückt eine tiefe, vertrauensvolle Beziehung zu Mutter Natur und die lebendige Erde aus – eine Einstellung, von der wir viel lernen können, und viele andere gute Eigenschaften. Ich musste an diesem berührenden Gebet nur wenig ändern, um einen Segen daraus zu machen.

Segen der Navajo-Indianer

Vor mir Friede,

hinter mir Friede,

unter mir Friede,

über mir Friede,

um mich herum Friede.

Tag 282
Für einen Schwerkranken

Seit den letzten Jahren steigt das Bewusstsein für die erstaunliche Fähigkeit des menschlichen Geistes, den Körper zu verändern (sogar Elemente wie DNS, die früher als unveränderbar galt, kann er ändern). Das eröffnet ein riesiges neues Gebiet unkonventioneller (und manchmal äußerst wirksamer) Heilmittel. Es gibt sorgfältig dokumentierte Fälle chronischer oder tödlicher Krankheiten, die allein mit spirituellen Methoden geheilt wurden. Diese und viele weitere Entwicklungen machen Visionen völlig neuer Gesundheitsvorsorge und Heilmethoden realistisch.

Wir (ich) segne(n)... (Name des Patienten) bei der schweren Prüfung, die diese große Herausforderung hinsichtlich seines/ihres Wohlbefindens und sogar seines/ihres Lebens ist. Möge er/sie den Mut und die Entschlossenheit haben, die er/sie braucht, um mit allen Situationen umzugehen, die entstehen könnten.

Möge er/sie tief im Inneren spüren, dass, egal wie schwer die Prüfung und wie dunkel das Tal ist, er/sie immer auf die beständige, zärtliche Fürsorge des Schicksals zählen kann.

Möge er/sie verstehen, dass – auch wenn der menschliche Körper zeitweise geschwächt sein oder sogar sterben kann – das göttliche Leben in ihm/ihr keinen Tod kennt, denn in der göttlichen Allgegenwart existiert er nicht.

Möge er/sie sich seiner/ihrer eigenen Göttlichkeit und dem Einssein mit der Quelle so bewusst sein, dass alle Ängste um seine/ihre Gesundheit abfallen, unabhängig von ärztlichen Diagnosen und Bedenken.

Möge er/sie tief in die geheimste Kammer seines/ihres Herzens eintauchen und mit dem vollkommenen Wesen in Verbindung treten, das sich hinter dem Schleier materieller Überzeugungen und des materiellen Anscheins verbirgt.

Wir (ich) segne(n) alle beteiligten Ärzte, damit sie zu den besten Behandlungsmethoden geführt werden. Außerdem segnen wir das Pflegepersonal für seine tiefe Mitmenschlichkeit und die betroffene Familie für ihr beständiges Vertrauen und dafür, dass sie ihrem geliebten Verwandten immer wieder Mut macht.

Tag 283
Für Selbstmordgefährdete

Jeder im Leben befindet sich in jedem Augenblick auf seiner jeweils höchsten Bewusstseinsebene. Wenn wir das verstanden haben, wird es unmöglich, unseren Nächsten zu verurteilen. Das trifft besonders auf Menschen zu, die mit dem Gedanken spielen, sich das Leben zu nehmen. Wir können ihnen nur mit stärkstem Mitgefühl und Zärtlichkeit unser Herz öffnen. Was wir jetzt tun werden.

Wir gedenken der Tausende in aller Welt, die in diesem Augenblick daran denken, sich umzubringen, mit Liebe und unserem brennenden Mitgefühl.

Wir segnen sie von den Tiefen unserer Seele, auf dass durch ein Wunder (das heißt, durch den normalen Verlauf der Gnade) irgendein Ereignis, Erlebnis oder Gefühl ihrem düsteren Plan oder spontanen, selbstzerstörerischen Impuls ein Ende setzt.

Möge der Zauber der Gnade durch die Finsternis in ihrem Herzen dringen, damit sie die bedingungslose Sorge der himmlischen Quelle um ihr Wohlbefinden und ihre Ganzheit, ja, sogar ihre tiefe Glückseligkeit spüren. Mögen sie trotz allen Selbsthasses und aller Selbstverdammnis oder ihrer tiefen Verzweiflung fühlen, dass die grenzenlose Liebe ihnen schon für alles, was sie tun könnten, im Voraus vergeben hat.

Wir segnen sie für ihre Einsicht, dass sie die Lektionen, die sie womöglich hier auf Erden umgehen, auf einer anderen Ebene oder in einem anderen Leben lernen müssen – und dass das, was sie lernen müssen, nur zu ihrem eigenen Guten ist, egal, wie hart es auch erscheinen mag (und manche Herausforderungen sind wirklich schrecklich).

Wir segnen ihr Umfeld, damit es genau die richtigen Worte findet, um ihre Entscheidung rückgängig zu machen und ihnen den Hoffnungsschimmer zu geben, der alles ändert.

Und mögen sie, wenn sie einen Selbstmordversuch unternommen haben, nicht dafür verdammt oder schief angesehen werden, sondern mit offenen Armen und Herzen, liebevollen Gesichtern und Worten empfangen werden, die in ihnen die Sehnsucht nach einem reichen und nützlichen Leben erwecken.

Tag 284
Segnen heilt Hass und Verachtung
(Ein Bericht)

»Heutzutage lese und meditiere ich viel über das Buch „Segnen heilt“. Ich kann Ihnen gar nicht sagen, wie gut es mir tut. Es ist ganz merkwürdig. Vor ein paar Jahren habe ich es schon einmal gelesen und die Abschnitte unterstrichen, die mir wichtig vorkamen, aber irgendwie wurde nichts daraus. Diesmal fühle ich buchstäblich eine andere Ebene. Diese innere Realität wird mich mit Sicherheit stark machen, wenn ich mit den Aggressionen der Welt konfrontiert werde.

Da gewisse Umstände in meinem Leben in den letzten Jahren zu einer echten Herausforderung geworden sind, nahm ich mir ein paar Tage frei. Ich bin die Erste, die zugibt, dass ich viel Negativität in Form von Verachtung, Hass und Gewalt angesammelt hatte, mit denen ich nicht umgehen konnte und die mich oft mit einem Ego, das stärker zu sein schien als ich, umhauten.

Deswegen ist es Balsam für eine verletzte Seele, Ihr Buch zu lesen und vor allem anzuwenden! Und ich merke, dass der simple Akt des Segnens mir sofort Zugang zu der spirituellen Dimension gewährt, aus der heraus ich unbedingt leben will. Denn mir ist bewusst, was ich irgendwo gelesen habe, nämlich, dass ›wir nicht menschliche

Wesen auf der Suche nach einer spirituellen Erfahrung sind, sondern wir sind vielmehr spirituelle Wesen, die die menschliche Erfahrung machen‹. Daher scheint mir das Segnen und das Leben in Dankbarkeit für den jetzigen Augenblick der beste Weg zu sein, wie wir unsere spirituelle Essenz in unserer übersinnlichen und materiellen Welt manifestieren können.«

Philippe, Belgien

Tag 285
Bodhisattva Gebet für die Menschheit

Dieses prächtige Gebet wird jeden Morgen von seiner Heiligkeit, dem Dalai Lama, gesprochen. Es wurde von dem Inder Shantideva, dem buddhistischen Weisen, 700 AD nach Christi verfasst.

Möge ich ein Hüter derer, die Schutz suchen, sein,

ein Führer für die, die auf dem Pfad gehen,

ein Boot, ein Floß, eine Brücke für die, die den Strom überqueren wollen.

Möge ich eine Lampe in der Dunkelheit sein,

eine Ruhestätte für die Erschöpften,

eine Heilmedizin für alle Kranken,

ein überlaufendes Fass, ein Baum der Wunder.

Und möge ich der endlosen Vielfalt an Lebewesen

Unterhalt und Erwachen bringen,

so ausdauernd wie Himmel und Erde,

bis alle Wesen vom Leid befreit sind

und alle erwacht sind.

Tag 286
Für Häftlinge in der Todeszelle

Ich tausche seit 20 Jahren Briefe mit einem Häftling in Texas aus, der 25 Jahre lang im wohl grausamsten Todestrakt der Vereinigten Staaten saß. Wo auch immer sich Todeszellen befinden – sie gehören zu den härtesten Orten der Welt und sind meist die grausame und ungewöhnliche Bestrafung. In den USA sind sie oft winzig, fensterlos und nur mit einem Schlitz in der Wand versehen. Die Gefangenen können dort jahrelang, mitunter auch jahrzehntelang schmoren, ohne den leisesten menschlichen Kontakt und völlig isoliert. Viele von ihnen werden wahnsinnig. Geschätzte 4 % dieser Todeskandidaten sind unschuldig. Ein so hoher Prozentsatz ist für jedes Justizsystem der Beweis, dass es auf ganzer Linie versagt – umso mehr, wenn es um Leben und Tod geht.

Wir segnen die Häftlinge im Todestrakt für ihren Mut, während ein Jahr nach dem anderen sich *wirklich* in die Länge zieht.

Wir segnen die, die schuldig sind, damit sie mit ihren Taten Frieden schließen und über ihre ganz reale menschliche Schuld hinaus ihre göttliche Unschuld finden.

Wir segnen die Häftlinge, die unschuldig sind, damit sie in sich die Kraft finden, trotz nur geringer oder gar keiner finanziellen Mittel oder Rechtsbeihilfe und oft auch mit nur wenig oder gar keiner Unterstützung von ihrer Familie oder der Gesellschaft für ihre Entlassung zu kämpfen.

Wir segnen die Gefängnisverwaltung und Wärter. Mögen sie trotz häufig herzloser Bestimmungen den Häftlingen echtes Mitgefühl und Verständnis entgegenbringen und versuchen, ihr furchtbares Leid zu mindern.

Und wir segnen die Öffentlichkeit überall auf der Welt, damit ihre Bewusstseinsebene sich genügend erhöht, so dass sie sofortige Veränderungen und das Ende der Todesstrafe fordern.

Tag 287
Ein Segen für uns alle

Mögen Ihre Abschlüsse mit derselben Leidenschaft gesegnet sein wie Ihre Anfänge.

Mögen die Rastplätze in Ihrem Leben Raum für das schaffen, was erst noch erfahren werden muss.

Mögen Sie statt Leid Freude finden.

Mögen Sie statt Hoffnungslosigkeit Möglichkeiten finden.

Mögen Sie statt Terror Frieden finden.

Mögen Sie an einem Ende wissen, dass es ein Anfang mit der Möglichkeit eines kleinen Saatkorns in dunkler Erde ist.

Möge Leben durch die Finsternis der Trauer wachsen und Ihre Traurigkeit verringern.

Möge der Segen des Lichts auf Sie scheinen – des inneren und des äußeren Lichts.[75]

Tag 288
Noch ein Segen für mehr Mitgefühl

Es besteht ein großer Unterschied zwischen Mitleid und Mitgefühl. Mitgefühl bringt einen dazu, andere aufzumuntern und zu trösten, sie zu stärken und sich zutiefst für ihr Leid zu interessieren, jedoch nicht dazu, ihr Leid auf sich zu nehmen. Die moderne Welt braucht dringend unser Mitgefühl, das im Buddhismus zu den grundsätzlichsten guten Eigenschaften gehört.

Ich segne mich für die Fähigkeit und das Verlangen, allen Menschen, Tieren und Pflanzen gegenüber ehrliches, selbstloses Mitgefühl zu empfinden.

---

[75] www.explorefaith.org/faith/explore_christianity/holy_days/lent/lenten_blessings.php

Möge ich das starke, brennende Verlangen haben, die sanfte Flamme liebevollen Mitgefühls für alles überall und zu jeder Zeit zu sein.

Möge mein Mitgefühl dem schrecklichsten Verbrecher wie auch dem engagiertesten Diener der Menschheit, dem kriminellsten und perversesten Diktator genauso wie dem größten Heiligen, dem grausamsten Sadisten ebenso wie meinem freundlichen Nachbarn, dem Analphabeten, der die Straße kehrt, genauso wie dem gebildeten Professor, dem verkrüppelten Behinderten wie der Schönheitskönigin gelten – wirklich allen ohne Unterschied.

Möge mein Mitgefühl deine gesamte prächtige Schöpfung einbeziehen – vom winzigen Insekt bis hin zum blauen Riesenwal, vom kleinsten Unkraut bis hin zu den haushohen Sequoia-Bäumen oder den 3 000 Jahre alten Zedern in der Sahara, vom schmalen Bächlein bis hin zum endlosen Ozean –, denn du hast sie alle geschaffen, damit wir sie genießen und uns an ihnen erfreuen können.

Und möge meine innere Stille (wenn ich sie betrete) meine Nächsten nah und fern, welche Hautfarbe, Religion oder Überzeugung, welchen gesellschaftlichen Status, politische Überzeugung, Bildungsniveau, Meinung oder Glauben sie auch immer haben mögen, mit einschließen.

Und möge mein Mitgefühl meine Vergangenheit und die meines Volkes, meine Zukunft und die der menschlichen Gattung mit einbeziehen und alle alten Schatten der Vergangenheit oder Ängste vor der Zukunft in aufrichtiger Umarmung auslöschen.

Tag 289
Wie das Segnen von Lebensprüfungen die Seele heilt

Wie Buddha geäußert haben soll, »steckt in jeder Erfahrung, wie schlimm sie auch zu sein scheint, ein Segen irgendeiner Art. Das Ziel ist es, ihn zu finden.« Wenn ich auf mein eigenes Leben zurückblicke, kann ich erkennen, wie die schrecklichsten Prüfungen, die keinerlei erlösende Aspekte zu enthalten schienen, zu unglaublichen Segen wurden. Daher…

Wir segnen unsere Prüfungen dafür, dass sie kostbare Geschenke und Beweise der Fürsorge der göttlichen Liebe sind. Wir segnen uns für unser Verlangen, lieber auf die versteckte Botschaft zu hören als zu klagen. Wir segnen uns für die Fähigkeit, darauf zu vertrauen, dass sie deutlich wird, wenn wir unseren Weg mit erhobenem Kopf weitergehen, statt uns unter die Decke des Selbstmitleids zu flüchten.

Mögen wir die Erkenntnis und Geduld haben, genau das zu lernen, was wir aus jeder Lebenssituation – insbesondere jeder Prüfung – lernen sollen.

Mögen wir durchhalten, egal, wie hoch der Preis sein mag, wie tief und dunkel das Tal ist und vor allem, wie lange wir auf den ersten Hoffnungsschimmer am Horizont warten müssen.

Mögen wir allem Anschein zum Trotz darauf vertrauen, dass unsere Schutzengel nicht von unserer Seite weichen und die göttliche Liebe uns nie unnötiges Leid auferlegt oder uns verlässt, wenn die Sturmwolken der Verzweiflung und Entmutigung uns zu verschlucken scheinen.

Tag 290
Offenheit und Empfänglichkeit für Gnade

Gnade ist die unerwartete Güte der göttlichen Liebe, die sich in unserem Leben manifestiert, oft in den unwahrscheinlichsten Augenblicken. Manche nennen sie ein »Wunder«. Diesen Begriff verwenden wir, wenn wir die vollkommenen Gesetze, die die nichtmaterielle Sphäre des Seins regieren, nicht verstehen.

Möge ich für die außerordentliche Tatsache offen sein, dass Gnade in jedem Augenblick für die gesamte Schöpfung in den Seitenflügeln von Raum und Zeit auf ihre Manifestierung wartet.

Möge ich erkennen, dass das, was wie ein völlig überraschender Segen erscheint, der Ausdruck eines höheren Plans ist, der unser Bestes will.

Möge ich immer und unter allen Umständen für die Präsenz der Gnade offen sein, die bereitsteht, um zu helfen, zu heilen, Mut zu machen und aufzumuntern, wenn das Herz dafür offen ist.

Möge ich, wenn ich in den Augen meines Nächsten die nackte Verzweiflung sehe, mich darüber freuen, dass sogar in diesem Moment die Gnade daran arbeitet, die Wunde zu heilen, das Leid zu beenden und den schädlichen Glauben an Mangel auszurotten.

Und möge ich jubeln, weil das sanfte Wirken der Gnade die Arroganz menschlicher oder materieller Macht in jeder Form unwirksam machen kann, um Heilung, Wiederherstellung und Verwandlung zu bewirken.

Tag 291
Der Verpflichtung zu einer Welt, die für alle da ist

Wie jeden Tag deutlicher wird, erschaffen wir entweder eine Welt, die für ALLE – einschließlich der Tiere und der Natur da ist, oder aber sie wird schon bald für niemanden mehr funktionieren – angefangen bei uns Menschen. Als Weltbürger – und das sind wir alle, ob es uns bewusst ist oder nicht – sollte dies ganz oben auf der Liste unserer Verpflichtungen stehen.

Wir segnen uns für die Klarheit unserer Vision einer Welt, die für alle da ist, und für unsere ernsthafte Verpflichtung, sie wahr zu machen.

Wir segnen uns für die Bereitschaft, die Konsumformen aufzugeben, die unserer Fähigkeit, uns für diese vereinte Welt zu engagieren und daran zu arbeiten, nicht dienen - sei es die Nutzung von Wasser, Transportmitteln, Mode und Trends in allen Bereichen oder alles andere, das die Grenzen zwischen genug und mehr als genug überschreitet.

Wir segnen uns für die Fähigkeit, diese Vision einfach und ehrlich und ohne eine Spur von »Predigen« oder Selbstgefälligkeit mit anderen zu teilen.

Wir segnen uns für die Fähigkeit zu erkennen, dass eine solche Vision in der Struktur des Universums, in dem wir leben und in dem alles miteinander verbunden ist, enthalten ist, so dass wir es fühlen und nicht nur glauben können.

Und mögen wir das unerschütterliche Vertrauen haben, dass in diesem Augenblick unser wunderbares Zuhause, das Universum, plant, dies für unseren herrlichen blauen Planeten und all seine Bewohner wahr zu machen.

Tag 292
Segen für meine Fähigkeit, mich an Veränderungen anzupassen

Niemals zuvor in der Geschichte der Menschheit haben Veränderungen mit der Geschwindigkeit stattgefunden, wie wir sie heute erleben. Beinahe alle Menschen fühlen sich von dieser Flut an Neuerungen überfordert, die jedoch auch großen Nutzen in sich birgt (sonst würde sie gar nicht stattfinden).

Ich segne mich für die Fähigkeit, aus den Hüllen der Ängste meines Ichs herauszukriechen, um mich mit Humor und Mut den steifen Brisen der Veränderung zu stellen.

Ich segne mich für meine Bereitschaft, die seelischen Mechanismen zu hinterfragen, die mich dazu bringen, mich gegen Veränderungen zu sträuben, statt die Chance auf Wachstum und Erneuerung zu ergreifen, die sie häufig mit sich bringen.

Ich segne mich für meine Erkenntnis, dass in einem Universum, das bis hin zum kleinsten Detail nur vom Gesetz der Liebe gelenkt wird, keine von Menschenhand eingeleiteten Veränderungen oder Ereignisse den Plan der göttlichen Liebe zur universalen Erlösung, das heißt der vollkommenen Erfüllung aller und des endgültigen Triumphs des Guten, vereiteln können.

Möge ich auch den Mut haben, mich Veränderungen zu widersetzen, die von der Mode oder Gruppenzwang diktiert werden, und zu meiner Meinung zu stehen – wenn sie von meinem höchsten Sinn für das, was richtig ist, kommt, und nicht nur ängstlicher Widerstand gegen alles Neue ist.

Und möge ich immer friedlich meinen Weg fortsetzen, in dem ruhigen Vertrauen, dass die göttliche Liebe alle meine Schritte lenkt und kein Umstand ihren Plan für meine Glückseligkeit durchkreuzen kann.

Tag 293
Dem Überfluss im Leben

Wie mein Grundtext über das Segnen aussagt, sind Segnen und Dankbarkeit in gewisser Weise zwei Seiten derselben Medaille. Wenn Sie eine Situation oder Person segnen, danken Sie damit auch dem Universum für eine Eigenschaft, die es zum Ausdruck bringt. Und Dankbarkeit für eine Situation oder einen Menschen bedeutet zwingend auch, dass sie eine Art Segen sind.

Grenzenlose Liebe, wir segnen dich für die unzähligen Segen, mit denen du uns von allen Seiten bedenkst. Du öffnest ständig die Schleusen des Himmels und überschüttest uns mit so vielen Segen, dass oft gar nicht genug Platz für sie alle zu sein scheint - oder dass wir sie zählen könnten. Wir segnen dich für die atemberaubende Schönheit und Üppigkeit der Natur, die zu jeder Jahreszeit und Jahr für Jahr ihre Geschenke vor uns ausbreitet.

Wir segnen dich für die zahllosen Menschen, die unseren Weg kreuzen, in unser Leben eintreten und es durch ihre unterschiedlichen Visionen und Herausforderungen an uns bereichern.

Wir danken dir für das unglaubliche Lebensinstrument, das du uns geschenkt hast und das menschlicher Körper genannt wird. Seine komplizierten Vorgänge lassen sich nicht beschreiben, und selbst die größten Wissenschaftler können sich vor seiner Vollkommenheit, die unsere wildesten Vorstellungen übertrifft, nur verbeugen.

Wir segnen dich für unser tägliches Brot, das so viele Formen annimmt, und für unser Zuhause, das uns Komfort, Wärme und Ruhe bietet.

Wir segnen dich für die unzähligen Probleme, die genauso viele Gelegenheiten sind, zu wachsen, den Horizont zu erweitern und mehr zu lieben. *(Setzen Sie diesen Segen bitte mit Ihren eigenen Themen fort, für die Sie dankbar sind.)*

Tag 294
Zur Ausrottung von Massenvergewaltigungen als Kriegswaffe

Vergewaltigungen und Genitalverstümmelungen werden seit 15–20 Jahren in der Region Kivu in der Demokratischen Republik Kongo als Kriegswaffe eingesetzt. Die Zahl der Frauen und sogar Säuglinge und Männer, die bisher vergewaltigt wurden, wird auf 500 000 geschätzt. Dr. Denis Mukwege, ein moderner Heiliger, der seine Klinik in Panzi nur unter Polizeischutz führen kann, hat über die Jahre schon Zehntausende von Frauen operiert, die nicht nur vergewaltigt wurden, sondern deren Genitalien aus reinem Sadismus auch noch verstümmelt wurden. Wir wollen alle Betroffenen zärtlich mit unserem tiefsten Mitgefühl umgeben.

Wir öffnen die Türen unseres Herzens weit für alle Betroffenen an diesem Drama in Kivu.

Wir segnen die vergewaltigten Frauen, damit sie ihr Gefühl der Ganzheit, Heiligkeit und Gesundheit wiedererlangen.

Wir segnen die Mädchen und Säuglinge, die dieser Barbarei zum Opfer gefallen sind, damit ihre körperliche, geistige und seelische Integrität geheilt und wiederhergestellt werden kann.

Wir segnen die betroffenen Familien, so dass sie den Mut haben, die gesellschaftlichen Schranken zu überwinden, für die Liebe und vollständige Integration der Opfer. Wir segnen die nationalen und örtlichen Polizeibehörden, die meist von Männern geleitet werden, damit sie entschlossen handeln, um diese brutale Gewalt zu stoppen.

Auch segnen wir aus der Tiefe unseres Herzens die Täter dieser Horrortaten, »die nicht wissen, was sie tun«, damit sie sich des Wahns und der Grausamkeit ihrer Taten bewusst werden – und der Tatsache, dass sie glühende Kohlen auf ihre eigenen Häupter schütten, da sie das ernten werden, was sie gesät haben.

Und schließlich segnen wir die Weltgemeinschaft, damit sie über die allzu leichte Verdammung dieser Vorfälle, die in komfortablen Konferenzräumen verfasst wird, hinausgeht und entschlossen gegen diesen stillen Krieg vorgeht, der die Menschenwürde aller verletzt.

Tag 295
Dem Ausdruck von Freundlichkeit, Teil I

Freundlichkeit gehört zu den zivilisiertesten Umgangsformen der Menschheit. Der bekannte amerikanische Schriftsteller George Saunders[76] *hat über dieses Thema ein Buch geschrieben, in dem er »das weitreichende Bewusstsein über das größte Geschenk, das ein Mensch einem anderen machen kann«, betont, »dieser heilige Austausch (von Freundlichkeit), der in einem kurzen Moment – oft banal und flüchtig – stattfindet, der jedoch ein Leben lang mit unauslöschlichem Leuchten widerhallt.« Er sagt, was er im Leben am meisten bereut, sind die Versäumnisse, anderen gegenüber freundlich zu sein. Die anonyme Segnung ist ein einzigartiger Weg, Freundlichkeit auszudrücken.*[77]

Ich segne mich für die Fähigkeit, für die zahllosen Gelegenheiten in meinem Leben, in denen ich liebevolle Freundlichkeit zeigen kann, offen zu bleiben: Jemandem meinen Sitzplatz anbieten oder die Einkaufstüte eines alten Menschen tragen, der Kassiererin im Supermarkt ein nettes Wort der Anerkennung für ihr freundliches Lächeln sagen, ein paar Worte mit einem Obdachlosen wechseln, statt ihm nur wortlos Münzen hinzuwerfen und weiterzueilen - und die tausend anderen Gelegenheiten, die sich in meinem Leben bieten.

Ich segne mich für die Erkenntnis, dass jede freundliche Tat auch ein Geschenk an mich selber ist, bei der sich mein Herz weitet, mir oft die Zeit versüßt und mein Bewusstsein ge-

---

76 George Saunders, Congratulations by the Way: Some Thoughts on Kindness
77 Zitat aus: https://www.brainpickings.org/2014/04/28/george-saunders-on-kindness

weckt wird, ich mich still daran erfreue und vor allem lerne, mich selbst in meinem Bruder oder meiner Schwester zu sehen. Denn wir lieben unsere Nächsten nur dann wirklich, wenn wir in ihnen das Spiegelbild unserer selbst erkennen.

Ich segne mich für die Fähigkeit, meine angeborene liebevolle Güte gegenüber der ganzen Natur zum Ausdruck zu bringen: Vermeiden, dass ich auf die Ameise oder den Käfer auf dem Boden trete, die Mücke nicht mit der Fliegenklatsche erschlagen, auch wenn ihr Summen mich verrückt macht, die geknickte Osterglocke vorsichtig wieder aufrichten und mir die Zeit nehmen, sie mit einem Stöckchen abzustützen, ein Grab für den abgestürzten Spatzen ausgraben, weil er mir wichtig ist, großzügig an eine bestimmte Organisation mit einem dringenden oder wichtigen Umweltprojekt spenden, mit einem Hund im Zwinger reden, der sehnsüchtig auf eine freundliche Stimme wartet.

Einfach nur die Freundlichkeit, die in meinem Herzen schlummert, aufsteigen und strahlen lassen.

Tag 296
Der Ausdruck des sanften Dufts der Freundlichkeit, Teil II

Ich kann mich noch daran erinnern, wie mir ein Freund die unendlich traurige Geschichte eines jungen Mannes aus San Francisco erzählte, der kurz vor dem Selbstmord stand und beschloss, dem Leben noch eine letzte Chance zu geben: Er wollte zu Fuß durch die ganze Stadt laufen und sich nicht umbringen, wenn auch nur ein einziger Mensch ihn anlächelte.

Er beging Selbstmord.

Ich bete fieberhaft, nie die Person zu sein, die ohne zu lächeln an ihm vorbeigeht!

Ich segne mich für mein tiefes Verlangen, überall den spirituellen Duft anonymer Segen zu versprühen.

Möge ich, wenn ich bei meinen Brüdern und Schwestern, Tieren und Vögeln auch nur den leichtesten Hinweis auf Leid sehe oder spüre, helfen, es zu lindern, indem ich das Gegenteil von dem tue, was die fünf Sinne schreien.

Möge die Güte, die in den Stoff meiner Seele eingewoben ist, sich erheben, um jede Notsituation und jeden Mangelzustand, die mir auffallen, zu beheben, soweit es mir möglich ist.

Möge ich später nie eine versäumte Gelegenheit, Güte und Freundlichkeit zu zeigen, bereuen.

Möge ich nie vorgeben oder behaupten, ich hätte nicht die Zeit, um nebenbei etwas Gutes zu tun, oder dass meine freundliche Tat unwichtig oder unbedeutend sei, denn der winzigste Akt der Freundlichkeit ist für den Fortschritt der Menschheit von größerem Wert als eine riesige Spende zur Selbstbestätigung eines Reichen.

Und möge ich durch jede einzelne freundliche Tat – ob geplant oder spontan, schwer oder leicht – als dein Lächeln betrachtet werden, das auf die Erde herabstrahlt, und deine tröstliche Gegenwart, die alle umarmt. Mögen die Leute nicht länger mich sehen, sondern nur, nur, nur DICH.

Tag 297
Segnen bewirkt wieder Frieden und eine sauberere Umwelt (Ein Bericht)

»Damals lebte ich in Yverdon in der Schweiz. Ich wohnte im Erdgeschoss eines vierstöckigen Wohnhauses und hatte meinen eigenen kleinen Rasengarten mit ein paar Blumen. Eines Tages bemerkte ich mehrere Zigarettenkippen auf dem Rasen, die ich irritiert aufhob. Ab diesem Tag tauchten auf dem Rasen vor meinem Wohnzimmerfenster täglich neue Kippen auf, die aussahen, als würden sie aus einer der

Wohnungen über meiner geworfen. Wütend versuchte ich, den rücksichtslosen Raucher auf frischer Tat zu ertappen, doch ohne Erfolg.

Plötzlich fiel mir ein, dass Pierre Pradervand mir die Kunst des Segnens beigebracht hatte, und ich beschloss, es damit zu versuchen.

Daher dachte ich über die Person nach und empfand Mitgefühl mit ihr. Meist zündet man sich ja eine Zigarette an, weil man Stress, Sorgen oder Verletzungen hat, die das Leben belasten. Und dieser Mensch war wahrscheinlich süchtig nach Zigaretten.

Also begann ich, ihn für sein Leben zu segnen, damit er Frieden und neue Hoffnung finden würde sowie die Freiheit von der Sucht. Jede Zigarettenkippe motivierte und erinnerte mich daran, ihn zu segnen. Zu meinem Erstaunen hörten die Zigarettenkippen nach ein paar Wochen auf, obwohl niemand im Haus ausgezogen war.

Das Segnen brachte mir erst inneren Frieden, indem ich aufhörte, mich länger über die Kippen aufzuregen. Und dann brachte es mir einen sauberen Rasen.«

CG, Schweiz

Tag 298
Segen zur Heilung von Rassismus und der Ablehnung anderer Ethnien

Rassismus und die Ablehnung von Menschen wegen ihrer ethnischen Herkunft sind in unserer Gesellschaft immer noch weit verbreitet. In einer Welt, in der die Kommunikation und das Gefühl des Einsseins mit rasender Geschwindigkeit wachsen, müssen solche überholten und engherzigen Einstellungen verschwinden, wenn wir die zukünftige Welt für alle aufbauen wollen.

Ich segne alle, die versucht sind, ihre Nächsten aufgrund deren Hautfarbe oder ethnischer Herkunft abzulehnen.

Ich segne sie für die Entdeckung des Teils von ihnen, den sie unbewusst ablehnen und der wiederum ihre Ablehnung anderer fördert.

Mögen sie begreifen, dass sie unbeabsichtigt auch sich selbst ablehnen, indem sie ihre Brüder oder Schwestern ablehnen, weil wir alle eins sind.

Mögen sie, statt in der bequemen, engen geistigen Abgeschiedenheit ihrer rassistischen oder ethnischen Identität zu verharren, die Arme und Herzen weit öffnen – für unsere bunte Menschheit und ihre wunderbare Vielfältigkeit der Formen, Gestalten, Farben, Gerüche und Größen.

Und mögen alle, die wegen ihrer ethnischen Herkunft oder Hautfarbe Opfer von Ablehnung oder Verfolgung geworden sind, tief in ihrem Inneren spüren, dass ihr echter Wert nichts mit ihrem Aussehen zu tun hat, sondern nur mit ihrer wahren Identität als Kinder des Lichts und des Schöpfers allen Lebens, der zu ihnen sagt: »Ich freue mich so, mich in dir zum Ausdruck zu bringen.«

Tag 299
Von der göttlichen Liebe entflammt

In vielen Lehren ist die bedingungslose Liebe das Herz und die Seele des spirituellen Lebens und das ultimative Ziel des spirituellen Weges – und mit Liebe ist natürlich die praktische Liebe gemeint (sei es durch Meditation oder das Ernähren der Hungernden) und nicht etwa Debatten über die Liebe.

Wir segnen uns für unser Verlangen, ein Herz voller Liebe zu haben.

Wir segnen uns für die Fähigkeit, diese Liebe an alle Lebewesen und sogar leblose Wesen weiterzugeben.

Wir segnen uns für die Fähigkeit, sogenannte Feinde in die warmherzige Umarmung dieser verzeihenden Liebe mit einzuschließen.

Möge die Liebe unser erster Freudenschrei beim Aufwachen und unser letzter Gedanke der Dankbarkeit beim Einschlafen sein.

Mögen all unsere Gedanken, Träume, Hoffnungen, Reden und Handlungen so von der Liebe durchdringt werden, dass wir letztendlich außerhalb ihres strahlenden Glanzes und ihrer ständigen warmen Präsenz gar nicht mehr leben können.

Mögen wir so viel Liebe ausstrahlen, dass alle, die unseren Weg kreuzen, sich von ihrer sanften Aura liebkost fühlen, und mögen wir alles mit den Augen der Liebe betrachten. Möge die göttliche Liebe da, wo das menschliche Auge kranke, arme Menschen sieht, derart unsere Seele erfüllen, dass wir nur noch deine Schönheit und deine Pracht sehen.

Und mögen wir verstehen und spüren, dass menschlicher Neid oder Hass unserem geistigen Haus nicht mehr nahe kommen kann, wenn wir in die Pracht der transzendenten Macht der Liebe gekleidet sind.

Tag 300
Ein Segen finnischer »Heiden«[78]

Wie seltsam Worte klingen können! In der traditionell christlich geprägten Familie, in der ich aufwuchs, bedeutete »heidnisch« etwas Düsteres, Bedrohliches und quasi Sündhaftes. Heute weiß ich, dass diese Einstellung nur die Angst vor dem Unbekannten spiegelte, die in der Kirche herrschte, der ich angehörte. Da dieses Buch über das Segnen auch über die Erweiterung unserer Erkenntnisse, unseres Herzenskompasses und unserer Liebe ist, freue ich mich sehr, diesen wunderschönen Segen des nordischen Säers aufzunehmen.

Gesegnet sei die Saat, die ich verstreue,

wo sie durch die Gnade von Ukko[79], dem Mächtigen,

---

[78] https://blessingfiles.wordpress.com/2011/01/12/blessing-of-the-sower/

[79] Ukko ist in der finnischen Mythologie der Gott des Himmels, des Wetters und der Ernte.

auf die Wiese fällt,
durch die Öffnungen zwischen den Fingern
der Hand, die alles geformt hat.
Königin der Wiesen und Weiden!
Bitte die Erde, ihre Schätze aufzuschließen.
Bitte den Boden, die junge Saat zu nähren,
Nie sollen ihre unzähligen Kräfte,
nie soll ihre starke Fruchtbarkeit
es versäumen, uns zu ernähren und am Leben zu erhalten,
wenn die Töchter der Schöpfung,
sie, die so frei und großzügig geben,
ihre Gefälligkeiten so freizügig gewähren,
ihren starken Schutz gewähren.
Erhebe dich, o Erde! Aus deinem Schlaf,
bitte den Boden, seine Schätze aufzuschließen!

Tag 301
Durch den Schein hindurchsehen

Wie sich immer mehr Leute bewusst werden, leben wir in einer Welt der Illusionen – der materiellen Welt – und hinter dem Schleier des äußeren Scheins verbirgt sich eine Wirklichkeit von so großer Schönheit, Harmonie und Tiefe, dass keine menschliche Erfahrung auch nur im Geringsten dem Vergleich mit dieser wahren Welt standhalten kann, sobald man einen Hauch dieser Welt gespürt hat.

Ich segne mich als das sanfte Lächeln der Liebe, das jedes Lebewesen anlächelt.

Möge ich die tiefe spirituelle Erkenntnis haben, die durch allen materiellen Schein hindurchsieht.

Möge ich die spirituelle Kraft und Klarheit haben, das Göttliche selbst hinter der schrecklichsten menschlichen Gestalt zu erkennen.

Möge ich verstehen, dass absolut alles, was in mein Leben tritt, die grenzenlose Liebe und ihre grenzenlose Manifestierung ist, denn Gott steckt wirklich in allem.

Und möge ich mich beim Erwachen am Morgen darüber freuen, dass ich für alle, denen ich begegne, deine strahlende Güte und Schönheit in ihrer ekstatischen Ausdrucksform bin.

Tag 302
Für ein Paar, das das Zusammenleben lernt

Die Herausforderungen des Alltags können die Begeisterung über den romantischen Anfang rasch dämpfen. Um jeden neuen Tag frisch statt mit dem Gefühl des »déjà vu« zu beginnen, bedarf es Abenteuersinn statt Gewohnheit, statt »mehr desselben«, feste innere Entschlossenheit und eine klare Vision. Wie der Psalm sagt: »Und dein Leben würde aufgehen wie der Mittag, und das Finstre würde ein lichter Morgen werden.«

Wir segnen uns für die Erkenntnis, dass die anhaltende Frische unserer Beziehung jeden Tag aufs Neue geschaffen werden muss.

Wir segnen uns für die Fähigkeit, die Empörung, Proteste oder stillen Seufzer unserer kleinen Egos verstummen zu lassen, indem wir zu einer noch besseren Transparenz des göttlichen Lichts werden.

Wir segnen uns für die Fähigkeit, dem öden Alltag zu trotzen, der uns herunterzieht, und der Neigung, in die Fallen der Routine und Gewohnheit zu tappen, die alles Frische und Neue und unser Abenteuer zu zweit abtöten.

Mögen wir den Zauber des Verzeihens erkennen, indem wir die harmonische Kommunikation aufrechterhalten und vor allem die Fähigkeit, uns selbst für unsere Schwächen und verpassten Ziele zu verzeihen.

Mögen wir unser heiliges Versprechen, uns selbst zu lieben und uns treu zu bleiben, ständig erneuern, denn ohne dies wird die ehrliche Akzeptanz unseres Partners zu einer echten Herausforderung.

Mögen wir von ganzem Herzen das Ziel, urteilsfrei miteinander zu leben, in dem Wissen annehmen, dass unser Partner ständig auf seiner höchsten Bewusstseinsstufe steht.

Und mögen wir uns trotz der Hektik des modernen Lebens die Zeit nehmen, offene Räume des Zusammenseins zu schaffen, in denen wir ohne Forderungen oder Erwartungen einfach nur zusammen sind und uns der Schönheit unseres Partners als Kind des Göttlichen bewusst sind, das er ist und immer sein wird.

Tag 303
Für die tiefe Zufriedenheit unserer Mitmenschen

Es gibt nur wenig, was die Menschheit universal mehr anstrebt als echte Zufriedenheit. Wer hat sich nicht schon einmal zutiefst nach dieser Zufriedenheit gesehnt?

Wir segnen jedes deiner Kinder für ihre tiefe, anhaltende, selbstlose Zufriedenheit. Eine Zufriedenheit, die nicht verdient werden muss, weil sie das kostenlose Geschenk deiner bedingungslosen Liebe an alle deine Kinder ist.

Wir segnen alle, die verstehen, dass sie es nur behalten können, wenn sie es mit anderen teilen, und auch alle die, die es nicht verstanden haben, damit auch sie zu dieser Erkenntnis gelangen.

Wir segnen die, die verstehen, dass sich in Objekten oder Besitztümern, Prestige und Macht keine andauernde Zufriedenheit finden lässt, sondern dass man sie nur in den Schätzen des Herzens findet.

Wir segnen uns für die Erkenntnis, dass unsere Arbeit nicht zu Ende ist, solange auch nur ein einziges Wesen auf der Erde unzufrieden ist.

Und möge unsere tiefe Sehnsucht nach echter Zufriedenheit eines jeden Lebewesens uns sozial und spirituell aktiv sein lassen, bis wir zu unserem nächsten Ziel weiterziehen.

Tag 304
Nach einem Terroranschlag

Wir leben in einer Welt, in der scheinbar in den meisten Ländern – so gut wie überall – Menschen Terroranschlägen zum Opfer fallen können. Doch wie viele wissen, könnte die spirituelle Energie, wenn sie weise eingesetzt wird, ein wichtiges Mittel gegen diesen Wahnsinn sein, dem so häufig Verzweiflung oder Hass zugrunde liegt. (Am Tag nach einem Terrorangriff in Ankara im Oktober 2015, an dem fast 100 Menschen starben, verfasst.)

Von der tiefsten Quelle meines Herzens segne ich alle Opfer dieses Terrorangriffs, ihre Familien und Freunde. Ich segne die, die in ihrer neuen Erkenntnis, warum das Schicksal sie in just diesem Augenblick dorthin geschickt hat, getötet wurden.

Ich segne die Verwundeten und ihre Familien, damit sie den Mut und die Kraft aufbringen, ihre natürliche menschliche Reaktion - Schock, extreme Wut oder Hass, Verzweiflung und Verwirrung - zu überwinden und ihre Fassung und ihren Frieden wiederzufinden. Mögen sie die Lektion jeder einzelnen Herausforderung, der wir alle uns manchmal stellen müssen, lernen.

Mögen alle Betroffenen - die Opfer und andere, die nur dabei waren - die Klarheit aufbringen, die es ihnen ermöglicht, sich bedingungslos und vollkommen zu vergeben. Mögen die betroffenen Regierungen so weise sein, gegen die Wurzeln dieses Verbrechens anzugehen, statt zu sinnloser Rache zu greifen oder der Versuchung nachzugeben, auf Gewalt mit Gewalt zu antworten.

Und schlussendlich segne ich die Täter des Attentats - ob tot oder lebendig –, damit sie ihren extremen Fanatismus und die Gewalt aufrichtig bereuen mögen und herausfinden, dass trotz allen materiellen Anscheins auch sie Kinder des Lichts - und unsere Brüder - sind.

Tag 305
Ich bin der Raum der Liebe

Wenn wir uns eines Tages unserer wahren Identität bewusst werden, könnten wir eine große Überraschung erleben. Uns wird klar werden, dass dieser materielle Körper rein gar nichts mit unserer ewigen Identität zu tun hat, die vollkommen spirituell zu sein scheint. Hier ist also eine kurze Segnung, die uns helfen soll, für diese Perspektive (die für manche schwer vorstellbar ist) offen zu sein.

Ich segne mich als den Raum der Liebe, der meine wahre ewige Essenz ausmacht.

Ich segne mich dafür, dass ich in dieser neuen Vision ruhe, in der Menschen, Ereignisse, Dinge nur einen völlig mit Liebe durchfluteten Raum durchlaufen, der mein wahres Wesen ist.

Ich segne mich für die unerschütterliche Gewissheit, dass nichts eine so rein spirituelle Realität stören oder ihr schaden kann.

Möge ich nur beobachten, was in diesem Raum vor sich geht, ohne je darauf zu reagieren. Möge ich alle, die ihn durchqueren, und alles, was geschieht, ohne dass sie an meinem göttlichen Wesen teilhaben, segnen, während ich völlig und immer in der sanften Umarmung der Liebe zu Hause bin.

Tag 306
Für einen Menschen, der versucht, eine Sucht loszuwerden

Heutzutage ist der Drogenhandel eine der größten Industrien weltweit. In Hinsicht auf das Einkommen wäre der Drogenhandel auf Platz 19 der Wirtschaft der Welt! Aufgrund der Fesseln, die nicht nur die Drogen, sondern auch der ganze Lebensstil dem Opfer anlegen, ist die Befreiung von der Sucht bei gewissen Drogen wie beispielsweise Heroin eine heroische Leistung. Wir wollen unsere drogensüchtigen Brüder und Schwestern liebevoll in der innersten Kammer unseres Herzens festhalten.

Wir segnen alle, die tapfer versuchen, die Sklavenfesseln der Drogen zu lösen.

Wir segnen sie vor allem für ihr ehrliches Vorhaben, auf dass es sie durch Augenblicke der Zweifel an ihrer Fähigkeit, sich von diesem langsamen Selbstmord zu befreien, trägt, und auch in den Momenten, in denen Verstand und Körper nach der täglichen Dosis schreien oder ihnen danach ist, alles hinzuwerfen und die menschliche Welt zu verlassen.

Wir segnen sie für ihre Intelligenz, sich die richtige Art von Hilfe zu suchen, und für ihre Stärke, die alte Gruppenzugehörigkeit aufzugeben, die sie so lange auf der Spur der Abhängigkeit gehalten hat.

Wir segnen sie für ihre Sehnsucht und die Chance, neue Trainingsformen auszuprobieren, sich einen festen Job zu suchen, neue, gesunde Beziehungen aufzubauen, die sie unterstützen.

Wir segnen sie für ihre Erkenntnis, dass der Sieg an dem Tag, an dem sie sich wirklich für dieses heilige Ziel entscheiden, schon am Horizont zu sehen ist, und dass sie nicht allein sind, selbst wenn sie das dunkelste Tal durchqueren, denn dein Stecken und Stab trösten sie auf ihrem langen Weg bis zu den saftigen Wiesen tiefer Zufriedenheit und des Friedens.

So sei es.

Tag 307
Für Menschen, die vom Betrug leben

Vor Kurzem fiel ich Computerpiraten zum Opfer, die es schafften, mich um Geld zu erleichtern, indem sie übers Telefon behaupteten, sie würden mein Computersystem reparieren, das mein Webmaster dringend neu installieren müsse. Auch musste ich meine Girokarte sperren lassen. Das Ganze kostete mich fast $ 500. In dem Moment, in dem der Betrug für mich offensichtlich wurde, fing ich an, die Täter zu segnen. Wie unheimlich traurig ist es doch, sein Leben damit zu verbringen, seinen Nächsten zu täuschen! Ganz zu schweigen von dem schlechten Karma, das solche Leute in ihrem eigenen Leben anhäufen.

Wir segnen alle rund um den Globus, die davon leben, ihren Nächsten auszutricksen und zu betrügen. Möge ihnen auf der tiefsten Ebene der Seele bewusst werden, welchen Schaden sie damit anrichten und welche negativen Energien sie freisetzen.

Mögen sie sich nicht nur des Leids und auch der persönlichen Katastrophen, die sie womöglich verursachen, sondern auch des ernsthaften Schadens, den sie sich selbst zufügen, ganz klar werden.

Mögen sie das Gesetz begreifen, dass wir immer und ausnahmslos das ernten, was wir säen, bis die göttliche Gnade eingreift, und mögen sie den Schaden, den sie angerichtet haben, ehrlich bereuen.

Mögen die, die betrogen wurden, die überwältigende Herrlichkeit und Heilkraft wahren Vergebens kennenlernen, damit sie dazu gebracht werden, nicht nur denen, die sie ausgetrickst haben, zu vergeben, sondern auch sich selbst dafür, dass sie getäuscht wurden.

Und wir segnen uns für die Fähigkeit, selbst hinter der zuweilen hässlichen Maske des menschlichen, materiellen Scheins das Gesicht Gottes im Gesicht unseres Nachbarn zu erkennen.

Tag 308
Segen dem echten Zuhören

Ich segne mich für mein Verlangen, wirklich aufmerksam zuzuhören, und für meine Fähigkeit, diese Kunst zu beherrschen.

Möge ich trotz der ständigen Hintergrundgeräusche einer Zu-
zuhören ist eine echte Kunst, sei es, seinem Nächsten oder sonst jemandem, der leidet, seinem Partner oder seinen Kindern zuzuhören – ganz zu schweigen vom Wichtigsten: Gott zuzuhören. Denn, wie ich glaube, liegt der wahre Wert des Gebets nicht darin, einer allwissenden Gottheit das zu sagen, was sie längst weiß, sondern zu hören, was sie uns über den grenzenlosen Überfluss sagt, der auf einer anderen Ebene der Realität schon auf uns wartet.

Kultur in Hast und Eile lernen, regelmäßig nach innen zu lauschen, um mich auf dich, göttliche Liebe, und deine Botschaft des tiefen Vertrauens und der ständigen Ermutigung einzustellen.

Möge ich lernen, dem Leid der Welt und meines Nächsten zuzuhören und die Bedeutung, die hinter den Worten steckt, zu entziffern.

Möge ich, wenn ich morgens die Zeitung aufschlage oder die Nachrichten im Fernsehen anstelle, der Botschaft zuhören, die du mir hinter den Bildern und Worten auf dem Papier oder dem Bildschirm mitteilst.

Möge ich, wenn ich mich dir zuwende, begreifen, dass das höchste und tiefsinnigste Ansinnen nicht das ist, dich zu bitten, meine Bedürfnisse anzuhören, die du längst kennst, sondern dein jahrtausendealtes Versprechen zu hören: Mein Kind, du bist immer bei mir, und alles, was mein ist – und immer sein wird – ist auch deins; und alles, was ICH BIN, bist auch du – und wirst es immer sein.

Tag 309
Hinduistischer Segen

Dieser Segen stammt aus der Taittiriya Upanishad.[80].

Möge der Herr uns gemeinsam beschützen!

Möge er uns gemeinsam nähren!

Mögen wir zusammenarbeiten und unsere Kräfte

zum Nutzen der Menschheit vereinen!

Möge unser Lernen leuchten und sinnvoll sein!

Mögen wir einander niemals hassen!

Möge es Frieden, Frieden und vollkommenen Frieden geben![81]

Tag 310
Ich weigerte mich zu verurteilen[82] (Ein Bericht)

»Ich möchte ein Erlebnis schildern, das mich völlig verblüfft hat. Vor Kurzem las ich das Buch „Segnen heilt". Es erfüllte mich mit Liebe. Ich glaube schon an vieles, aber ich hatte noch in keinem Buch gefunden, wie man jemanden davon abhalten kann, einem Schaden zuzufügen ... Ich beziehe mich auf die Affirmation ›Er ist der vollkommene Sohn Gottes‹.

Natürlich wollte ich es ausprobieren. Und das tat ich bei mehreren Gelegenheiten, vor allem, wenn ich hörte, wie Leute über andere tratschten. Ein paar Mal hat es funktioniert, aber ich war mir nicht sicher. Und manchmal funktionierte es auch nicht.

Am vergangenen Freitag bekam ich die Bestätigung, dass es tatsächlich wirkt. Eine Frau drohte mir. Sobald sie das tat, hörte ich auf, sie innerlich zu verurteilen, und sagte mir: ›Sie ist die vollkommene Tochter Gottes.‹ Und ich verzieh ihr auf der Stelle. Dann erklärte ich

---

80 Die Upanishaden beziehen sich auf eine Reihe heiliger hinduistischer Texte, die echt sein sollen und auf 700 bis 300 vor Christi zurückdatieren. Ihr Ziel war es, Gläubige vom Wiedergeburtszyklus zu befreien

81 https://blessingfiles.wordpress.com/2011/01/29/a-hindu-blessing/

82 Claudine; https://www.facebook.com/groups/316404038484282/

ihr mit einer Ruhe, die ich nie für möglich gehalten hätte (weil mir solche Situationen Angst machen), warum ich so gehandelt hatte (was sie wütend machen musste). Wunder über Wunder – es wirkte! Wir redeten ruhig weiter, bis alles zwischen uns geklärt war.

Ich dachte immer wieder über dieses Erlebnis nach und warum es so schnell funktionierte. Und ich kam zu dem Schluss, dass es deshalb gewirkt hat, weil ich sie nicht verurteilte und ihr sofort verzieh.«

Anmerkung von Pierre: Es hat, liebe Claudine, deswegen funktioniert, weil es spirituelle Gesetze gibt, die genauso streng und sicher sind wie die der Physik, wenn man sie zu aktivieren weiß. Sie müssen jedoch auf der Herzebene gefühlt werden (und nicht auf der mentalen Ebene, auf der die meisten Menschen im Westen 90 % der Zeit operieren). In diesen Fällen sieht man meistens sofort ein Ergebnis.

Tag 311
Ein Segen für das innere Gleichgewicht

Möge die Musik des Gelächters durch deine Seele brechen

wie die Freude des Meeres, das nach Hause an den Strand strömt.

Möge deine Schwerkraft durch Anmut leichter werden, wie der Wind alles tanzen lässt.

Möge Klarheit des Geistes deine Augen zum Lächeln bringen

wie die Freiheit der Klosterglocke.

Mögest du so frei in dem, wer du wirst, werden, so wie Wasser die Form von allem annimmt, in dem es ist.

Möge Ironie dir Perspektive geben, wie die Stelle auf der Rückseite des Gesagten lächelt.

Mögen Ängste oder Sorgen dich nie in Ketten legen,

während die Zeit frei von allem, was sie einschränkt, bleibt.

Möge dein Gebet des Zuhörens tief genug werden, um das Lachen Gottes in der Ferne zu hören.[83]

Tag 312
Ein Segen für die Stille

Ich webe eine Stille auf meine Lippen.

Ich webe eine Stille in meine Gedanken.

Ich webe eine Stille in mein Herz.

Ich verschließe die Ohren vor Ablenkungen.

Ich verschließe die Augen vor Attraktionen.

Ich verschließe die Augen vor Verlockungen.

Besänftige mich, o Herr, so wie du den Sturm besänftigt hast.

Beruhige mich, o Herr, halte mich von Unheil fern.

Lasse alle Tumulte in mir verstummen.

Hülle mich, Herr, in deinen Frieden ein.[84]

Tag 313
Auswirkung unseres Tuns auf den Planeten

Ich erhalte täglich inspirierende Texte von einer Vielzahl von Quellen, darunter auch The Universe[85] die Tiefgang mit Humor verbinden. Einer der neueren Texte lautete: »Wussten Sie schon, dass immer, wenn Sie jemandem etwas geben, Sie es der ganzen Welt geben? Und wussten Sie, dass Sie jeden Weg, den Sie gehen, jeden Stein, den Sie umdrehen, jede Tür, an die Sie klopfen, dies auch für alle anderen tun? Und ist Ihnen klar, dass Sie unwiderruflich die ganze Erde höher ins Licht heben, wann immer Sie – aus welchem Grund auch immer – Liebe empfinden?«

---

83 John O'Donohue, aus Benedictus: A Book of Blessings

84 Carmina Gadelica: Ortha nan Gaid Heal, Alexander Carmichael, 1900, zitiert in Blessing Files, op. cit.

85 http://www.tut.com/inspiration/nftu; E-Mail: theuniverse@tut.com

Das ist eine erstaunliche Erkenntnis.

Wir segnen uns für unser Verständnis, dass wir alle in einem Planetennetz, dessen Komplexität alles übertrifft, was wir uns je vorstellen können, miteinander verwoben sind.

Möge uns bewusst werden, dass wir mit jedem einzelnen Gedanken helfen können, das Bewusstsein unseres Planeten um eine Stufe anzuheben, wie geringfügig er auch sein mag, und dass ein aufrichtig empfundener Segen ein Leben auf der anderen Seite des Globus ändern kann.

Möge uns klar werden, dass wir mit jedem Blick eine Botschaft der Ablehnung, Gleichgültigkeit oder Liebe aussenden.

Mögen wir erkennen, dass die Worte, die wir aussprechen, Mitteilungen enthalten können, die Hoffnung und Heilung statt Desinteresse oder Negativität kommunizieren.

Mögen wir uns der Tatsache bewusst werden, dass jedes Gefühl, das wir zum Ausdruck bringen, positive oder negative Energie über die gesamte Erde sendet.

Mögen wir uns klarmachen, dass jeder Konsum eine deutliche Botschaft aussendet, welche Art von Gesellschaft wir erschaffen wollen. Und dass wir alle in jedem Augenblick durch unsere Gedanken und Handlungen die Welt von morgen wählen, in der wir leben wollen.

Und mögen wir uns über die Tatsache freuen, dass jede Tür der neuen Möglichkeiten, die wir öffnen, den Horizont der neuen Chancen für die gesamte Menschheit erweitert.

Tag 314
Unsere Komfortzone verlassen oder unseren bezahlten Parkplatz

Wir haben wohl alle unsere geistige Komfortzone, in der wir den Versuch, weiterzukommen, aufgegeben haben. (Ich nenne diese Zone den »bezahlten Parkplatz«, da der Preis hinsichtlich des persönlichen und spirituellen Wachstums sehr hoch sein kann.) Möge dieser Segen uns helfen, die Komfortzone zu verlassen.

Ich segne mich für die Fähigkeit, die Lebensbereiche zu erkennen, die ich vernachlässige oder in Klammern gesetzt habe, weil sie mich stören, oder die ich lieber einfach ignoriere.

Ich segne mich für die Fähigkeit, mich ihnen zu stellen und zu sehen, welche aktiven Schritte ich unternehmen könnte, um das Problem zu lösen – in welchen Lebensbereichen auch immer: Ernährung, Finanzen, Gesundheit, »die Fernsehsucht«, verschiedene Formen von Schlampigkeit, körperliche oder seelische Probleme, tiefsitzende Ängste und so weiter.

Ich segne mich für die Fähigkeit, den Scheinwerfer der Wachsamkeit auf meine Vermeidungsmechanismen, mir einen bestimmten bezahlten Parkplatz näher anzusehen, zu richten, und für den Mut, mich ernsthaft mit diesem Problem zu befassen, *in dem Bewusstsein, dass ich gleichzeitig allen anderen auf der Welt helfe, die ein ähnliches Problem haben.*

Und vor allem segne ich mich dafür, dass ich meine wahre göttliche Identität erkenne, die es mir auf der menschlichen Ebene ermöglicht, die Kraft und Weisheit aufzubringen, um meine Probleme auf angemessene Weise zu lösen, und die mich auf der göttlichen Ebene befähigt zu erkennen, dass sie nie Teil meiner wahren Identität als Spiegelbild der Liebe waren.

Tag 315
Segen der Indianer[86]

Ich habe diese Kurztexte zu Segen umgeschrieben.

Als du geboren wurdest, hast du geweint
und die Welt hat gejubelt.
Mögest du dein Leben so leben,
dass die Welt weint und du jubelst,
wenn du stirbst.
White Elk
Gebet der Lakota-Indianer
Wakan Tanka, du großes Mysterium,
mögest du mich lehren, wie ich
meinem Herzen,
meinem Verstand,
meiner Intuition,
meinem inneren Wissen,
meinen fünf Sinnen,
den Segnungen meines Geistes
vertrauen kann.
Mögest du mich lehren, diesen Dingen zu vertrauen,
damit ich meinen heiligen Raum betreten
und über meine Angst hinaus lieben kann
und so mit dem Untergang jeder strahlenden Sonne
im Gleichgewicht gehen kann.

Nach dem Glauben der Indianer ist der heilige Raum der Raum zwischen dem Ausatmen und Einatmen. Im Gleichgewicht zu gehen bedeutet die Harmonie zwischen Himmel (der Spiritualität) und Erde (dem Körperlichen).

---

86 www.sapphyr.net/natam/quotes-nativeamerican.htm

Tag 316
Die Entwicklung grenzenloser Güte mir selbst gegenüber

Normalerweise strömen wir nicht über vor Güte gegenüber uns selbst, so wie wir uns gewöhnlich auch nicht bedingungslos lieben. Doch Psalm 139:14 sagt: »Ich danke dir dafür, dass ich wunderbar gemacht bin.« Ist das nicht Ihrer ganzen Güte wert?

Ich segne mich für die Fähigkeit, dem Kind des Universums, das ich bin, grenzenlose Güte entgegenzubringen.

Möge ich mir, ohne zu zögern, die Güte entgegenbringen, die ich bereit bin, anderen entgegenzubringen.

Möge ich, wenn ich stolpere oder hinfalle, mir ein liebevolles Wort der Güte gönnen, statt mich scharf zu rügen.

Möge ich, wenn ich die Dinge auf die lange Bank schiebe, mich selbst austrickse oder bewusst eine notwendige Änderung meide, mir bewusst werden, wie ich mich damit selbst schädige, statt mich verärgert selbst zu beschimpfen.

Möge ich, wenn ich des Kampfes müde bin und am liebsten aufgeben würde, mir eine Ruhepause auf deinen grünen Weiden gönnen, statt mich selber zu ohrfeigen oder auszupeitschen.

Und möge ich immer den Unterschied zwischen der illusorischen Hängematte der Maßlosigkeit und der echten Weisheit aufrichtiger Güte mir selbst gegenüber kennen und mich an deine Worte erinnern, die du durch einen großen spirituellen Seher gesprochen hast: »Du bist mein lieber Sohn, an dir habe ich Wohlgefallen« – eine Aussage, die auf jeden einzelnen Erdenbürger (und die Bürger anderer Planeten) zutrifft.

Tag 317
Segen für ein flammendes Herz

Möge deine Gegenwart sich immer mehr vertiefen.

Mögen deine Erforschungen nie enden.

Möge kein einziges Teilchen der göttlichen Schöpfung deinem Herzen entgehen.

Mögest du so leben, wie du sterben wirst – wach, entflammt.

Mögest du so leben, wie du träumst – in Wunder gehüllt.

Mögest du im Spiegel der, die du liebst, in liebevollem Licht erstrahlen.

Und mögen die Funken für immer auf eine ungeteilte Welt herunterregnen.[87]

Tag 318
Segen für eine Vision unserer zukünftigen Welt

Eine Freundin von mir, die schon viele hilfreiche Vorschläge für dieses Buch gemacht hat, schickte mir diesen von ihr verfassten Segen, den ich gerne aufnehme, da die Vision eine von zwei oder drei wichtigsten Zutaten für eine neue Welt ist, die für alle da ist.

Mögen wir die Vision einer Welt entwickeln, in der Liebe und Mitgefühl stärker sind als Hass, Angst und Selbstsucht.

Mögen wir uns eine Welt vorstellen, in der unparteiische Gerechtigkeit herrscht, die nicht von der Politik, Hautfarbe, dem gesellschaftlichen und wirtschaftlichen Status beeinflusst wird.

---

87 Ralph Cushnir: Setting Your Heart on Fire: Seven Invitations to Liberate Your Life, aus Blessing Files, op.cit.

Mögen wir alle auf eine Welt hinarbeiten, in der der Einzelne und die Nationen zusammenarbeiten und teilen, statt zu horten und miteinander zu konkurrieren.

Mögen wir individuell und kollektiv lernen, dass wir Verwalter unseres Planeten und seiner Reichtümer sind und nicht seine Ausbeuter.

Mögen wir eine Welt erschaffen, in der wir alle verstehen, dass wir die Hüter des anderen sind und dass das, was dem einen zustößt, sich auf alle auswirkt.

Mögen wir alle lernen, einander zuzuhören, zu verstehen, zu helfen und zu nähren.

Und mögen wir – in Paramahansa Yoganandas Worten – erkennen, dass »das Glück eines Herzens allein die Seele nicht befriedigen kann; man muss versuchen, das Glück anderer mit einzubeziehen, da es für das eigene Glück erforderlich ist«.

Tag 319
Für Kinder und Jugendliche, die in die Prostitution gezwungen werden

Kinderprostitution ist ein genauso großer Skandal wie Straßenkinder. Schätzungsweise sind zwischen zwei und drei Millionen Kinder Opfer sexueller Ausbeutung, die meisten von ihnen sind Mädchen. Mittlerweile werden die Opfer immer jünger; viele von ihnen sind kaum 10 Jahre alt. Ein internationaler Handel mit Kindern wird von gut organisierten Mafiaorganisationen, beispielsweise von Nepal nach Indien, betrieben. Auch der Westen ist vor dieser riesigen profitablen Maschinerie nicht gefeit. In Norditalien macht die Prostitution von Jugendlichen geschätzte 40 % aus[88].

Geist der Wahrheit und Liebe, der du all deine Kinder grenzenlos liebst, ich segne alle Kinder auf der Welt, die zur Prostitution gezwungen werden.

---

88 Siehe z. B. www.equalitynow.org und viele andere Quellen.

Ich segne sie für ihre Hoffnung und Vision, ihren Mut und ihr Vertrauen, damit sie ihr Ziel, sich davon zu befreien, nie aus den Augen verlieren mögen. Ich segne sie dafür, dass sie sich vor übermäßiger Gewalt und HIV/AIDS schützen.

Ich segne sie für ihre Erkenntnis, dass das Göttliche in ihrem Inneren sie durch diese Prüfung trägt und ihnen den Mut und die Kraft gibt, sie so lange zu ertragen, wie sie dauert.

Ich segne die Mafiabosse, die diesen Menschenhandel organisieren, auf dass sie eines Tages die Integrität und den Mut entwickeln, zu erkennen, was sie tun, und den noch größeren Mut, sich zu ändern.

Ich segne die Freier dieser Kinder, damit sie ihre Missetaten nicht wegrationalisieren und behaupten, sie würden den Kindern und deren Familien helfen zu überleben. Mögen sie sich trauen, sich den großen Schaden, den sie den Kindern zufügen, bewusst zu machen.

Und ich segne die Regierungen der vielen betroffenen Länder, damit auch sie den Mut haben, ihre Apathie und Passivität in dieser Angelegenheit zu bekämpfen und entschlossene Schritte zu unternehmen, um die Würde der Kinder – und ihre eigene – wiederherzustellen.

Tag 320
Kurze Segnung von Eileen Caddy

Heute leihen wir uns wieder eine Segnung von Eileen Caddy. Ich möchte noch erwähnen, dass die Findhorn Gemeinde Workshops in vielen Sprachen veranstaltet und weltweit sicherlich zu den wichtigsten Zentren der Ökospiritualität zählt. Ich persönlich wurde schon mit zahlreichen Aufenthalten in dieser Gemeinschaft gesegnet.

Mögen wir es uns zur Gewohnheit machen, uns mit all den herrlichen Dingen des Lebens zu befassen.
In jedem und allem das Allerbeste zu sehen.

Mögen wir uns weigern, uns mit den traurigen Dingen aufzuhalten,
sondern auf einer höheren Ebene denken.
Mögen wir unsere Gedanken immer höher fliegen lassen,
so wie die kleine Lerche,
und deine Lieder des Lobes und Dankes singen.

Tag 321
Dem raschen Aufwachen des globalen Bewusstseins

Um es vorsichtig auszudrücken: Unsere Welt steckt in ernsten Schwierigkeiten. Ein Visionär wie Andrew Harvey, der Gründer der Heiligen Aktivistenbewegung, spricht sogar davon, dass wir in apokalyptischen Zeiten leben. Klar gibt es gelegentlich ein Problem mit der Umwelt – aber in derselben Zeitung oder Nachrichtensendung jubeln die Regierungen der betroffenen Länder über das Wirtschaftswachstum – was bedeutet, dass wir immer mehr konsumieren. Zeit aufzuwachen, Freunde!

Wir segnen unsere Mitbürger in aller Welt für ihr erwachendes Bewusstsein, dass die Erde brennt und wir als menschliche Rasse uns nie dagewesenen Schwierigkeiten stellen müssen, um zu überleben.

Mögen wir uns der Ansammlung von Gefahren in Schlüsselbereichen des Lebens wirklich gewahr werden: In der Umwelt, in der riesigen und immer weiter wachsenden Kluft zwischen Arm und Reich, im Risiko, dem viele Millionen Erdenbürger in bedrohten Gebieten ausgesetzt sind, die nach Europa oder woandershin fliehen, im Überleben zahlreicher Spezies und in so vielen anderen gefährdeten Bereichen, die unsere Aufmerksamkeit und unser Engagement benötigen.

Mögen wir den Mut haben, uns den Gefahren zu stellen und zu erkennen, dass für die enormen Probleme der heutigen Welt mehr als rein symbolische oder verwässernde Maßnahmen notwendig sind. Mögen unsere Medien sich den harten Tatsachen stellen, statt uns weiterhin seichte Unterhaltung und saftige Skandale zu präsentieren – was nicht wirklich die wirksamen Maßnahmen sind, die wir so dringend brauchen.

Mögen wir den tiefen Wunsch haben, uns in der Frage, was jeder von uns als Mitverantwortlicher für das Überleben unseres Planeten tun kann, lenken zu lassen.

Und wir segnen uns für unsere Integrität und Vision, damit unser tatkräftiges Engagement jeden Tag unseren Worten und Überzeugungen mehr entspricht.

Tag 322
Ein Segen für Politiker

In unserer Gesellschaft Politiker zu sein ist nicht unbedingt der einfachste Job.

Im ersten Moment werden sie für ihre Leistungen gelobt und im nächsten für ihr Versagen verdammt; auf der einen Seite kämpfen sie dafür, ihren persönlichen Ehrgeiz zu befriedigen, auf der anderen müssen sie ihren Wählern ehrlich und selbstlos dienen; sie müssen der Verlockung der vielen unterschwelligen Formen von Korruption widerstehen und gleichzeitig politischen Biss zeigen – die Herausforderungen sind vielseitig. Manche schaffen es mehr, andere weniger. Dieser Segen kann einem bestimmten Politiker gelten oder, wie hier, auch einer Gruppe von Politikern.

Ich segne die Politiker von... (Stadt, Partei, Land, Region, z. B. das Europaparlament) bei ihrer schwierigen Aufgabe, ihre moralische Integrität zu wahren, während sie versuchen, den Problemen ihres Amtes gerecht zu werden.

Mögen sie den Mut aufbringen, allem unrechtmäßigen Druck – von wem auch immer –, allen Korruptionsversuchen, allen Verlockungen zu widerstehen, um die Zustimmung der Öffentlichkeit oder der Medienbeliebtheit auf Kosten ihrer Arbeitsqualität zu buhlen.

Mögen sie das moralische Rückgrat besitzen, Handlungen zu widerstehen, die auf den Ängsten der Bevölkerung statt auf echter Klugheit und intelligenter Weitsicht beruhen.

Mögen sie immer ihren tiefen Überzeugungen und ihrem höchsten Integritätssinn statt der Parteilinie treu bleiben, egal, wie hoch der Preis auch sein mag.

Und mögen sie es schaffen, das schwierige Gleichgewicht zwischen der ehrbaren Erfüllung der Bedürfnisse der Bürger und der ihrer Familie und/oder privaten Beziehungen zu halten.

Tag 323
Heilung psychischer Probleme, Überwindung meines Burn-out (Ein Bericht)

»Nach einem Burn-out musste ich meine Stelle als Leiter einer Supermarktfiliale aufgeben. Mit Hilfe von Medikamenten, einem Klinikaufenthalt und Psychotherapie habe ich versucht, mein Leben wieder in den Griff zu bekommen, und seit dem vergangenen Jahr arbeite ich wieder in einer anderen Filiale derselben Supermarktkette.

Meine ständigen Stimmungsschwankungen hätten mich beinahe rückfällig werden lassen. Depressionen und negative Gedanken begannen, meine Tage wieder zu dominieren. Mitte Dezember 2014 hatte ich einen Termin bei meinem Psychiater Dr. J. Und wissen Sie, was er mir verschrieben hat? Nicht etwa Medikamente, die ich schon seit einer Weile nicht mehr nehme. Nein, er hat mir zwei Bücher verschrieben: „Segnen heilt" und „Jetzt! Die Kraft der Gegenwart".[89]

Vor Kurzem habe ich beide Bücher ausgelesen und fand in ihnen die Lösung all meiner Probleme. Diese beiden Bücher haben mir einen Weg aufgezeichnet, den ich gehen kann, und sie geben mir neuen Lebensmut.

Ich begann, alles zu segnen – sogar mein Burn-out. Vielleicht war die Krankheit ja das Zeichen für mich, mein Leben zu ändern, bewusster

---

[89] Kamphausen Media, 2010 von Eckhart Tolle

zu leben und einen anderen Weg zu gehen. Sie ist eine Chance, wieder Glück und Liebe zu spüren und zu erleben und vor allem, beides mit anderen zu teilen.

Seit ich angefangen habe, alles zu segnen – und glauben Sie mir, bei meiner Arbeit bieten sich sehr viele Gelegenheiten zum Segnen –, habe ich weniger negative Gedanken, die Vergangenheit ist nicht mehr so präsent, und mir geht es von Tag zu Tag besser.« Urban V

Tag 324
Ein hinduistisches Gebet

Ich habe diesen kurzen Text aus den Upanishaden von Satish Kumar in einen Segen umgewandelt.

Möge ich vom Tod ins Leben, von Falschheit zur Wahrheit geführt werden.

Möge ich von der Verzweiflung zur Hoffnung, von der Angst zum Vertrauen geführt werden.

Möge ich vom Hass zur Liebe, vom Krieg in den Frieden geführt werden.

Und möge Friede unser Herz, unsere Welt, unser Universum erfüllen.

Friede, Friede, Friede.

Tag 325
Der vollkommenen Erfüllung aller Lebewesen

Wer das Urteilen ganz hinter sich gelassen hat, wird nur noch von dem starken Wunsch nach völliger Erfüllung aller Lebewesen – nicht nur der Menschen, sondern aller Bewohner der Erde, d. h. aller Lebensformen, von den »seltsamen« Geschöpfen, die 5000 m unter dem Meeresspiegel leben bis hin zu dem »schlimmsten« Gangster oder größten Heiligen – erfüllt. Dies ist nur eine ganz tiefe Sehnsucht, die über jegliche Erklärung oder Rechtfertigung hinausgeht.

Ich segne alle meine Mitgeschöpfe auf diesem Planeten in ihrer tiefsten, strahlenden Erfüllung, wie auch immer sie sich in ihrer Lebensform ausdrücken mag.

Ich segne meine Mitmenschen in ihrer strahlenden Freiheit, während sie es genießen, als jemand, der alle materiellen Güter losgelassen hat, schwerelos auf dem Planeten Erde zu gehen.

Ich segne sie für ihre bedingungslose Liebe und die Gabe zu verzeihen, während sie die vollkommene Ruhe erleben, weil sie alle Lebewesen so annehmen, wie sie sind – ohne Erwartungen oder Forderungen, sich zu ändern.

Ich segne sie für die tiefe Zufriedenheit und den andauernden Frieden eines Menschen, dem bewusst ist, dass der reich ist, der genug hat – ein Reichtum, dem kein Bankencrash, keine soziale Krise und kein Mangeldenken etwas anhaben kann, weil er im inneren Königreich verwurzelt ist.

Ich segne meine Nächsten – und alle Menschen sind meine Nächsten – für ihre grundlegende Gelassenheit und Haltung, die kein äußerer Umstand und keine Begegnung durcheinanderbringen kann. Und ich segne sie auch für ihre strahlende Freude, auf dass sie alle erleuchten, denen sie begegnen.

Ich segne alle meine Nächsten in der Tier- und Pflanzenwelt, damit die riesigen Herausforderungen unserer Welt, die oft ihre Lebensräume ernsthaft bedrohen, ihre Rolle auf diesem Planeten nicht gefährden.

»Mögen alle Geschöpfe glücklich, gesund und zufrieden sein.«

Tag 326
Das wahre Internet

Da wir alle eins sind, haben alle meine Gedanken, Worte und Taten einen Effekt auf den gesamten Planeten. Diese Tatsache ist sehr aufregend, weil sie uns automatisch zu Heilern der Welt macht, sobald sie uns bewusst ist.

Wir segnen uns für unsere Körper, die zu einem himmlischen Ganzen miteinander verwoben sind, und für unsere Erkenntnis, dass jeder unserer Gedanken uns durch den göttlichen Geist mit dem Wesen und den Gedanken der anderen verbindet.

Dafür, dass wir alle Erdenbewohner, die mit denselben Problemen kämpfen, auf eine höhere Ebene anheben, wenn wir eine alte Schwäche oder Verlockung überwinden.

Dafür, dass wir die Menschen, die das schrille »ich, ich, ich« ihrer Wünsche durch die friedliche Gewissheit ihrer echten Bedürfnisse ersetzen wollen, stärken, wenn wir uns gegen die aggressive Werbung für etwas, was wir nicht wirklich brauchen, wehren.

Dafür, dass wir, wenn wir uns einer kollektiven Welle des Hasses oder der Ablehnung, die gegen eine bestimmte ethnische, sexuelle, soziale, religiöse oder sonstige Gruppe gerichtet ist, mit tiefer Liebe widersetzen, die Menschheit auf eine höhere Ebene anheben und den Weg für eine zukünftige Welt für alle ebnen, denn nur in so einer Welt werden wir letztendlich überleben können.

Und immer wenn ich unseren tierischen oder pflanzlichen Verwandten auch nur die kleinste Botschaft der Fürsorge und Liebe sende, schicke ich dadurch Mutter Natur die Botschaft, dass immer mehr von uns unser gemeinsames Überleben als Bedingung unserer weiteren Existenz auf der Erde ansehen.

Tag 327
Dem Zuhören – und Hören – der Botschaften der göttlichen Liebe

Die grenzenlose Liebe spricht ständig und auf tausenderlei Weise zu uns. Wer sagt, er könne die göttlichen Botschaften nicht hören, muss vielleicht einfach lernen, den Mitteilungen der Liebe, die überall um uns herum zu vernehmen sind, zuzuhören oder sie zu übersetzen.

Ich segne mich dafür, dass ich lerne, dein ständiges, leises Flüstern überall und immer zu hören.

Möge ich, wenn ich eine Vogelmutter sehe, die sich unglaublich fürsorglich um ihre Kinder kümmert, dein sanftes Murmeln sagen hören: »Kannst du nicht erkennen, dass ich, wenn ich mich so liebevoll um eine junge Drossel kümmere, dich genauso liebevoll umsorge?«

Möge ich, wenn ich daran denke, dass meine 37 Billionen Körperzellen seit so vielen Jahren Tag und Nacht ohne einen Tag Pause funktionieren, dich sagen hören: »Wenn ich einem einzigen Menschen ein so perfektes Körpersystem mitgebe, glaubst du dann wirklich, ich könnte diesen kleinen blauen Planeten nicht navigieren und ihn trotz aller Fehler, Ängste oder Arroganz der Menschheit nicht auf Kurs halten?«

Möge ich, wenn sich nach Wochen der Verzweiflung oder der flehenden Gebete nichts tut, statt zu jammern, dass du nicht reagierst, verstehen, dass du schon geantwortet hast, bevor ich überhaupt darum gebeten habe, und dass du nicht lauter werden musst, sondern ich besser zuhören muss, um die Antworten zu hören.

Möge ich, wenn eine tonnenschwere Last in Form einer schweren Prüfung mich herunterzieht, dein beharrliches Murmeln hören: »Vergiss nicht, dass Prüfungen oft genau das sind, was du brauchst, um etwas Wichtiges zu lernen. Hier ist deine Wahl zwischen Ja und Nein.«

Und wenn ich mich beklagen sollte, dass ich im Alltag keine Zeit habe, eine Pause einzulegen und dir zuzuhören, dann mögest du mir vorschlagen, zwischen den Nachrichten und dir zu wählen – oder noch besser: dich *durch* die Nachrichten zu hören?

Tag 328
Die Flügel der Niederlage

Der englische Autor Neil Millar hat einen starken Text mit diesem Titel verfasst, der schon vielen Menschen geholfen hat, die sich mit Problemen herumschlugen, die für sie »Niederlagen« waren. Er hat mich zu diesem Segen inspiriert.

Ich segne mich für die Fähigkeit, von der scheinbaren »Niederlage«, die ich gerade erlebt habe, zu lernen und daran zu wachsen.

Möge ich verstehen, dass ich nur dann eine Niederlage erleiden kann, wenn ich eine wertvolle Lektion des Lebens, durch die ich das lerne, was ich in diesem Augenblick lernen muss, als »Niederlage« bezeichne.

Möge ich auf das hören, was das Leben mich lehrt, statt Energie darauf zu verschwenden, anderen Menschen, den Umständen oder – noch schlimmer – mir selbst die Schuld in die Schuhe zu schieben.

Möge ich verstehen, dass trotz allen gegenteiligen Anscheins in einem Universum, das vollkommen von der Liebe gelenkt wird, alles zum Guten derer zusammenarbeitet, die sich ernsthaft für die Erschaffung einer besseren, gesünderen Welt – für alle Geschöpfe – einbringen.

Möge Vergebung absolut und bedingungslos sein, wo Vergebung nötig ist – vor allem mir selbst gegenüber.

Möge eine sogenannte »Niederlage« meine Widerstandsfähigkeit und Entschlossenheit, das nächste Mal Erfolg zu haben, stärken, statt mich zu entmutigen und mich apathisch zu machen.

Und möge, wenn ich einem aufgrund seiner angeblich unwiderruflichen Niederlage völlig am Boden zerstörten oder zutiefst zerknirschten Menschen begegne, meine tiefste Zärtlichkeit ihn in den Mantel einer neuen Vision und neuer Hoffnung einhüllen, damit er sich erheben und mit strahlenden Augen und hocherhobenem Kopf seinen Weg fortsetzen kann.

Tag 329
Segnung für den Tag der Globalen Einheit (24. Oktober)

Die Organisation Humanity's Team ist eine internationale spirituelle Bewegung mit dem Ziel, die zeitlose Wahrheit, dass wir alle eins sind, zu verbreiten und zu demonstrieren. Sie bat mich, für den Tag der Globalen Einheit 2016 eine Segnung zu schreiben. Hier ist sie. Ich möchte sie mit ein paar Zeilen des großen Sufi-Meisters und Dichters Hafiz beginnen:

Seht nur, einer macht der Welt Flügel und Geschenke,

jeden Morgen Musik;
einer verwandelt sich in ein ganz besonderes Licht
und wird zum Erhalter eines ganzen Planeten.

Wir segnen uns für die Fähigkeit, das Licht zu zeigen, das wir im Kern unseres Seins wirklich sind, und so bereitwillige Instrumente zu werden, um unsere wunderschöne Erde zu heilen und zu erhalten.

Wir segnen uns für das tiefere Verständnis, dass wir alle eins sind und dass ich wirklich mein Nächster bin und umgekehrt – aber auch dafür, dass alle Lebewesen gleichermaßen meine Nächsten sind.

Wir segnen uns für unsere tiefe Sehnsucht, eine Welt zu erschaffen, die für alle da ist, auch für die Tiere und Pflanzen, und niemals aufzugeben, bevor dieser herrliche Tag gekommen ist.

Wir segnen uns für unsere inspirierte Erkenntnis, dass alles Leben auf Erden, alle Geschöpfe, auf komplexe und wundersame Weise miteinander verwoben sind, und dass all unsere Gedanken, Worte und Taten eine größere Wirkung auf den gesamten Planeten haben, als wir uns vorstellen können.

Wir segnen uns für die Sehnsucht, fürsorgliche Verwalter und umsichtige Konsumenten der Erde zu werden, und weitsichtig genug zu sein, um die notwendigen Schritte zu unternehmen – ohne eine Spur von schlechtem Gewissen oder Selbstverdammnis, wenn wir die selbstauferlegten Standards nicht erreichen.

Wir segnen alle, die aus Gier, Neid oder der unbewussten Angst vor Mangel unter der unersättlichen Lust nach »mehr, mehr« leiden, damit sie erkennen, dass die kluge Verwaltung der Erde echten endlosen Überfluss für alle bringen wird. Und wir segnen uns dafür, dass wir die Wut oder Verdammnis, die wir womöglich für sie empfunden haben, durch die überfließende Liebe ersetzen, mit der wir sie als Kinder der göttlichen Liebe erkennen und ihren Frieden genauso schätzen wie unseren eigenen.

Und mögen wir das unerschütterliche Vertrauen erlangen, dass er die ganze Welt in seinen Händen hält und dass die höhere Intelligenz, die dieses unglaubliche Juwel, diesen kostbaren kleinen Planeten – unsere Heimat – so liebevoll erschaffen hat, seine Zerstörung weder durch Ignoranz noch Angst oder Gier zulassen wird, sondern uns durch das Tal der Schatten des Todes zu den saftigen Tälern führen wird, die uns alle erwarten.

Tag 330
Segen für neue Inspirationen

Kaum etwas ist so seelenabtötend wie Routine, Langeweile, immer dieselbe mechanische Tätigkeit. Wir wollen für die Möglichkeit der immer neuen Frische im Alltag, in unseren Aktivitäten, Beziehungen und unserer Spiritualität offen werden. Das, was mit Liebe getan wird, kann niemals langweilig sein. Können Sie sich eine Drossel oder Nachtigall vorstellen, die ihre süße Melodie trällert und dabei denkt: »Ich habe dieselbe alte Leier so satt«, oder das Edelweiß auf einem unerreichbaren Felsvorsprung in dreitausend Meter Höhe, das jammert: »Ach Mensch! Keiner sieht mich! Wozu mache ich mich eigentlich jeden Morgen schön?« Denn sie wissen, dass sie Gottes Lächeln für die Erde und den vorbeiziehenden Adler sind.

Ich öffne mich der immer wieder neuen Frische. Möge ich wie Bruder Lawrence in seiner bescheidenen Küche fühlen, dass nichts – wie bescheiden es auch sein mag – langweilig sein kann, wenn es im Bewusstsein deiner magischen Gegenwart getan wird.

Möge ich – ob als Schriftsteller, Chirurgin, psychologischer Berater oder Sekretärin, Lehrer, Mutter, Straßenkehrer – wissen, dass die Niagarafälle der immer wieder frischen göttlichen Inspiration nur auf meine Offenheit und freudige Erwartung warten, um in mich hineinzuströmen.

Möge meine innere und vielleicht schlummernde Begeisterung durch die Erkenntnis erwachen, dass ich als ewig erneuertem Ausdruck des göttlichen Geistes nie Zynismus, geistiger Erschöpfung, Langeweile, öden Gewohnheiten nachgeben muss. Denn da sich die göttliche Liebe durch mich zeigt, sind wahre Inspiration und immer wieder Verwunderung meine Essenz und nicht das Ergebnis irgendwelcher spiritueller Anstrengungen, indem noch mehr Wissen angehäuft wird, sondern indem die Schichten falscher Überzeugungen, hinter denen sich meine jetzige göttliche Natur verbirgt, abgetragen werden.

Ein großer Meister sagte uns, wir würden nie ins Königreich – den Raum ständigen Staunens und freudigen Jubels – eingelassen, wenn wir nicht zu kleinen Kindern würden. Nicht Banker, Rabbiner oder Prediger. Sondern kleine Kinder.

Sind Sie dazu bereit?

Tag 331
Ein tolles Abenteuer

Jeden Morgen beim Aufwachen denke ich: »Welches tolle Abenteuer erwartet mich wohl heute?« Dann stelle ich mich neben mein Bett, strecke die Arme aus und spreche das (laut Dr. David R. Hawkins) mächtigste Wort der menschlichen Sprache aus: JA, gefolgt von Danke! (für was immer heute passieren wird.)

Ich segne mich für meine totale Offenheit für alles, was du heute für mich geplant hast.

Möge ich lernen, all meine menschlichen Pläne für das, was meiner Meinung nach geschehen *sollte*, beiseitezulegen, um für alles, was geschehen *könnte* oder *wird*, offen zu sein.

Möge ich lernen, das Unbekannte wegen seiner erstaunlichen Möglichkeiten der unerwarteten inneren Weiterentwicklung freudig anzunehmen, statt mich vor ihm zu fürchten.

Möge ich bereit sein, mich in jedem Augenblick vollkommen überraschen zu lassen, und möge ich mich daran erinnern, das jede einzelne Situation, Gelegenheit oder Begegnung dein kostbares Geschenk ist, egal, in welcher Verpackung es kommt.

Ich segne mich für die Bereitschaft, die unglaubliche Kraft eines JA zu entdecken, das von Herzen kommt und mit völligem Vertrauen in die letztendliche Vollkommenheit des Plans, den du schon liebevoll für mein Leben entworfen hast, ausgesprochen wird.

JA, JA, JA. Danke.

Tag 332
Die Massenschlachtung von Tieren

Seit den letzten Jahren werden sich immer mehr Menschen der Anzahl von Tieren (einschließlich Fischen) bewusst, die jedes Jahr weltweit geschlachtet werden – 80 Milliarden nur für die Eier-, Lebensmittel- und Milchproduktion (bei Fischen muss man diese Zahl mit 10 multiplizieren) – manchmal auf die grauenhafteste Weise, wie beispielsweise die furchtbaren Videos auf YouTube im Frühjahr 2016 zeigen, die das französische Kollektiv L214 eingestellt haben. Auf irgendeine Weise wirken sich die dunklen Energien, die durch dieses Massaker freigesetzt werden, auf uns alle aus. Es muss einen besseren Weg geben, wie wir uns gesund ernähren können.

Wir segnen die gesamte Menschheit für die Erkenntnis, dass unsere Nächsten auch die Tierwelt mit einschließen.

Wir segnen dich für die Millionen von Tiergattungen, die unseren Planeten bevölkern, unser Leben bereichern und in großem Maße das Funktionieren unserer Umwelt überhaupt erst möglich machen – von den Regenwürmern bis hin zu den fleißigen Bienen, ganz zu schweigen von den unzähligen Insekten, von denen jedes seine vollkommene Funktion und Rolle hat.

Wir segnen die Leute, die die Schlachthöfe leiten, dafür, dass sie sich der grauenhaften Verbrechen bewusst werden, die an unseren hilflosen tierischen Nächsten, die Teil deiner wundervollen Schöpfung sind, im Namen des Profits begangen werden. Mögen sie sich der zerstörerischen Energien bewusst werden, die dadurch auf der Erde freigesetzt werden, und mögen sie dazu gebracht werden, ihre Einstellung wirklich zu ändern. Wir segnen sie für ihre innere Güte, ihr angeborenes Mitgefühl und ihre Erkenntnis der göttlichen Essenz, die ihr wahres Wesen ausmacht.

Und wir segnen uns und die gesamte Menschheit für die Erkenntnis, dass man ohne Fleisch gesünder leben kann und dass die Natur uns alles liefert, was wir für ein Leben in vollkommenem Gleichgewicht brauchen, ohne dafür völlig unschuldige und wehrlose Geschöpfe töten zu müssen.

Und mögen die, die versuchen, sich den Fleischverzehr abzugewöhnen, jede Selbstverdammung vermeiden, egal, wie langsam und holperig ihre Fortschritte und wie häufig ihre Rückfälle auch sein mögen. Und mögen die, die immer noch Fleisch produzieren, dazu gebracht werden, ihre Tiere mit Respekt und Dankbarkeit statt wie namenlose Fleischstücke zu behandeln, die nur darauf warten, geschlachtet zu werden.

Schließlich segnen wir uns als eine Rasse für unsere Fähigkeit, für unser göttliches Wesen und seine drängende Aufforderung, unser göttliches Geschick in allen Lebensbereichen immer stimmiger zu leben, offen zu werden.

Tag 333
Ich bin mein Nächster

Wirklich zu begreifen, dass ich mein Nächster bin – das heißt, dass wir alle eins sind –, ist eine der wichtigsten spirituellen Einsichten, die wir auf Erden gewinnen können, und es ist eine, die die Weltgemeinschaft dringend braucht, während wir uns riesigen Herausforderungen gegenüber sehen. Was erklärt, warum ich Ihnen einen zweiten Segen zu diesem Thema nahelege.

Wir segnen uns für die tiefe spirituelle Erkenntnis, dass alles grenzenloser Geist, Liebe und ihre unendlichen Manifestierungen ist und dass wir daher alle ein Ausdruck desselben göttlichen Lebens sind, das alles am Leben erhält - dass ich wie mein Nächster das grenzenlose Leben bin, das sich selbst lebt.

Mögen wir wirklich mit der tiefsten Faser unseres Wesens begreifen, dass die strahlende Freude, die mein Nächster zeigt, auch meine Freude ist, und dass das tiefe Leid, das er oder sie ertragen muss, auch mein Leid ist - daher kommt auch meine Verantwortung und das Privileg, ihm die Last zu erleichtern.

Möge uns wirklich klar werden, dass es in dieser Welt keine Privatparadiese mehr gibt und dass wir – im materiellen Sinn – es entweder gemeinsam schaffen oder gemeinsam untergehen. Mögen wir zugleich begreifen, dass wir uns in einem Universum, das von einem unfehlbaren, liebevollen Prinzip oder einer grenzenlosen Intelligenz gelenkt wird, den schon vorhandenen und den noch größeren zukünftigen Problemen mit umso größerem Vertrauen stellen können, umso intensiver und verbreiteter unser Bewusstsein ist, dass wir alle das Eine sind.

Und möge jedem von uns klar werden, dass er oder sie in diesem Spiel die Hauptrolle spielt!

Tag 334
Segnung für innere Stille

Stille ist im ständigen Lärm unserer gehetzten Welt eine Seltenheit. Dennoch hat der berühmte amerikanische Mystiker Joel Goldsmith gesagt, die Essenz und das Herz des wahren Gebets sei die Stille und nicht das Reden und die Formulierung von Wünschen und Bedürfnissen. Wir können noch nicht einmal uns selber begegnen, wenn wir ständig innerem und äußerem Lärm und Aufregungen ausgesetzt sind.

Möge ich lernen, den schrillen Lärm unserer merkwürdigen Welt, die wie eine Polizeisirene zu ihrem unbekannten Ziel rast, auszuschalten.

Möge ich tagsüber immer wieder zu dem klaren Teich tief in meinem Inneren zurückkehren, an dem ich immer Nahrung für die Seele und Quellwasser für mein Herz finde, wenn ich ausgedörrt oder erschöpft bin.

Möge ich lernen, dem leisen Murmeln der göttlichen Liebe zuzuhören, das wie ein Bach unter dem moosbedeckten Teppich eines Waldes plätschert und das allen empfänglichen Herzen

Botschaften von Frieden und Hoffnung und sanfte Aufforderungen zuflüstert.

Und möge der lauteste Lärm von allem, der eines ständig herumstolzierenden Egos, für das Nichtbeachtung eine Art Todesstrafe bedeutet, in der Gegenwart der Liebe, deren feste Beharrlichkeit letztendlich die höchsten Gletscher des menschlichen Stolzes zum Schmelzen bringt, verstummen.

Tag 335
Ein Segen den klaren Gedanken

Diesen Segen hat mir ein guter Freund zugeschickt. Er ist in seiner Schlichtheit äußerst tiefsinnig. Mein Vorschlag ist, ihn auswendig zu lernen und ihn als spirituelles Instrument zu nutzen, um die Gedanken tagsüber zu bündeln.

Segne meine Gedanken, damit sie Zwietracht zurückweisen und in deinem Frieden aufgehen,

segne meine Augen, damit ich alles und jeden durch die Augen der Liebe sehen kann,

segne meine Ohren, damit ich die stille, leise Stimme trotz des Lärms hören kann,

segne meinen Mund, damit meine Worte die liebevolle Wahrheit sagen,

segne meine Hände, damit sie die Arbeit tun können, für die ich bestimmt bin,

und segne meine Füße, damit sie mich dahin bringen, wohin ich gehen muss.

Tag 336
Lösung eines Familienkonflikts (Ein Bericht)

»Ich nutze meinen Urlaub dazu, Ihre Bücher zu lesen. Danke ist das einfachste Wort, das mir dafür, dass Sie das Segnen in die Welt hinaustragen, in den Sinn kommt. Es ist ein so wesentlicher Schlüssel, der das Unsichtbare aufschließt und es uns ermöglicht, uns von der weit verbreiteten und morbiden Vorstellung, Böses mit Bösem zu vergelten, zu trennen.

Auf der anderen Seite ist das Segnen so geradlinig und richtig und es öffnet das Herz.

Meine 86-jährige Mutter wurde von meinem Bruder sehr schlecht behandelt. Ich schlug ihr vor, ihn zu segnen, und half ihr noch am selben Abend und am Mittag des darauffolgenden Tages damit. Am Abend danach rief mein Bruder sie an, um sich bei ihr zu entschuldigen. Meine Mutter bedankte sich überglücklich bei mir, weil die Entschuldigung meines Bruders ein echtes Wunder war. Und die Tatsache, dass dieses ›Wunder‹ wegen ihrer veränderten Einstellung geschah, war für sie eine tolle Erfahrung. Ich freue mich sehr darüber, weil ich weiß, dass meine Mutter sich von jetzt an weniger einsam und hilflos fühlen wird, wenn sie sich den schmerzhaften Dingen in ihrem Leben stellt.

Ich habe zwar nichts mehr von meinem Schwiegersohn gehört, aber meine Tochter hat beschlossen, mit ihrem Sohn zu seinem Vater, der mich bedroht hat, zurückzukehren. Ich sende weiterhin Segen aus und unterstütze alle, und ich fühle, wie es mich weiterhin ändert. Das Urteil, das ich über die Entscheidung meiner Tochter, zu ihrem Mann zurückzukehren, gefällt hatte, wird Stück für Stück durch Vertrauen ersetzt.

Jeder befindet sich auf seiner höchsten Bewusstseinsebene …

Möge die Praxis des Segnens bewirken, dass ganz, ganz viele Leute sich weniger einsam und hilflos fühlen, wenn sie die Macht der Absicht des Herzens entdecken.«

Pilar, Schweiz

Tag 337
Segen für einen Betrunkenen, der in der Öffentlichkeit Ärgernis erregt

Ein Betrunkener, der im Bus oder in der Bahn mit Obszönitäten um sich wirft, wird nicht unbedingt zum Ziel einer Welle der Zärtlichkeit, Fürsorge und des Mitgefühls der anderen Passagiere. Was für eine Gelegenheit, einzuschreiten und ihn still zu segnen!

Wir segnen unseren Bruder, damit er sich seiner wahren göttlichen Identität bewusst wird - und wir nehmen unsere Fähigkeit wahr, ihn ausschließlich in diesem Licht zu sehen.

Wir segnen alle, die seine Gegenwart wahrnehmen, auf dass sie Mitgefühl empfinden, statt ihn zu verurteilen.

Wir segnen ihn für seine Offenheit für die göttliche Gnade; möge er nach dir statt nach Alkohol dürsten, um seine tiefe Zufriedenheit in deiner Gegenwart zu finden - warum nicht gleich heute? - statt in einer zerstörerischen Substanz.

Und wir segnen ihn und alle mit demselben Problem in der himmlischen Begegnung, die ihr Leben umdrehen könnte - sogar von einem Augenblick zum nächsten.

Tag 338
Indianischer Segen

Indianische Segen sind eine unendliche Schatzkiste des tiefsinnigen, reinen Denkens und der fließenden Inspirationen. Hier sind noch drei:

Segen der Apache-Indianer

Möge die Sonne dir am Tag neue Kraft geben,

möge der Mond dich in der Nacht sanft erneuern,

möge der Regen deine Sorgen wegspülen,

möge der Wind neue Kraft in dich blasen,

mögest du auf weichem Boden durch die Welt gehen und
ihre Schönheit an jedem Tag deines Lebens erkennen.[90]

Gebet der Quero-Indianer

Möge ich hinter mich blicken und von Dankbarkeit erfüllt sein,
möge ich nach vorne blicken und von Visionen erfüllt sein,
möge ich nach oben blicken und von Stärke erfüllt sein,
möge ich nach innen blicken und Frieden entdecken.

Der folgende Segen fasst eine der stärksten Erkenntnisse, die man haben kann, in einem kurzen Satz zusammen:

Gesegnet seien die, die uns herausfordern, denn sie erinnern uns an Türen, die wir geschlossen haben, und an Türen, die wir noch öffnen müssen.

Tag 339
Für einen Arbeitssuchenden

Als jemand, der einmal 30 Monate lang arbeitslos war, ohne Arbeitslosengeld zu erhalten, habe ich diese Situation aus erster Hand erfahren müssen. Doch wenn die ultimative Quelle des Reichtums in uns selbst ist, kommt alles wirklich Nötige von innen, nicht von außen. Das habe ich herausgefunden, indem ich mir selbst einen Job geschaffen habe!

Ich segne diese unangenehme Lage, weil ich dadurch Wichtiges lernen werde, im Wissen, dass die göttliche Liebe sie nie zugelassen hätte, wenn sie nicht in irgendeiner Weise ein Segen für mich wäre.

Ich segne mich für meinen Mut, auf dass ich niemals von den Absagen oder negativen Antworten auf meine Bewerbungen

---

[90] http://www.worldhealingprayers.com/2.html

entmutigt werde, und ich segne alle, die in der gleichen Lage sind wie ich.

Ich segne mich für das feste Vertrauen, dass unbekannte Segen schon unterwegs sind, wie düster das äußere Bild auch sein mag.

Ich segne mich für meine Fantasie, damit ich originelle Wege finde, wie ich nach Arbeit suchen und mich darum bewerben kann, und für die hohe Energie, die ich bei Vorstellungsgesprächen zum Ausdruck bringe.

Und schließlich segne ich mich für meine grenzenlose Kreativität und meine Offenheit für die aufregende Möglichkeit, dass ich womöglich meine eigene Einkommensquelle schaffen muss, statt von einer Festanstellung abhängig zu sein.

(Sie können natürlich auch die Zeit ändern oder stattdessen sagen: »Wir segnen die Arbeitslosen« oder »meinen arbeitslosen Freund oder Nachbarn usw.«)

Tag 340
Um unser ganzes göttliches Potenzial auszudrücken

Seit Jahrhunderten sagen uns Weise und Heilige aller Richtungen, dass wir in unserem echtesten Selbst wirklich göttlich sind. Und das trifft auf absolut alle Menschen zu – vom dschihadistischen Selbstmordattentäter bis hin zum Menschen auf der Suche nach Spiritualität, der allein vom Licht und der Lebenskraft im Universum lebt.

Wir segnen uns (unsere Familie, Nächsten, Feinde) für unsere innere göttliche Essenz.

Mögen wir beim Aufstehen am Morgen als Erstes bestätigen: »Ich nehme meine wunderschöne und vollkommene göttliche Identität an.«

Es ist mein himmlisches Recht, an dieser Identität für mich und alle festzuhalten – im Angesicht der Verleugnungen und des Gekreisches der materiellen Welt, der psychologischen Theorien, der schuldbesetzten Theologien oder der Human- und Sozialwissenschaften und so vieler anderer Formen menschlicher Weisheiten, die behaupten zu wissen, was Sache ist.

Wir segnen uns für unsere Vision dieser unglaublichen Wahrheit und für unser tiefes Verlangen, die Hand danach auszustrecken und sie zum Maßstab all unserer Handlungen zu machen.

Möge unser Vorhaben, an dieser Vision festzuhalten, so fest und unerschütterlich sein, dass kein Ereignis, kein Drama, keine persönliche oder kollektive Tragödie uns je vom Weg abkommen lassen. Und möge unsere Überzeugung so stark sein und unsere Vision so strahlend und klar, dass auch andere an dieser Erkenntnis festhalten, denn sie ist der eigentliche Lebensweg.

Tag 341
Für einen weiteren Tag des Segnens

»Ein Segen ist ein ›Ja‹ zum Guten, zur Gnade, zu einem letztendlich freundlichen Universum. Segen verbinden uns mit der Urquelle unseres eigentlichen Wesens«, schreibt William John Fitzgerald, ein pensionierter Pastor und Autor von acht Büchern, darunter auch „One Hundred Cranes". Dieses Buch voller Wunder hilft uns zu erkennen, was die Kelten »die lange Hand Gottes bei der Arbeit mitten in unserem geschäftigen Leben« nannten. Wie die Verfasserin des folgenden Segens vorschlägt, können wir uns nicht nur für die Segnungen des Tages bedanken, sondern auch für einen weiteren Tag des Segnens, dafür, dass wir unsere Gedanken durch das Segnen erhellt haben.

Knie am Ende deines Tages in Dankbarkeit nieder und bedanke dich für die Segnungen des Tages.

Lasse alles Gefühl, etwas geleistet zu haben, für den Augenblick los.

Lass alle Ansprüche los.

Alles war ein Geschenk.

Finde das Bild von jemandem, der für dich das Göttliche darstellt, oder Bilder von allen, die das tun.

Bedanke dich für alles und jedes.[91]

Tag 342
Ein Segen für die Schlichtheit

Wir leben in einer Welt wachsender Komplexität in allen Bereichen. Es ist auch eine Welt, in der die Auswahl an Konsumgütern über jede Definition dessen, was eine angemessene Auswahl wäre, hinausgeht. Amazon bietet auf seiner Webseite über 200 Millionen Waren an (laut der New York Times, International Edition, 24.–25. Oktober 2015). Das bedeutet für Konsumenten und die Welt einen massiven Zeit- und Energieverlust. Dennoch bekommen wir einen Reichtum, der größer ist als der aller Königreiche auf Erden, wenn wir uns in der Gesellschaft unseres geliebten Einen andächtig hinknien. Das brauchen Sie mir nicht zu glauben – probieren Sie es selber aus.

Im hektischen Treiben unserer heutigen Welt segne ich mich für die Fähigkeit, aus ihr hinauszutreten, innezuhalten und das kostbarste Geschenk von allen zu genießen: die grenzenlose Schlichtheit und die Reichtümer deiner Gegenwart.

Möge ich lernen, mein Leben von all seinen nutzlosen Verzierungen und Aktivitäten zu säubern und es zum Wesentlichen zu vereinfachen, damit ich die Zeit, Kraft und Sehnsucht habe, an dem festzuhalten, was wirklich zählt: dir zuzuhören und meinem Nächsten zu dienen, der auch ich in anderer Gestalt ist.

Möge ich auf die hektische und nicht umsetzbare Herausforderung verzichten, mit meinen Nachbarn, den aktuellsten Nachrichten, dem neuesten Buch, das ich »gelesen haben

91 Arjuna Ardagh

muss«, und der brandneusten Mode in diesem oder jenem mitzuhalten. Möge das alles von selbst abfallen, und möge ich mich in der schlichten Eleganz des Einen sonnen, der die fundamentale Wahrheit herausgefunden hat, dass das »Königreich Gottes« schlicht und einfach der Ort erhabener Schönheit in unserem Inneren ist, in den keine überflüssige Präsenz und kein überflüssiger Gedanke jemals eindringen könnte, in dem nur das Gefühl der göttlichen Handlungen regiert.

Ich segne meine Mitmenschen, auf dass sie den heilenden Frieden des einfachen Lebens, die heilende Schlichtheit einer Existenz, die nur von einem einzigen Wunsch beseelt ist, entdecken mögen: mehr zu lieben, treuer zu dienen und sich dadurch ständig zu erfreuen.

Tag 343
Für Senioren

Zum ersten Mal in der Geschichte der Menschheit wird die Weltbevölkerung immer älter. Zwischen heute und 2050 wird sich die Zahl der über 60-Jährigen mehr als verdoppeln. Das bringt große Herausforderungen für die Weltgemeinschaft mit sich. Der berühmte Stamm der Tarahumara in Mexiko war jahrhundertelang das einzige bekannte Volk, das daran glaubte, dass man mit dem Alter immer stärker wird, und das dies demonstrierte, indem die meisten Stammesangehörigen weit über 100 Jahre alt wurden – ganz zu schweigen davon, dass sie die besten Marathonläufer waren, von denen man je erfahren hat. Was wiederum zeigt, dass Gebrechlichkeit genauso im Kopf wie im Körper entsteht.

Wir segnen unsere Länder für ihre Fähigkeit, neue und kreative Methoden zu finden, wie sie mit der alternden Bevölkerung umgehen können, sei es in den Bereichen des Mindesteinkommens und der Rentenpläne, der rapide ansteigenden Gesundheitskosten, im kommunalen betreuten Wohnen und auf anderen Gebieten.

Wir segnen unsere Gemeinden für die Fähigkeit, zu vermeiden, den Alten einen Stempel aufzudrücken, und wir segnen die Senioren, die sich weigern, die lähmenden oder erniedrigenden Effekte eines solchen Schubladendenkens anzunehmen.

Wir weigern uns – für uns selbst und die Senioren – die demütigende und schädliche Vorstellung unausweichlicher Gebrechlichkeit, die falsche Überzeugungen unserer Kultur eingeimpft haben, zu akzeptieren.

Wir segnen die Senioren für ihre Fähigkeit, weiterhin ihre Zukunft zu planen – was eine sehr starke Quelle der Vitalität und Lebenslust ist –, statt sich einer öden, seelentötenden Alltagsroutine zu unterwerfen. Wir segnen sie für ihre andauernde Aufgewecktheit und ihr Interesse an den neuen Entwicklungen in ihrer Umwelt und dafür, dass sie in der Nutzung des Internets auf dem neuesten Stand bleiben.

Wir segnen sie für ihr Bewusstsein der einzigartigen Schatzkiste der Weisheit und Lebenserfahrungen, die sie an die jüngeren Generationen weitergeben können, und für die Fähigkeit unserer Gemeinden, Wege zu finden, wie dieser Austausch stattfinden kann.

Und vor allem segnen wir sie für ihre feste spirituelle Überzeugung, dass das Leben ewig ist und dass das Sterben nur ein Springbrett in eine weitreichendere Existenz und das andauernde Lernen ist, das in unserem göttlichen Schicksal verankert ist.

Tag 344
Ein Tao-Segen

Wenn auf der Welt Frieden herrschen soll,
muss Frieden in den Völkern herrschen.
Wenn Frieden in den Völkern herrschen soll,
muss Frieden in den Städten herrschen.
Wenn Frieden in den Städten herrschen soll,
muss unter Nachbarn Frieden herrschen.
Wenn Frieden unter Nachbarn herrschen soll,
muss Frieden im eigenen Haus herrschen.
Wenn im Haus Frieden herrschen soll,
muss im Herzen Frieden herrschen.
Möge in deinem Herzen Frieden herrschen.

Gebet von Lao-Tse

Tag 345
Offenheit für Gnade

Die letzten fünf Zeilen dieses Segens sind den »Täglichen Weisheitsbotschaften« von Paul Ferrini entliehen, die Sie kostenlos abonnieren können.[92]

Ich segne mich für meine ständige Offenheit für Gnade – für Gnade, die in völlig unerwarteter und oft überraschender Weise in meinem Leben geschieht.

Ich öffne mich der Gnade, die in tausenderlei verzauberter Weise zu mir spricht:

- Im trillernden Loblied einer Lerche, die sich hinauf in den Himmel schwingt, in der »zufälligen« Begegnung mit

---

92 orders@heartwayspress.com

einem Fremden, der eine vollkommen unerwartete, nie geahnte Tür öffnet, die ein schwieriges Problem löst,

- in der Schönheit des Sonnenuntergangs oder der Melodie eines plätschernden Baches, die mein sorgenschweres Herz beruhigt,
- in der plötzlichen und unvorhergesehenen Heilung einer menschlichen Beziehung oder einer scheinbar unheilbaren gefährlichen Krankheit,
- im richtigen Text, der »einfach« die nötige Erleuchtung oder Weisheit enthält,
- in einem stillen Augenblick, in dem ich plötzlich die Gegenwart eines Engels an meiner Seite spüre.

»Gnade geschieht, wenn man akzeptiert,

ein Kampf tritt ein, wenn man zurückweist oder sich widersetzt.

Gnade ist mühelos, ein Kampf ist sehr mühsam.

Ein Kampf bedeutet, im Weg zu stehen.

Gnade bedeutet, aus dem Weg zu gehen.«

Tag 346
Eine Segnung für die, die sich verloren fühlen

Unser Ziel ist es, eine Welt zu erschaffen, die für alle da ist und alle (nicht nur die Menschheit, sondern alles auf dem Planeten: Pflanzen, Mineralien und das Tierreich, die gesamte Umwelt) segnet. Was Andrew Harvey den »heiligen Aktivismus« nennt, muss von uns allen erfolgen.

Die folgende Segnung ist eine Aussage des Vision Alignment Project[93], die ich umgeschrieben habe.

---

93 http://www.visionalignmentproject.com/

Wir segnen uns für die Fähigkeit, eine Welt zu erschaffen, in der

alle, die sich verloren fühlen, den Weg nach Hause gefunden haben,

alle, die frieren, Schutz vor dem Wind und ein Feuer zum Aufwärmen gefunden haben,

alle, die hungern, Essen im Überfluss gefunden haben,

alle, die Schmerzen haben, getröstet und gepflegt werden,

alle, die verwirrt sind oder mit Gefühlen kämpfen, Frieden im Herzen gefunden haben,

alle, die einsam sind, jemanden gefunden haben, der sie umarmt und liebt,

und in der alle, die aus dem Traum der Trennung erwachen und mit ihrer göttlichen Quelle vereint werden wollen, feststellen, dass sie ihre Heimat nie verlassen haben.

Tag 347
Für alle, deren Leben völlig durcheinandergeraten ist

Braucht dieses Thema eine Einleitung? Ich glaube nicht – und Menschen, deren Leben noch nie durcheinandergeraten ist, können es überspringen oder andere segnen, die sich gerade in einer Lebenskrise befinden! »Lächle«, wie mein Freund Roger sagen würde, der in der Todeszelle saß und aus seiner Zelle in der Hölle des Todestrakts von Texas einen Ort des Friedens und der Glückseligkeit machte. (Nach 25 Jahren in der Todeszelle sitzt er nicht mehr im Todestrakt, aber immer noch in Haft.)

Mein Herz weitet sich für alle, die durch ihre Lebensumstände (dem Tod eines geliebten Menschen, einem schweren Unfall, einem ernsten Verrat oder Insolvenz, Psychotherapie – die Liste ist endlos) unter einem schweren Trauma, Selbstzweifeln, Wut oder einer Vielfalt von anderen Formen innerer Unruhe leiden.

Ich segne sie für ihr festes Vertrauen darauf, dass uns kein Schicksalsereignis grundlos ereilt und die größte Tragödie möglicherweise nur den größten Segen birgt.

Ich segne sie für ihre Gewissheit, dass wir in einem freundlichen Universum leben, das für jedes seiner Geschöpfe das Beste will, das über unsere Vorstellungskraft weit hinausgeht.

Ich segne sie für die Erkenntnis, dass dieses liebende Universum buchstäblich in jedem Moment plant, genau die richtige Verbindung in ihr Leben zu bringen, die sie brauchen, genau die richtige Inspiration oder neue Idee, genau die richtige Unterbrechung ihrer inneren Unruhe, die sie dringend benötigen, und vor allem die Handlung der göttlichen Gnade, die im Bruchteil einer Sekunde alles zum Guten wenden kann.

Ich segne sie dafür, dass in den Zeiten, in denen das Leben ihnen wie eine Schlucht mit hohen Granitwänden, die bis an den Himmel reichen, ständigen schwarzen Sturmwolken und ohne Ausweg erscheint, eine leise Stimme in ihrer Seele die ultimative Lösung flüstert: »Du kannst immer lieben. Egal, wie düster dein Weg auch ist, auch wenn du finanziell am Ende bist oder als lebenslanger Krüppel im Rollstuhl sitzt – du kannst deine Liebe immer mit anderen teilen.«

Tag 348
Für die, die gegen eine Sucht ankämpfen

Möge der Gott der Gnade, der allen hilft, die zu ihm kommen, als Diener Gottes Kraft geben.

Möge Gott Sie in seine Liebe hüllen und Ihnen die Freiheit eines Gotteskindes wiedergeben.

Möge Gott Sie und alle anderen, die ihre Gesundheit und Freiheit verloren haben, voller Mitgefühl betrachten.

Möge Gott Ihnen die Gewissheit der göttlichen, unfehlbaren Gnade wiedergeben, Ihnen für die Anstrengung der Heilung Kraft geben und Ihnen helfen, allen Versuchungen zu widerstehen.

Möge Gott denen, die sich um Sie kümmern, Geduld, Verständnis und beständige Liebe verleihen.[94]

Tag 349
Wie das Segnen Groll und Albträume beendet hat (Ein Bericht)[95]

»Das Segnen – anderer oder der eigenen Person – unterbricht unsere gewöhnliche Sichtweise, Gedanken und Gefühle. Dieser Wechsel lässt uns die Dinge anders erleben, als wir es sonst tun.

Ein inspirierendes Beispiel handelt von einer Frau, die mir erzählte, dass sie sich in sehr jungen Jahren einer Beinamputation hatte unterziehen müssen. Viele Jahre später fingen ihre Albträume an: Sie wusste nicht, was mit dem Glied geschehen war, das während der Operation entfernt worden war.

Als ich davon sprach, sich selbst zu segnen, überlegte sie, diesen Teil von ihr, der nicht mehr da war, zu segnen, und fing damit an. Als sie das tat, konnte sie sich zuerst ihrer verdrängten tiefen Wut darüber, dass weder ihre Eltern noch die Ärzte sie über die Operation aufgeklärt hatten, stellen und dann ihre Gefühle verarbeiten. Die Albträume hörten auf. Und heute segnet sie ihre Prothese jedes Mal, wenn sie sie anzieht.«[96]

---

[94] Textgrundlage aus »Segen einer Person, die unter einer Sucht oder dem Missbrauch von Substanzen leidet« auf www.CatholicCulture.org, Seite Blessing Files

[95] Auszug aus dem Artikel »Feel Free To Shower Blessings On Yourself« (Sei so frei, dich selbst mit Segnungen zu überschütten); Dr. Marguerite Theophil, PhD, aus Mumbai, Indien, der am 14. März 2015 veröffentlicht wurde

[96] Den gesamten Artikel finden Sie unter: http://www.speakingtree.in/public/spiritual-articles/new-age/feel-free-to-shower-blessings-on-yourself

Tag 350
Der Ganzheit unseres Wesens

Als ich an einer Einführungsrede des distinguierten amerikanischen Schriftstellers und Redners Parker J. Palmer teilnahm, überraschte mich diese bewegende Aussage: »Ganzheit bedeutet, die zerbrochenen Teile von sich liebevoll und sanft anzunehmen.«

Ich segne mich und alle Menschen für unsere strahlende Ganzheit.

Ich segne mich für die Bereitschaft, die zerbrochenen, verdrängten oder nicht verheilten Teile meines Selbst, die nach Liebe und Aufmerksamkeit schreien, zärtlich anzunehmen.

Mögen sie wissen, dass ich ihre Präsenz anerkenne und ihren Schrei höre.

Möge ich, statt auf der fragwürdigen Suche nach den Ursachen in die unbewussten Bereiche meines Wesens einzutauchen, sie dir, o Herr, übergeben, damit sie im warmen Schein und der durchdringenden Sanftheit deiner grenzenlosen Liebe völlig aufgelöst werden.

Und möge mir klarwerden, dass in deinen Augen das Leben keinen Teil von mir jemals gebrochen, verletzt, angeschlagen, verzerrt oder erschöpft hat, sondern dass ich für immer in meiner strahlenden Ganzheit als dein vollkommenes Kind dastehen werde.

Und möge ich das Gleiche bei all meinen Mitbewohnern unseres kleinen blauen Planeten, einschließlich der Tiere, Pflanzen und Natur, erkennen, denn ALLE SIND EINES.

Tag 351
Ein muslimischer Sufi-Segen

Dieser Segen war ursprünglich ein Gebet, das ich umformuliert habe.

Du, der meinen Geist inspiriert, mein Herz tröstet, meine Seele heilt,

möge deine Gegenwart mich von der Erde in den Himmel hochheben.

Mögen deine Worte als heiliger Strom fließen.

Möge dein Gedanke als göttliches Sprungbrett dienen.

Mögen deine zärtlichen Gefühle in meinem Herzen Mitgefühl wecken.

Geliebter Lehrmeister, dein ganzes Wesen besteht aus Vergebung.

Mögen die Wolken des Zweifels und der Angst von deinem durchdringenden Blick zerstreut werden.

Möge alles Unwissen in deiner erleuchtenden Präsenz verschwinden.

Möge eine neue Hoffnung in meinem Herzen geboren werden, wenn ich deine friedliche Atmosphäre einatme.

O du, der mich auf den verwirrenden Wegen des Lebens inspirierst, in dir fühle ich den Überfluss des Segens.[97]

Tag 352
Segen für ein krankes Kind

Wer hatte nicht schon mal ein krankes Kind zu Hause? Oder kannte das Kind eines Freundes oder Verwandten, das ernsthaft oder sogar lebensgefährlich erkrankt war? Hier ist ein Segen für eine solche Situation, den eine gute Freundin von mir verfasst hat, deren Kind ernsthaft erkrankt war.

---

[97] http://www.soitoronto.org/prayers-sufi-order/more

Ich segne… (Name des Kindes) für seine göttliche Ganzheit, die sich hinter dem Schleier des äußeren Scheins verbirgt. Ich segne es für seine innere Vollkommenheit, die als Kind Gottes nur darauf wartet, sich zu zeigen. Ich segne es für die perfekten Funktionen all seiner Organe, die dazu tendieren, immer harmonisch zu arbeiten.

Ich segne die Ärzte, die das Kind behandeln, auf dass ihr Herz und ihre Gedanken ständig für die Inspiration offen bleiben, die ihre Quelle ihnen schickt, und sie immer dazu gebracht werden, die für das Kind besten Behandlungsmethoden anzuwenden.

Ich segne die Eltern für ihre ruhige Gewissheit, dass das GPS (göttliche Positionierungssystem) ihres Kindes nie vom Kurs abkommen oder sich irren kann, und dass es keine Hindernisse für den Plan der grenzenlosen Liebe für ihr Kind geben kann, unabhängig vom äußeren Anschein. Ich segne sie für ihren tiefen Frieden, »der über alle Erkenntnisse hinausgeht«, so dass keine äußeren Umstände sie dazu bringen können, den Mut und die klare Sicht zu verlieren.

Und schließlich segne ich alle Kinder auf der Erde in derselben Situation für die Gewissheit, dass das grenzenlose Leben, das in uns allen ist, sie für immer mit tatkräftiger und unablässiger Zärtlichkeit umarmt.

So sei es.

Tag 353
Ein Gebet von Martin Luther King

Dieses kurze Gebet von Martin Luther King habe ich zu einer Segnung umgeschrieben.

Mögen wir dich von ganzem Herzen, ganzer Seele und ganzem Verstand lieben.

Mögen wir unseren Nächsten lieben wie uns selbst – sogar unsere Feinde.

Mögest du uns in diesen Zeiten der emotionalen Spannungen, in denen die Probleme der Welt von riesigem Ausmaß und chaotischen Details sind, beim Kommen und Gehen, beim Aufstehen und Schlafengehen, in Augenblicken der Freude und in Augenblicken des Leids beistehen,

bis der Tag kommt, an dem es keinen Sonnenuntergang und keinen Sonnenaufgang mehr geben wird.

Tag 354
Ein Segen der Gelassenheit und inneren Stärke

Der folgende Segen von Evelyne Sinimalé[98] *wurde aus dem Französischen übersetzt.*

Mögen Sie in einer Welt, die Sie nicht immer verstehen können, Gelassenheit und Ruhe finden.

Möge der Schmerz, den Sie erfahren haben, und die Konflikte, die Sie überstanden haben, Ihnen die Kraft geben, jede neue Situation mit Optimismus und Mut zu überstehen.

---

[98] http://evelynesinimale.over-blog.com/article-puissiez-vous-trouver-la-serenite-et-la-tranquillite-dans-un-monde-que-vous-ne-pouvez-pas-toujours-comprendre-57064681.html

Mögen Sie sich bewusst sein, dass es immer Menschen geben wird, die Sie lieben und verstehen, auch wenn Sie sich sehr einsam fühlen.

Und mögen Sie genügend Güte in anderen vorfinden, um an eine friedliche Welt zu glauben.

Mögen Sie jeden Tag Ihres Lebens ein freundliches Wort, eine tröstende Berührung und ein warmes Lächeln erleben – und mögen Sie anderen diese Geschenke machen und sie von ihnen erhalten.

Erinnern Sie sich an die Sonne, selbst wenn das Gewitter scheinbar nie zu Ende geht.

Bringen Sie denen, die voller Hass sind, Liebe bei, und hüllen Sie sich in diese Liebe, wenn Sie hinaus in die Welt gehen.

Mögen Sie sich nicht übermäßig mit materiellen Problemen herumschlagen, sondern stattdessen das Gute, das aus dem Herzen strömt, für unermesslich kostbar ansehen.

Nehmen Sie sich jeden Tag die Zeit, die Liebe und Schönheit in Ihrer Umwelt zu sehen.

Seien Sie sich bewusst, dass jeder Mensch grenzenlose Fähigkeiten hat, jedoch jeder auf seine Weise anders ist. Was Sie an sich für eine Schwäche halten, kann in Zukunft zu Ihrer Stärke werden.

Mögen Sie genug innere Kraft finden, um Ihren Selbstwert zu schätzen und nicht von Beurteilungen Ihrer Leistungen durch andere Menschen abhängig zu sein.

Und mögen Sie sich immer geliebt fühlen.

Tag 355
Vom Mut, den eigenen Weg zu gehen

Wir kommen noch einmal auf dieses Thema zurück, weil sich selbst treu zu bleiben wohl die oberste Voraussetzung für die echte Weiterentwicklung und einen sinnvollen spirituellen Weg ist. Für die Verleugnung dieser Notwendigkeit habe ich einmal einen hohen Preis bezahlt – und vielleicht die wichtigste Lektion meines Lebens daraus gelernt. Es ist sehr unwahrscheinlich, dass ich sie noch einmal lernen muss!

Ich segne mich für die Fähigkeit, meinem höchsten Sinn für das, was richtig ist, treu zu bleiben, wie weit es mich auch vom normalen Weg abbringt,

wie laut die Pharisäer auch lästern mögen,

wie scharf oder verletzend die bissigen Urteile der Selbstgerechten auch sein mögen,

wie stark der Druck, sich an den anerkannten Weg, Normen, die Familie, nationale oder gesellschaftliche Traditionen, berufliche Zwänge oder altgediente Sitten anzupassen, auch sein mag,

wie sehr die emotionale Erpressung durch meine Lieben oder eine Gruppe, der ich angehöre, auch schmerzen mag.

Ich segne mich für die Fähigkeit, immer wieder und wieder auszuharren – wie dunkel die Nacht, wie schmerzhaft die Einsamkeit und wie schwierig mein Weg auch sein mag.

Möge ich in meiner Vision verankert sein, nicht aus sturer Selbstgerechtigkeit oder Stolz, sondern aus einfacher Treue zu dem, was ich für wahr und richtig für mich halte.

Und möge ich darauf vertrauen, dass die göttliche Liebe mich immer retten wird und dass mein Schutzengel jeden meiner Schritte auf dem holperigen Weg begleiten wird – denn absolute Aufrichtigkeit, unermüdliche Ausdauer und die richtige Intention sind die Schlüssel zum sicheren Erfolg.

Das ist das Versprechen des Lebens an alle.

Tag 356
Die Wellenwirkung meiner Segnungen

Diese Segnung wurde von dem kurzen Video auf YouTube, The Ripple Effekt (Die Wellenwirkung)[99] *inspiriert.*

Ich segne mich für mein Vertrauen darauf, dass meine Segnungen wie Wellen bis ans Ende der Welt rollen werden.

Ich segne mich für meinen festen Glauben daran, dass meine liebevollen Segnungen von Herzen den Menschen in Not, die auf der anderen Seite des Globus leben, helfen können, selbst ohne dass ich etwas von ihnen weiß.

Möge ich darauf vertrauen, dass meine kleine Welle zusammen mit Abermillionen von ähnlichen Intentionen, Segen und Gebeten weltweit Flutwellen der Heilung hervorrufen wird, die letztendlich die Geschichte voranbringen und die vereisten Wände der Selbstsucht, Gier, Bigotterie, des Vorurteils, Hasses und der Angst, die schon viel zu lange die Menschheit getrennt haben, einreißen werden.

Möge ich mich täglich an dem sanften Mittel erfreuen, das die göttliche Liebe mir durch das Segnen möglich macht, so dass ich jeden Tag noch empfänglicher für die Bedürfnisse nah und fern werde und mit meinem höchsten Rechtsgefühl darauf reagiere – sei es in Gedanken, mit Worten oder Taten.

Und möge ich in der friedlichen Gewissheit ruhen, dass alles gut ist – ja, alles ist sehr, sehr gut –, dass das Drehbuch der Show nicht in unseren Händen liegt und dass die Ergebnisse mit dem göttlichen Plan harmonieren werden, wenn jeder von uns seinen Teil dazu tut, weil wir in einem freundlichen Universum leben.

---

[99] https://www.youtube.com/watch?v=TLMj6T0VNtY)357

Tag 357
Ein Segen für alle, die unschuldig im Gefängnis sitzen

Überall auf der Welt sitzen Menschen im Gefängnis für Verbrechen, die sie nicht begangen haben, oder aus politischen oder anderen Gründen. Viele von ihnen bleiben jahrelang in Haft, manche ihr Leben lang. Dort vegetieren sie fast wie lebendig begrabene Zombies vor sich hin. Nur ihre moralische Stärke ermöglicht es ihnen zu überleben. Wir wollen sie mit der tiefsten schwesterlichen und brüderlichen Liebe von Herzen umarmen.

Wir segnen alle, die überall auf der Welt unrechtmäßig, aufgrund von zu harten Gesetzen, Justizirrtum, fehlerhaften polizeilichen Ermittlungen, wenn nicht sogar wegen der Unterdrückung von Zeugenaussagen zu ihren Gunsten, politischer Manipulierung, wegen gesellschaftlichen, rassistischen, religiösen und anderen Formen der Intoleranz, inhaftiert wurden.

Wir segnen sie für ihre Fähigkeit, sich über Groll oder das Verlangen nach Rache hinwegzusetzen.

Wir segnen sie für ihren unerschütterlichen Mut, mit dem sie täglich Mobbing, unmenschliche Lebensbedingungen, die Verweigerung der meisten oder aller Menschenrechte häufig ohne einen Funken Hoffnung und menschliche Kontakte oder Unterstützung ertragen.

Wir segnen sie dafür, dass sie trotz der Hölle ihres grausamen Schicksals ihre göttliche Identität und Nähe zu dir entdeckt haben oder daran festhalten.

Mögen sie den inneren Durchbruch erleben, der sie befähigen wird zu sehen, wie sich die Wolken verziehen und sich der blaue Himmel der Hoffnung am Horizont ausbreitet.

Mögen sie selbst im Tal der Schatten des Todes und ihrem buchstäblichen Grab darauf vertrauen, dass die allgegenwärtige Gnade Wunder bewirken kann.

Und mögen sie vor allem die rettende Wahrheit erkennen, dass sie selbst in den verödeten Orten ihres Niemandslandes ihre hasserfüllten Wärter, den uneinsichtigen Richter und die Gefängnisverwaltung, ihre Mithäftlinge und vor allem sich selbst lieben, ja, lieben können.

Tag 358
Ein Segen für illegale Einwanderer

Durch das Chaos, das auf der Welt herrscht, wird die Zahl der illegalen Einwanderer zwangsläufig steigen; im Frühjahr 2016 waren es schon 12 Millionen in den USA und unzählige Millionen in Europa, wo es keine genauen Zahlen gibt. Ich bin seit Jahren mit einem Afrikaner befreundet. Er lebt wie ein Gespenst oder Zombie mit kaum Kontakt zur Außenwelt, unglaublichen Lücken in den Kenntnissen der Kultur, in der er existiert (statt zu leben), mit niemandem, der ihn auch nur inoffiziell einstellen würde – kaum eine beneidenswerte Lage.

Wir segnen alle, die wegen der schwierigen Lage in ihrem Heimatland oder ihrer persönlichen Notlage Asyl unter einem – wie sie hoffen, freundlicheren – Himmel suchen.

Wir segnen sie für die Fähigkeit, sich einer völlig fremden Kultur und Sprache anzupassen.

Mögen sie lernen, Feindseligkeit mit Gelassenheit, offene Ablehnung mit Stärke und Diskriminierung mit Weisheit und sogar Humor zu begegnen.

Wir segnen sie für ihren unerschütterlichen Mut auf ihrer Suche nach Arbeit, einer Unterkunft, Kontakten und allen anderen Dingen, die notwendig sind, um sich in einer neuen Kultur und einem fremden Land niederzulassen.

Wir segnen sie für ihre feste Entschlossenheit, es zu schaffen.

Wir segnen alle, die ihnen begegnen und Kontakt zu ihnen haben, für ihre Fähigkeit, sich wirklich in die Lage dieser Immigranten hineinzuversetzen und ihnen und ihren Familien die

Hand nachbarlicher Freundlichkeit und des guten Willens zu reichen.

Wir segnen die Bevölkerung und Politiker der Gastländer für ihre Erkenntnis, dass irgendwann in unserer langen Geschichte wir alle Einwanderer von einem Gebiet der Erde in ein anderes Gebiet waren, ganz zu schweigen davon, wenn unsere Länder andere Länder besetzt oder kolonisiert haben, und dass wir letztendlich alle auf die eine oder andere Weise auf unseren Planeten eingewandert sind und dass wir in einer Welt des wachsenden Einsseins dringend lernen müssen, miteinander zu leben, wenn wir nicht voneinander getrennt sterben wollen.

Tag 359
Segen für eine Schwangere

Wenn wir andere segnen, fühlen wir uns automatisch selbst gesegnet. Das ist natürlich kein Grund, um andere zu segnen, aber es ist gut zu wissen. Unser heutiger Segen gilt daher einer der wichtigsten Gruppen auf der Erde: den schwangeren Frauen. Warum hängen Sie den Segen nicht auf der Säuglingsstation des nächsten Kreiskrankenhauses auf?

Ich segne das winzige Leben in mir in all seiner Vollkommenheit.

Ich segne es in seiner harmonischen Entwicklung, perfekten Gesundheit und der spirituellen Nahrung, die es während der gesamten Schwangerschaft von mir bekommen wird.

Ich segne mich für meinen ständigen Frieden in dem Wissen, dass dieses kleine Leben all meine Stimmungen und Gefühle sofort mitbekommt.

Ich segne es in dem göttlichen Licht, das es schon umgibt, und für die Schutzengel, die es schon beschützen.

Ich segne mich für meine tiefe Ruhe in dem Wissen, dass die göttliche Liebe, die auch die Essenz meines Wesens ist, mich vor allem Unheil, allen Ängsten und Traumata schützt.

Ich segne die Schwangerschaftswochen des freudigen Lernens und Segnens.

Ich segne mich aufrichtig und freudig für die Schönheit des göttlichen Geschöpfes, das ich jetzt bin.

Und ich segne uns beide in unserem vollkommenen Einssein mit dem göttlichen Leben, das jede Körperzelle und jedes Atom unseres Wesens in völliger Perfektion erhält.

Tag 360
Die ganze Verantwortung für sein Leben übernehmen

Die »Opferhaltung« – das Gefühl, Opfer einer Situation oder anderer Personen oder anderer Umstände zu sein – gehört zu den am weitesten verbreiteten Syndromen unserer Gesellschaft. Viele Leute sehen sich ein Leben lang als Opfer und werden deshalb nie wirklich erwachsen, da die Haupteigenschaft eines Erwachsenen die Übernahme der ganzen Verantwortung für alles in seinem Leben ist. Das heißt nicht, dass man eine Situation selbst herbeigeführt haben muss, sondern dass man die gesamte Verantwortung für seine Reaktion auf die Situation übernimmt.

Ich segne mich für meine Fähigkeit, jedem Menschen und jeder Situation in meinem Leben JA, DANKE zu sagen, da ich genau weiß, dass sie einen Schatz mit sich bringt, den es zu entdecken gilt, ein verstecktes Geschenk der göttlichen Liebe zur Förderung meines inneren Wachstums - dass letztendlich alles Wasser auf die Mühlen ist, um mir zu helfen, die wahre Realität hinter dem materiellen Schein zu erkennen.

Möge ich Klagen in jeder Form und Verkleidung vermeiden, denn sie sind die Bettgenossen der Opferhaltung; und möge ich die erstaunliche Macht der Dankbarkeit als wirksames Ge-

gengift und Impfstoff gegen Selbstmitleid oder das Gefühl, das Opfer widriger oder anderer Umstände zu sein, erkennen.

Möge ich verstehen, dass ich jederzeit meine Einstellung selbst wählen kann und dass die grenzenlose Liebe mich mit der Fähigkeit ausgestattet hat, mit Intelligenz, Kreativität und Liebe auf alle Umstände zu reagieren, statt wie Wachs in den Armen der Furcht, Zweifel oder Angst zu sein.

Tag 361
Jeden Tag in seiner ganzen Fülle leben

Ich habe den Text »Lebe jeden Tag in seiner ganzen Fülle« von S. H. Payer[100] *zu einer Segnung umformuliert.*

Mögen Sie jeden Tag in seiner ganzen Fülle leben.

Mögen Sie aus jeder Stunde, jedem Tag und jeder Altersstufe Ihres Lebens das meiste herausholen.

Mögen Sie mit Zuversicht nach vorne und ohne Bedauern zurückblicken.

Mögen Sie Sie selbst sein – aber Ihr bestes Selbst.

Mögen Sie sich trauen, anders zu sein und Ihrem eigenen Stern zu folgen.

Mögen Sie niemals Angst davor haben, glücklich zu sein und Schönes zu genießen.

Mögen Sie von ganzem Herzen und ganzer Seele lieben und glauben, dass die geliebten Menschen Sie auch lieben.

Mögen Sie, wenn Sie eine Entscheidung treffen müssen, so weise wie möglich entscheiden und die Entscheidung dann vergessen, denn den Augenblick absoluter Sicherheit wird es niemals geben.

100http://www.anxietyslayer.com/help-with-anxiety-podcasts/2010/6/30/poem-live-each-day-to-the-fullest.html

Und mögen Sie vor allem nicht vergessen, dass Gott denen hilft, die sich selber helfen. Mögen Sie dann so handeln, als würde alles von Ihnen abhängen, und beten, als würde alles von Gott abhängen.

Tag 362
Wie wir durch eine Segnung vor den Tuareg-Rebellen gerettet wurden (Ein Bericht)

»Es ist mir eine große Freude, von einem Abenteuer zu berichten, das ohne die Macht des Segnens böse hätte enden können.

Ich bin Anästhesistin und erhielt 2007 den Anruf eines Chirurgen aus Toulouse, der sich im Namen der Organisation ›The Children of the Aïr Region‹ (›Kinder der Region Aïr‹) an mich wandte, da die Organisation für eine Mission im Niger dringend einen Anästhesisten suchte. Ich ergriff begeistert die Chance und bereitete die Reise vor, auch wenn ich das komische Gefühl hatte, womöglich dabei mein Leben zu lassen. Ich kann es zwar nicht erklären, aber das brachte mich dazu, Ihr Buch „Segnen heilt" an ein paar Freunde zu schicken, die sich darüber freuten.

Nach unserer Ankunft in Niamey reisten wir sogleich weiter zur Kleinstadt Tanout im Norden, wo eine Sperrstunde verhängt worden war, weil sich dort Tuareg-Rebellen aufhielten. Wir kamen im Camp an, in dem wir wohnen würden; es befand sich nicht weit von der Klinik. Schon am nächsten Tag wurden wir eingesetzt. Die Operationen erfolgten hintereinander, weil die Klinik schon seit Monaten keinen Anästhesisten mehr zur Verfügung gehabt hatte und die Warteliste daher sehr lang war.

Als wir mit der letzten Operation fertig waren, stellten wir fest, dass die Telefonkabel durchgeschnitten worden waren. Aus dem Camp in der Nähe stieg schwarzer Rauch auf und wir hörten den Einschlag von Granaten – keine schöne Situation. Trotzdem entschieden wir, zurück ins Camp zu fahren. Wir verließen die Kleinstadt in einem 4x4 Geländewagen und wurden plötzlich von Rebellen angehalten, die die Straße blockiert hatten und ihre Kalaschnikows auf uns richteten. Hier saß ich nun – die einzige Frau, die irgendwo im Hinterland fest-

gehalten wurde, umgeben von Rebellen, eine französische Geisel, für die sie wahrscheinlich Lösegeld bekommen würden – eine ziemlich besorgniserregende Vorstellung!

Schon bald darauf kamen wir an einer Basis an, auf der es von maskierten Tuareg-Rebellen nur so wimmelte. Einmal versuchte einer der Rebellen im Jeep, eine Patrone, die auf den Boden gefallen war, aufzuheben. Er drehte sich mir zu – er konnte nicht älter als fünfzehn sein. Ohne Lebenserfahrung und zweifellos mehr als bereit, den Abzug zu ziehen! In diesem Augenblick begann ich, ihn zu segnen. Was hätte ich in dieser dramatischen Situation auch anderes tun können? Es war wahrlich meine einzige Waffe.

Nur wenige Momente später tauchte der Anführer der Rebellen auf, beugte sich über die Tür des Geländewagens und sagte auf Französisch zu uns: »Ihr dürft weiterfahren.« Verwunderte Stille! Alles erstarrte vor Staunen in und um uns herum. Wir konnten unser Glück kaum fassen. Dann setzte sich einer von uns ans Steuer und wir fuhren langsam aus dem Rebellenlager heraus, voller Angst, sie könnten uns von hinten angreifen. Aber nichts passierte, und wir erreichten unsere Kollegen der Mission, die uns erzählten, dass sie den Schüssen auswichen, während mehrere Baracken in der Nähe unserer eigenen von Kugeln durchsiebt wurden.

Am nächsten Morgen nahmen wir die Arbeit wieder auf. Trotz der dringenden Warnungen der französischen Botschaft beschlossen wir, die Mission bis zum Ende durchzuführen. Wie wir später erfuhren, waren wir deshalb freigekommen, weil ein enger Freund des Rebellenanführers der Partner der Hebamme Annie Claire, die an unserer Mission teilnahm, war.

Nach meiner Rückkehr erzählte mir Patrick, einer der Freunde, denen ich „Segnen heilt“ geschickt hatte, dass er eines Abends den Drang verspürt hatte, uns alle – mich und mein Team – zu segnen. Und dieser Abend war ausgerechnet der 21. Januar 2008 gewesen – der Abend, an dem die Tuareg-Rebellen uns gefangengenommen hatten.

Kaum zu glauben, dass manche Leute immer noch an ›Zufall‹ glauben!«

Florence, Toulouse, Frankreich

Tag 363
Ein Segen für das Wetter

Ein solcher Segen muss die heftigen Wirbelstürme und Tsunamis genauso wie den weichen Frühlingsregen oder die sanfte, duftende Abendbrise mit einbeziehen, denn wenn wirklich alles Teil eines größeren Plans zu unserem Besten ist, schließt das auch heftige Unwetter mit ein. Alles liegt in seiner Hand! Wir segnen dich, Grenzenloser, für die unglaubliche Vielschichtigkeit der Natur in ihren 1 001 Manifestationen.

Wir segnen dich für den herrlich sanften Regen, der die frisch gesäten Maisfelder, Kartoffelfelder oder Kakaoplantagen meines Nächsten tränkt, und die Sonne, die alles wachsen lässt.

Und wir segnen dich auch für die Überschwemmungen, die wilden Tsunamis und höheren Meeresspiegel, die deine Notsignale sind und uns zeigen, dass wir unsere Wirtschafts- und Finanzsysteme radikal ändern müssen, bevor es zu spät ist. Das beinhaltet auch stärkeres Mitgefühl und die Entwicklung einer größeren Solidarität mit *all* deinen Kindern – vom Farmer der Dogon in Mali, der mit immer mehr Dürren zu kämpfen hat, bis hin zum Dorfbewohner an der Küste von Bangladesch, dessen gesamtes Dorf vom höheren Meeresspiegel weggespült wird.

Wir segnen dich für diesen unglaublich prächtigen Planeten, seine Wettersysteme und ihre mitunter unverständlichen Manifestierungen im Wissen, dass der grenzenlose Geist alles vom geistigen Molekül bis zur Unendlichkeit erschafft und lenkt, dass alles in der Vollkommenheit deines ultimativen Plans für die Erde und das Universum seinen Platz hat.

Und so möge ich lernen, »Ja, danke« zu allen Wetterbedingungen zu sagen, unabhängig davon, ob sie einen Strich durch meine Urlaubspläne machen oder meinen Urlaub perfekt machen, denn irgendwo auf einer mir nicht immer verständlichen Ebene läuft *alles* nach Plan!

Tag 364
Ein Segen zur Überwindung von Lustlosigkeit

Wer hat in seinem Leben noch nie Lustlosigkeit erlebt – sei es seine eigene Lustlosigkeit, wo Handlung nötig ist, oder die Apathie ganzer Systeme, die sich Veränderungen widersetzen?

Ich segne mich für meine Weigerung, versteckte oder offene Apathie in all ihren Formen zu akzeptieren.

Ich segne mich dafür, dass ich meine eigene Apathie in jedem Bereich hinterfrage - sei es die Abgewöhnung einer schlechten Gewohnheit, zu viel Essen, Sex oder Fernsehen, seichte Lektüre oder die Aufnahme von Informationen, die mich weder bereichern noch erhellen, das Aufschieben von Sport oder Meditation ... die Liste ist endlos.

Ich segne mich dafür, dass ich die kollektive Apathie in zahllosen Bereichen hinterfrage - sei es Rassismus, die wachsende Macht bestimmter Wirtschaftsgruppen, der Druck, sich anzupassen, der in so vielen Lebensbereichen besteht.

Möge ich mich genug lieben, um ein klares und sogar stures Gefühl dafür zu haben, was richtig für mich ist, was es bedeutet, meinem authentischsten Selbst treu zu bleiben, und es mit Leidenschaft zu leben, wie hoch der Preis dafür auch sein mag.

Tag 365
Das letzte Wort über Segen: Lassen Sie auf Ihre Worte Taten folgen

Ich kann mir kein passenderes Schlusswort für dieses Buch vorstellen, als es mit diesem eindrucksvollen Text von Andrew Harvey, der das Konzept des spirituellen Aktivismus entwickelt hat, enden zu lassen. Andrew gehört zu den größten Mystikern von heute; er hat schon Tausende von Menschen in aller Welt dazu inspiriert, ihre Spiritualität zur realen Macht in ihrem Leben zu machen, statt sie nur als Sahnehäubchen zu nutzen. Auch ist er mir eine echte Quelle der Inspiration, zum Teil, weil er ein leidenschaftlicher Mensch ist und ich nicht glaube, dass irgendwas von dauerhaftem Wert ohne Leidenschaft erreicht werden kann. Es ist zu leicht, einen netten Segen für die Umwelt zu verfassen (auszusprechen, auszusenden) und dann in sein Auto oder den Flieger zu steigen, um eine Reise zu machen, die nicht wirklich nötig ist oder die anders angetreten werden könnte. Ich habe den Text der Form der Segnungen in diesem Buch angeglichen.

O Geliebter,

möge ich nicht für die Armen beten,

ohne unermüdlich daran zu arbeiten, die Systeme zu beenden, die von der Armut profitieren.

Möge ich nicht für die Tiere beten,

ohne hart daran zu arbeiten, die Systeme zu beenden, die sie schlachten.

Möge ich nicht für Gerechtigkeit und Mitgefühl und das Eintreten deines Königreichs beten, ohne bereit zu sein, mein Leben für das alles zu geben.

Möge ich vor der unterschwelligen und tödlichen Heuchelei bewahrt werden, die mich glauben lässt, dich zu lieben, ohne etwas zu riskieren, um diese Liebe in deiner Welt wahr werden zu lassen.

Kurzes Nachwort

Mein letztes Gebet für Sie, lieber Leser

Wenn die Dinge gut laufen, lautet die traditionelle Antwort der Moba im Norden von Togo an jemanden, der sie fragt, wie es ihnen geht: »Mein Herz ist in Honig getränkt.«

Also, lieber Freund, mein größter Wunsch ist, dass die Anwendung der Segen Ihnen so viel stille Freude bereitet, dass Sie, falls wir uns eines Tages in irgendeiner Ecke der Welt – sei es an einem warmen Sommertag in Werchojansk in Sibirien, in Kaolack im Senegal, in La Forclaz in der Schweiz oder in einem Zen-Kloster in Montana – begegnen und ich Sie frage: »Wie geht es Ihnen?«, Sie mit dem strahlendsten Lächeln antworten: »Mein Herz ist in Honig getränkt.«

Pierre Pradervand
pierre@vivreautrement.ch
www.gentleartofblessing.org
https://www.facebook.com/ppradervand/
www.vivreautrement.ch (französische Webseite)

Pierre Pradervand

ISBN 978-3-941435-06-3/200S./€ 16,90

Liste der Segnungen

Tag 1 Die Fülle des heutigen Tages 15

Tag 2 Ich segne mich selbst 16

Tag 3 Ein Segen der Cherokee-Indianer 17

Tag 4 Mit dem Herzen sehen 17

Tag 5 Ein Psalm als Segen des heutigen Tages 18

Tag 6 Ein Segen für Lehrer 19

Tag 7 Die unsichtbare göttliche Ordnung, die hinter allem steckt 21

Tag 8 Ein Segen von John O'Donohue 22

Tag 9 Ein Segen für Politiker 23

Tag 10 Meinen Körper segnen 24

Tag 11 Segen der Apache-Indianer für frisch Vermählte 26

Tag 12 Segen für die Obdachlosen auf dieser Welt 26

Tag 13 Ein Brief aus Simbabwe 27

Tag 14 Für Achtsamkeit im Hier und Jetzt 28

Tag 15 Für eine stärkere Liebe zu Gott 30

Tag 16 Ein Segen für Krankenschwestern 31

Tag 17 Ein Segen zur Wahrnehmung des Göttlichen um uns herum 32

Tag 18 Ein Wunsch für Sie, Teil I 33

Tag 19 Ein Wunsch für Sie, Teil II 34

Tag 20 Die Wirkung meiner Segen verstehen 35

Tag 21 Ein Segen für die Prüfungen des Lebens 36

Tag 22 Ein Segen für Terroristen, Teil I 37

Tag 23 Ein Segen für Terroristen, Teil II 38

Tag 24 Für Opfer von Terroranschlägen 39

Tag 25 Ein Segen für Mutter Erde 40

Tag 26 Heilung einer Arbeitsbeziehung nach 12 Jahren (Ein Bericht) 41
Tag 27 Für unsere Verwandten im Tierreich 41
Tag 28 Mein Wunsch für Sie 42
Tag 29 Ein Segen, mit dem ich die göttliche Präsenz in meinem Leben feiere 42
Tag 30 Segen für die Straßenkinder der Welt, Teil I 44
Tag 31 Segen für Straßenkinder, Teil II 45
Tag 32 Für uns als Quelle alles Guten 45
Tag 33 Segen eines Taxifahrers 46
Tag 34 Ein Segen für Eltern 47
Tag 35 Die Seligpreisungen (überarbeitet) 48
Tag 36 Ein schottischer Segen 49
Tag 37 Ein Segen für alleinerziehende Mütter 50
Tag 38 Die Vollkommenheit in meinem Leben sehen 51
Tag 39 Geheilte Drogensucht, Alkoholismus und Gewalt (Ein Bericht) 52
Tag 40 Für die Heilung eines Kontrollfreaks 52
Tag 41 Für die Militanten des ISIL 54
Tag 42 Vom Propheten Mohammed inspiriert 55
Tag 43 Für einen festen Stand 55
Tag 44 Ein Segen für Gefängnisinsassen und ihre Wärter, Teil I 56
Tag 45 Ein Segen für Gefängnisinsassen und ihre Wärter, Teil II 57
Tag 46 Das Oberste an oberste Stelle stellen 58
Tag 47 Ich segne meine Nahrung 59
Tag 48 Ein irischer Segen für traurige Zeiten 61
Tag 49 Ein Segen dem Dienen 61
Tag 50 Für ein selbstloses Wesen 62
Tag 51 Wiederhergestellte Harmonie in einer polygamen Ehe (Ein Bericht) 63
Tag 52 Für den inneren Frieden 64

Tag 53 Ein buddhistischer Segen ... 65
Tag 54 Ein Segen für Überfluss ... 65
Tag 55 Über die Steuerung meines Lebens ... 66
Tag 56 Ein Segen von Steve Jobs ... 67
Tag 57 Ein Segen für Börsenspekulanten ... 68
Tag 58 Segen der Indianer: Am Guten festhalten ... 69
Tag 59 Für einen »namenlosen« Angestellten oder eine »anonyme« Reinigungskraft ... 70
Tag 60 Ein segnender Psalm ... 72
Tag 61 Segen einer Pilgerin für den Frieden ... 72
Tag 62 Durch die Augen der Liebe sehen ... 73
Tag 63 Ein Segen für die Stille ... 74
Tag 64 Hunderte von Exemplaren von „Segnen heilt" wurden verschenkt (Ein Bericht) ... 75
Tag 65 Segnen in einem Café ... 76
Tag 66 John O'Donohue ... 77
Tag 67 Ein Segen für Zeit ... 77
Tag 68 Segen zur Heilung von häuslicher Gewalt ... 78
Tag 69 Gregg Braden: Über das Segnen ... 79
Tag 70 Ein Segen für Obdachlose ... 80
Tag 71 Verantwortung für mein Leben übernehmen ... 81
Tag 72 Fahre mit Liebe! ... 82
Tag 73 Hausaufgaben!!! ... 83
Tag 74 Sich Zeit zu nehmen für das, was wichtig ist ... 84
Tag 75 Ein Gedicht der amerikanischen Dichterin Doris Peel ... 84
Tag 76 Ein Segen für die Ausdauer ... 85
Tag 77 Ermunterung für einen sterbenden Patienten (Ein Bericht) ... 86
Tag 78 Ein Segen für Vergebung ... 87
Tag 79 Das Unmögliche träumen ... 88

Tag 80 Möge Liebe eine Brücke bauen ... 89
Tag 81 Die vollkommene Führung der Liebe in allem ... 90
Tag 82 Ein Segen für Journalisten ... 91
Tag 83 Ein gegenseitiger Segen ... 92
Tag 84 Tagore und Wesley ... 93
Tag 85 Für Liebe als das »Ich« meines Wesens ... 93
Tag 86 Ein Segen für die Vereinten Nationen ... 94
Tag 87 Was/wer ist Gott? ... 95
Tag 88 Segen für die Bewohner von Barackenstädten ... 97
Tag 89 Ein Segen für meine irdische Mission ... 98
Tag 90 Brief an den Buchclub und die Zeitschrift Cygnus (Bericht aus England) ... 99
Tag 91 Für Frischvermählte oder Paare, die zusammenziehen wollen ... 100
Tag 92 Die Segen messen ... 101
Tag 93 Ein Segen für die Wirtschaftsbosse ... 102
Tag 94 Meinen Platz im Leben finden ... 103
Tag 95 Die Macht des richtigen Denkens/Segnens (Ein Bericht) ... 104
Tag 96 Ein Segen für Flüchtlinge im Mittelmeer ... 104
Tag 97 Die Anbetung meiner selbst ... 105
Tag 98 Möge dein Wille geschehen ... 106
Tag 99 Ein Segen für die Bienen ... 107
Tag 100 Ein Segen von John O'Donohue ... 108
Tag 101 Der Schutz der Liebe ... 109
Tag 102 Den Tag segnen ... 110
Tag 103 Immer mehr Frieden im Herzen (Ein Bericht) ... 111
Tag 104 Ein Segen für den klugen Umgang mit Geld ... 111
Tag 105 Ein Gebet für alle ... 112
Tag 106 Das Bewusstsein der Welt erhöhen ... 113
Tag 107 Für Menschen, die unter Schmerzen leiden ... 114

Tag 108 Das Einssein aller Dinge 115
Tag 109 Für die Vertiefung meines Mitgefühls 115
Tag 110 Ein Segen für Richter und Staatsanwälte 116
Tag 111 Ein Leben, ohne Urteile zu fällen 117
Tag 112 Segen des Buddhismus, des Judentums und der Cheyenne-Indianer 118
Tag 113 Mich in meinem Bruder/meiner Schwester erkennen 119
Tag 114 Mobbing in unserer Gesellschaft 120
Tag 115 Ein Segen für Polizisten und Polizistinnen 121
Tag 116 Die greifbare Wirkung des Segnens (Ein Bericht) 122
Tag 117 Ein Gebet der Lakota-Indianer 123
Tag 118 Traditioneller irischer Segen 124
Tag 119 Unsere Lebens- und Arbeitsräume segnen 125
Tag 120 Segen für Menschen auf der Suche nach Spiritualität 126
Tag 121 Für Kellnerinnen und Kellner 127
Tag 122 Noch eine Segnung für Mutter Erde 128
Tag 123 Über die Verbundenheit aller Dinge 129
Tag 124 Eine Segnung für die Lebensmittelproduktion 130
Tag 125 Ich nehme die Welt von ganzem Herzen an 131
Tag 126 Die Segnung eines Kindes 132
Tag 127 Alles wird gut 133
Tag 128 Für Menschen mit einer Krankheitsdiagnose 134
Tag 129 Mitarbeiter-Gespräch nach dem Besuch eines amerikanischen Verlagshauses (Ein Bericht) 135
Tag 130 Zwei kurze Segnungen aus dem Osten 135
Tag 131 Die verborgene Vollkommenheit erkennen 136
Tag 132 Eine Segnung für Bäume 137
Tag 133 Ein Gebet der Ute-Indianer 138
Tag 134 Ein südafrikanischer Segen 139

Tag 135 Möge Gottes Segen mit dir sein 140
Tag 136 Ein Segen für Gärtner 141
Tag 137 Eine Segnung für Menschen, denen eine Operation bevorsteht. 142
Tag 138 Ein Segen für das Leben 143
Tag 139 Mit Liebe gehen.. 143
Tag 140 Lernen, sich selbst zu lieben.. 144
Tag 141 Segnung zur Überwindung des weltweiten Mangeldenkens....... 145
Tag 142 Ein Dreijähriger segnet seine Mutter (Ein Bericht) 147
Tag 143 Ein Segen für das Wasser 148
Tag 144 Liebe senden an die, die sie brauchen 149
Tag 145 Eine Segnung von Eileen Caddy 150
Tag 146 Für die Probleme des Klimawandels 150
Tag 147 Meine göttliche Identität wahrnehmen.. 151
Tag 148 Den göttlichen Zeitplan für mein Leben erkennen 153
Tag 149 Warum wir segnen 154
Tag 150 Segen einer Mahlzeit.. 155
Tag 151 Ein Wigilia-Segen aus Polen 156
Tag 152 Ein Segen, um Mut zu schöpfen... 157
Tag 153 Segen für ein neues Zuhause 158
Tag 154 Eine irische Segnung.. 159
Tag 155 Meine Lieblingssegengeschichte (Ein Bericht) 159
Tag 156 Für die, denen die raschen Zeit-Veränderungen zusetzen 160
Tag 157 Eine Segnung für menschliche Begegnungen mit Außerirdischen 161
Tag 158 Ein Segen der täglichen Andacht.. 162
Tag 159 Segen für einen Priester oder Pfarrer 163
Tag 160 Für die Freundschaft 164
Tag 161 Segnung für Bemühungen, Beziehungen zu heilen...................... 165
Tag 162 Schottische und keltische Segen 166

Tag 163 Bei einem Verkehrsunfall 167
Tag 164 Erhöhung meiner Fürsorglichkeit anderen gegenüber 168
Tag 165 Morgengebet von Marianne Williamson 169
Tag 166 Am Ende bleibt nur die Liebe 169
Tag 167 Alles fügt sich zu unserem Guten zusammen 170
Tag 168 Segnungen als Balsam für den Partner (Ein Bericht) 171
Tag 169 Ein Segen für saubere politische Kampagnen 172
Tag 170 Segen für Gefangene in Einzelhaft 174
Tag 171 Irischer Segen für ein Haus 175
Tag 172 Ein Segen für die körperliche Liebe 176
Tag 173 Eine heilende Segnung auf dem Arbeitsamt (Ein Bericht) 177
Tag 174 Segnung, gütig zu mir selbst zu sein 178
Tag 175 Für ein Leben mit Gelegenheiten zum Segnen 179
Tag 176 Segen für den Besucher eines Gefängnisses 180
Tag 177 Segen für die Heilung von Groll 181
Tag 178 Meditation für unterwegs 182
Tag 179 Für einsame alte Menschen 183
Tag 180 Für die Schönheit der Schöpfung 184
Tag 181 Ein Segen für Straßenkinder 185
Tag 182 Das Segnen verkürzt eine Haftstrafe (Ein Bericht) 186
Tag 183 Mit dem Glauben an Dualismus umgehen 187
2. Halbjahr 189
Tag 184 Für Kinder in Pflegefamilien überall auf der Welt 190
Tag 185 Ein Segen für die Beendigung von Rassismus 191
Tag 186 Indianischer Segen 192
Tag 187 Segen gegen Kinderarbeit 193
Tag 188 Statt Beschränkungen unbegrenzte Gedanken hegen 194
Tag 189 Mein göttliches Selbst anerkennen 195

Tag 190 Segnung bei Krankheit 196
Tag 191 Segen für einen Tag voller Dankbarkeit 197
Tag 192 Die Trinksucht überwinden 198
Tag 193 Segen zur Heilung von Schlafstörungen 199
Tag 194 Ein Häftling, der wegen Mordes im Gefängnis sitzt, wendet die sanfte Kunst des Segnens an (Ein Bericht) 200
Tag 195 Zur völligen Transparenz zum Göttlichen 201
Tag 196 Eine Segnung dem inneren Zuhören 201
Tag 197 Den Glauben an unheilbare Krankheiten kurieren 202
Tag 198 Über Wunder 203
Tag 199 Ein Segen dafür, dass ich den inneren Zufluchtsort meines Herzens aufsuche 204
Tag 200 Segen für den Einzug in ein neues Zuhause 204
Tag 201 Bei Naturkatastrophen 205
Tag 202 Wahren Frieden finden 206
Tag 203 Ein Segen für Ärzte 207
Tag 204 Noch ein Segen über die Nutzung der Zeit 208
Tag 205 Die zehn Gebote der Indianer 209
Tag 206 Das Segnen in Bus und Bahn 209
Tag 207 Die Heilung einer extremen Entfremdung (Ein Bericht) 210
Tag 208 Für einen entlassenen Strafgefangenen, der nirgendwo hingehen kann 211
Tag 209 Den Sinn des Lebens finden 212
Tag 210 Segen für die unendliche Liebe 213
Tag 211 Ein weiterer Segen zur Aufgabe eines Kontrollzwanges 214
Tag 212 Den grenzenlosen Einen segnen 216
Tag 213 Den großen Kreis schließen 217
Tag 214 Noch ein Segen für Journalisten 218
Tag 215 Ein Segen für die Integrität 219

Tag 216 Ein Segen für die Beharrlichkeit ... 220
Tag 217 Ein Segen von Barbara de Angelis ... 221
Tag 218 Ein Segen bei sogenanntem »Scheitern« ... 222
Tag 219 Die Rückgabe eines gestohlenen Rucksacks (Ein Bericht) ... 223
Tag 220 Für unsere Schwestern, die Prostituierten ... 224
Tag 221 Für Kinder, die dazu verdammt sind, ihr ganzes Leben im Gefängnis zu verbringen ... 225
Tag 222 Für die stummen Diener des Guten ... 226
Tag 223 Segen von Häuptling Tecumseh (Crouching Tiger) des Stammes Shawnee Nation (1768–1813) ... 227
Tag 224 Für die Überwindung von Ängsten ... 228
Tag 225 Für das Geschenk der Vergebung ... 229
Tag 226 Ein Segen zur Manifestierung von Stärke ... 230
Tag 227 Ein neuer Tag ... 231
Tag 228 Ein Segen dem Zuhause ... 232
Tag 229 Unsere Segnungen gehen um die ganze Welt ... 233
Tag 230 Karma und Gnade ... 234
Tag 231 Dem Glück der Menschheit ... 235
Tag 232 Auflösung einer unerträglichen Arbeitssituation (Ein Bericht) ... 236
Tag 233 Segen für Wunder ... 238
Tag 234 Indianischer Segen ... 239
Tag 235 Ein Segen für meinen eigenen Weg ... 239
Tag 236 Ein Segen für die Demut ... 240
Tag 237 Ein keltischer Segen ... 241
Tag 238 Ein irischer Segen ... 241
Tag 239 Für den Schutz der Liebe ... 241
Tag 240 Ein Segen für Sie, mein Freund ... 243
Tag 241 Segen für das Vertrauen auf die göttliche Liebe ... 243

Tag 242 Ein Segen für die Bestätigung der göttlichen Führung unseres Lebens 245
Tag 243 Für die Kinder getrennter Eltern und die, deren Vater oder Mutter verschwunden ist 246
Tag 244 Gott sei ich 247
Tag 245 Die Wiederherstellung der Harmonie vor dem Konzert (Ein Bericht) 248
Tag 246 Ein Segen von Laurel Burch 249
Tag 247 Den Tag mit frischen Augen sehen 250
Tag 248 Die Lebensregeln der Dakota-Indianer 251
Tag 249 Ein Segen für die Heiler der Erde 252
Tag 250 Ein franziskanischer Segen 253
Tag 251 Segen als Instrument der heilenden Berührung der Liebe 253
Tag 252 Für alle, die voller Wut, Hass oder Groll sind 255
Tag 253 Ein Segen für jeden Tag 256
Tag 254 Für Kinder, die Wutanfälle bekommen 257
Tag 255 Ein Segen für das Bewusstsein der göttlichen Präsenz 258
Tag 256 Ein Segen für Freunde 259
Tag 257 Ein Segen der Freude 260
Tag 258 Segnen bringt nach einem Diebstahl tiefe Ruhe (Ein Bericht) 261
Tag 259 Ein Segen, um Gott überall zu sehen 262
Tag 260 Lernen, richtig zu lieben 263
Tag 261 Ein Segen, um die Unschuld aller zu erkennen 263
Tag 262 Ein Segen für Kindersoldaten 265
Tag 263 Eine schlichte Segnung 266
Tag 264 Segen für meine positive Wirkung auf das Leben 267
Tag 265 Ein Segen des buddhistischen Lehrmeisters Thich Nhat Hanh 268
Tag 266 Für das Glück aller Menschen 269
Tag 267 Ein Segen der Sicherheit 270

Tag 268 Segen für einen fortgegangenen Lebenspartner 271
Tag 269 Ein Segen für stärkeres Vertrauen 272
Tag 270 Ein Kind auf der Welt willkommen heißen 274
Tag 271 Segnen heilt Ressentiments und löst ein Problem (Ein Bericht) .. 275
Tag 272 Als Ausdruck unserer Größe 276
Tag 273 Noch ein Segen für Gefangene in Einzelhaft 277
Tag 274 Segen zur Heilung des weltweiten Glaubens, es würde Mangel herrschen 278
Tag 275 Ein Segen zur Erhöhung des kollektiven Bewusstseins 279
Tag 276 Ein Segen zur Bar-Mizwa 280
Tag 277 Ein Segen für unterdrückte Urvölker 281
Tag 278 Segen für ein klareres Verständnis dafür, dass Gott alles umfasst 282
Tag 279 Für Immigranten, Flüchtlinge und andere, die in einem fremden Land ankommen 283
Tag 280 Segnung einer bevorstehenden Reise 284
Tag 281 Indianischer Segen 285
Tag 282 Für einen Schwerkranken 286
Tag 283 Für Selbstmordgefährdete 287
Tag 284 Segnen heilt Hass und Verachtung (Ein Bericht) 288
Tag 285 Bodhisattva Gebet für die Menschheit 289
Tag 286 Für Häftlinge in der Todeszelle 290
Tag 287 Ein Segen für uns alle 291
Tag 288 Noch ein Segen für mehr Mitgefühl 291
Tag 289 Wie das Segnen von Lebensprüfungen die Seele heilt 293
Tag 290 Offenheit und Empfänglichkeit für Gnade 294
Tag 291 Der Verpflichtung zu einer Welt, die für alle da ist 295
Tag 292 Segen für meine Fähigkeit, mich an Veränderungen anzupassen 296
Tag 293 Dem Überfluss im Leben 297

Tag 294 Zur Ausrottung von Massenvergewaltigungen als Kriegswaffe ... 298
Tag 295 Dem Ausdruck von Freundlichkeit, Teil I ... 299
Tag 296 Der Ausdruck des sanften Dufts der Freundlichkeit, Teil II ... 300
Tag 297 Segnen bewirkt wieder Frieden und eine sauberere Umwelt (Ein Bericht) ... 301
Tag 298 Segen zur Heilung von Rassismus und der Ablehnung anderer Ethnien ... 302
Tag 299 Von der göttlichen Liebe entflammt ... 303
Tag 300 Ein Segen finnischer »Heiden« ... 304
Tag 301 Durch den Schein hindurchsehen ... 305
Tag 302 Für ein Paar, das das Zusammenleben lernt ... 306
Tag 303 Für die tiefe Zufriedenheit unserer Mitmenschen ... 307
Tag 304 Nach einem Terroranschlag ... 308
Tag 305 Ich bin der Raum der Liebe ... 309
Tag 306 Für einen Menschen, der versucht, eine Sucht loszuwerden ... 310
Tag 307 Für Menschen, die vom Betrug leben ... 311
Tag 308 Segen dem echten Zuhören ... 312
Tag 309 Hinduistischer Segen ... 313
Tag 310 Ich weigerte mich zu verurteilen (Ein Bericht) ... 313
Tag 311 Ein Segen für das innere Gleichgewicht ... 314
Tag 312 Ein Segen für die Stille ... 315
Tag 313 Auswirkung unseres Tuns auf den Planeten ... 315
Tag 314 Unsere Komfortzone verlassen oder unseren bezahlten Parkplatz ... 317
Tag 315 Segen der Indianer ... 318
Tag 316 Die Entwicklung grenzenloser Güte mir selbst gegenüber ... 319
Tag 317 Segen für ein flammendes Herz ... 320
Tag 318 Segen für eine Vision unserer zukünftigen Welt ... 320
Tag 319 Für Kinder und Jugendliche, die in die Prostitution gezwungen werden ... 321

Tag 320 Kurze Segnung von Eileen Caddy 322
Tag 321 Dem raschen Aufwachen des globalen Bewusstseins..... 323
Tag 322 Ein Segen für Politiker 324
Tag 323 Heilung psychischer Probleme, Überwindung meines Burn-out (Ein Bericht) 325
Tag 324 Ein hinduistisches Gebet 326
Tag 325 Der vollkommenen Erfüllung aller Lebewesen 326
Tag 326 Das wahre Internet..... 328
Tag 327 Dem Zuhören – und Hören – der Botschaften der göttlichen Liebe 329
Tag 328 Die Flügel der Niederlage 330
Tag 329 Segnung für den Tag der Globalen Einheit (24. Oktober) 331
Tag 330 Segen für neue Inspirationen 333
Tag 331 Ein tolles Abenteuer 334
Tag 332 Die Massenschlachtung von Tieren..... 335
Tag 333 Ich bin mein Nächster 336
Tag 334 Segnung für innere Stille 337
Tag 335 Ein Segen den klaren Gedanken..... 338
Tag 336 Lösung eines Familienkonflikts (Ein Bericht)..... 339
Tag 337 Segen für einen Betrunkenen, der in der Öffentlichkeit Ärgernis erregt 340
Tag 338 Indianischer Segen 340
Tag 339 Für einen Arbeitssuchenden 341
Tag 340 Um unser ganzes göttliches Potenzial auszudrücken 342
Tag 341 Für einen weiteren Tag des Segnens..... 343
Tag 342 Ein Segen für die Schlichtheit..... 344
Tag 343 Für Senioren 345
Tag 344 Ein Tao-Segen..... 347
Tag 345 Offenheit für Gnade 347

Tag 346 Eine Segnung für die, die sich verloren fühlen 348
Tag 347 Für alle, deren Leben völlig durcheinandergeraten ist 349
Tag 348 Für die, die gegen eine Sucht ankämpfen 350
Tag 349 Wie das Segnen Groll und Albträume beendet hat (Ein Bericht). 351
Tag 350 Der Ganzheit unseres Wesens 352
Tag 351 Ein muslimischer Sufi-Segen 353
Tag 352 Segen für ein krankes Kind 353
Tag 353 Ein Gebet von Martin Luther King 355
Tag 354 Ein Segen der Gelassenheit und inneren Stärke 355
Tag 355 Vom Mut, den eigenen Weg zu gehen 357
Tag 356 Die Wellenwirkung meiner Segnungen 358
Tag 357 Ein Segen für alle, die unschuldig im Gefängnis sitzen 359
Tag 358 Ein Segen für illegale Einwanderer 360
Tag 359 Segen für eine Schwangere 361
Tag 360 Die ganze Verantwortung für sein Leben übernehmen 362
Tag 361 Jeden Tag in seiner ganzen Fülle leben 363
Tag 362 Wie wir durch eine Segnung vor den Tuareg-Rebellen gerettet wurden (Ein Bericht) 364
Tag 363 Ein Segen für das Wetter 366
Tag 364 Ein Segen zur Überwindung von Lustlosigkeit 367
Tag 365 Das letzte Wort über Segen: Lassen Sie auf Ihre Worte Taten folgen 368

Mein letztes Gebet für Sie, lieber Leser 369
Liste der Segnungen 370